JE SUIS LE CYCLISTE MASQUÉ

Ouvrage dirigé par Bertrand Pirel

34-36, rue La Pérouse
75116 Paris
www.hugoetcie.fr

Photo de couverture : © Michel Birot / Sport Attitudes

ISBN : 9782755633900
Dépôt légal : août 2018
Imprimé en Espagne

JE SUIS LE CYCLISTE MASQUÉ

Avec la collaboration d'Antoine Vayer

Hugo
Poche

SOMMAIRE

« Je préfère te prévenir tout de suite !
J'ai une priorité dans la vie : le vélo.
Toi, tu passeras toujours après. »

J'ai dit ça, ému mais sûr de moi, à celle qui allait devenir ma femme, lors de notre premier rendez-vous. Nous avions 18 ans. J'ai fait ce livre pour moi, pour elle, pour le grand public. Pour qu'il comprenne qui nous sommes vraiment. Pour ceux qui veulent faire du cyclisme leur profession, sans hypocrisie. Je me suis mis à nu. Je me suis effrayé moi-même, comme ce serait aussi le cas, quelques années plus tard, dans la dernière heure de cette étape que je savais devoir gagner, pour la première fois, sur le Tour de France. Cette victoire devait changer la donne pour moi. J'espère que ce livre en fera de même pour le vélo, et pour le sport de haut niveau en général.

LES CHIENS NE FONT PAS DES CHATS

Mon papa me l'a souvent dit : « N'oublie jamais que tu viens de ma petite goutte ! » Aujourd'hui, 70 % du peloton des jeunes à fort potentiel qui « envoient les socquettes » sont des enfants vaccinés au rayon de bicyclette par leur famille pendant leur enfance. Le père de Wiggins, coureur professionnel en Belgique, consommateur et dealer d'amphétamines, cache ses produits dans les couches de son rejeton Bradley lors d'un retour d'Australie. Le bébé potelé a grandi et devient en 2012, maigre comme un clou, le premier vainqueur britannique du Tour de France. Cette année-là, je n'ai pas pu le suivre. J'ai moi aussi été bercé par le cyclisme et sa culture familiale. J'ai résisté un peu. Je me suis essayé avec brio à un autre sport. Mais vers 16 ans, j'ai craqué.

De manière inéluctable, en plus de douze ans de carrière, à cause de mon statut, j'ai tout vu, tout entendu. Mais je n'ai pas tout lu. Seulement des livres souvent glauques. Les gens, devant leur télévision ou sur le bord des routes, ne savent pas ce qu'est la vie d'un pro, ni celle d'un jeune qui arrive et fait une carrière. Ils ne savent rien de ses week-ends, de sa passion, ni de comment cette passion devient un métier vraiment spécial. Ils ne savent pas non plus comment il gagne sa vie et rentre dans ce « milieu », tel qu'on le qualifie de l'intérieur, ni pourquoi on appelle « mafia » ou « business » les autres milieux qu'il côtoie. Le message de ce livre, c'est : « Voilà ce que c'est qu'être coureur cycliste professionnel, un de ceux que vous regardez tous les ans en juillet ». Il se lit de la même manière que je gère certains entraînements modernes : en « *Negative Split* ». Plus vous avancerez au fil des pages, plus ça ira fort. Vos fréquences cardiaques devraient monter progressivement et les pages seront plus puissantes en watts.

J'AI TOUT VU, TOUT ENTENDU. JE N'AI PAS TOUT LU. J'ÉCRIS.

Pour cela, il fallait que l'un d'entre nous ait le courage de déchiffrer publiquement les codes, les choses qu'on peut faire ou pas, ce que l'on peut dire ou non. Ce que je fais dans ce livre, c'est un hacking de notre métier et de notre milieu. Puisse-t-il aider, mettre en garde, bousculer voire révolutionner, et inciter à virer quelques incompétents et quelques pervers. Puisse-t-il aussi donner envie d'être comme moi, en haut du panier, sur le devant de la scène, et de parler librement. Mais de manière non masquée et avec le soutien du public qui ne croit plus en nous, à raison.

Mon livre est publié d'abord en France et concerne avant tout ce pays où naquit ce sport, au XIXe siècle. Comment ? Les bookmakers véreux des courses de chevaux, s'ils pouvaient falsifier les résultats en embauchant les jockeys, ne contrôlaient pas suffisamment les canassons à leur goût. Ils avaient parfois des surprises. Et ces gens-là n'aiment pas les surprises. L'un d'entre eux, découvrant les premiers vélocipèdes à pédales, comprit tout l'intérêt qu'il y aurait à déplacer les cavaliers, habillés de la même manière que sur leurs montures équines, sur des selles, et à organiser des courses dites d'équitation moderne. Le cyclisme de haut niveau naît pour permettre à des hommes de mieux tricher qu'avec des animaux, en faisant pédaler des humains qui développent des chevaux-vapeurs – ou horsepower (hp) dans le système anglo-saxon dit impérial. 1 hp = 746 watts. C'est déjà un Britannique, James Moore, qui gagne, en 1868, dans le parc de Saint-Cloud, ce qui aurait été le premier critérium organisé, avant de récidiver en remportant en 1869 la toute première classique, entre Paris et Rouen. La compétition cycliste est un vieux centenaire. Les codes ont juste évolué.

UN AN = DEUX ANS

Ma femme et moi n'avons presque pas assez de doigts, même additionnés, pour compter le nombre de grands Tours auxquels j'ai participé. Ce sont les courses à étapes majeures de ce sport. Elles se déroulent en France, en Italie ou en Espagne, et durent 21 jours. Trois longues semaines. J'y ai quasiment toujours joué un rôle d'acteur important, avec de bons cachets financiers et médicaux. J'ai aussi enflammé quelques foules dans les courses d'un jour, les classiques, dont les plus célèbres sont Paris-Roubaix, le Tour des Flandres ou Liège-Bastogne-Liège. J'ai régulièrement représenté mon pays aux jeux Olympiques et aux championnats du monde. J'ai écumé les épreuves, à étapes ou d'un jour, sur les cinq continents, souvent sur le circuit appelé depuis quelques années World Tour. Je ne me soucie plus du jetlag, qui est un état psychophysiologique gazeux et fatigant dû au décalage horaire et dans lequel certains, dans notre milieu, semblent planer souvent, qu'ils voyagent ou pas…

Tout cela, je l'ai fait en étant employé par certaines des plus grosses écuries mondiales.

Nous sommes des coureurs mercenaires en CDD court, salariés par des équipes de marques commerciales. Nous habitons chacun dans différents pays. Contrairement à la plupart des autres sportifs professionnels, nous ne jouons pas pour un club – et d'ailleurs nous ne sommes pas des joueurs. Notre identité est une publicité, pas une ville ni un pays. J'ai sans doute signé pour les deux années à venir le contrat de trop. Le dernier ? Peut-être. Je me suis souvent senti divergent. De même que ce livre est différent des autres. Jamais n'ont été abordés en littérature le véritable quotidien d'un coureur, sa vie de famille, les codes et les rituels du peloton, sa complicité avec les hommes de l'ombre, ni ses vices et ses mauvaises habitudes. Et je ne parle pas seulement du dopage.

C'est comme si j'écrivais à celui que j'étais à 20 ans : « Il te faut les connaître et les faire connaître, ces codes, pour pouvoir t'en sortir, gamin ! » Le premier est le rapport à l'argent. Compliqué, quand on est jeune et considéré, pubère, comme une personnalité publique. Il faut gérer. J'ai « marché ». Marcher, c'est ce qui se dit quand on est performant dans notre dialecte vélo, et c'est ce qu'on a dit de moi dès mes premières compétitions. J'ai gagné. Tout de suite, il a fallu gérer un budget, acheter une maison, s'associer avec un notaire, un avocat, un conseiller juridique et médiatique parce que tu es sous les feux de la rampe. C'est la belle vie. En tout cas, c'est comme ça qu'on l'imagine. Mais on est en décalage perpétuel.

CODE : 1 = 2 × 1 + 1 = 3

Chaque année, tu prends deux ans. Tu as encore des posters de tes idoles dans ta chambre, mais tu grandis et tu fais ce qu'un copain de ton âge va faire en deux fois plus de temps que toi. Dix ans, c'est vingt ans au niveau de l'expérience. Au final, tu te retrouves avec des enfants, une baraque, une femme, trois appartements, et ta retraite arrive vers 35 ans. Tu es usé comme si tu étais vraiment beaucoup plus vieux, alors que tu entres tout juste dans ce qui est la force de l'âge pour un individu normal qui commence à penser à acheter une maison, à se marier, à faire des enfants, à investir. Toi, tu as fini d'exercer ton métier en pédalant. Tu sais que ce ne sera que la moitié de ton expérience d'adulte, tu es rincé, mais tu es content de tes rides, blessures de l'âme guerrière. Moi, content, je le suis.

Quand je me retourne, je suis fier d'avoir fait ce que j'ai fait, fier aussi de la façon dont je l'ai fait, soft. Je suis tout, sauf aigri. J'ai juste quinze ans d'avance par rapport à tous mes copains dans le civil. Ce métier m'a aidé autrement qu'avec cette équation 1 = 2, où tu as souvent l'impression que 1 + 1 = 3, si on se réfère à certaines performances. J'ai croisé, en restant simple, le papy du camping-car et le garçon qui sort des cités, mais aussi le top des grands dirigeants, des chefs d'entreprise qu'on ne voit jamais, des rois et des reines, des politiques, des superstars du cinéma ou de la musique. Beaucoup m'ont admiré, félicité, aidé. J'ai été reçu par les plus hauts dignitaires de mon pays. J'ai l'impression d'avoir fait un balayage de toute la population et de ses représentants, et d'avoir été en prise avec tout le monde. Dans les clubs cyclistes amateurs, j'ai croisé des ouvriers, et des chômeurs qui se saignaient pour aller nous voir sur une course. J'ai côtoyé le minimum vital et l'immense richesse. J'ai été accueilli dans des avions privés indécents pour des transferts trop longs entre des courses.

Ce livre décrit les codes. Pas forcément pour les casser. Tu peux aussi faire une carrière en les contournant ou en passant outre, mais il faut les expliquer. Le vélo pro, comment ça marche ? C'est quoi les codes ? Et une fois qu'on a lu, on fait quoi ?

MA BOUTIQUE

Moi, mes jambes, mon corps, c'est ma boutique, mon commerce. La base, c'est de savoir que quoi qu'il arrive, dans n'importe quelles circonstances, avec n'importe quelle équipe, n'importe quel manager cacochyme ou néo-entraîneur universitaire, le mot fort c'est « collaboration », même fielleuse, ou obséquieuse, comme chez ces commerçants qui en font des tonnes pour t'être agréables. Ta boutique, ton magasin, ton gagne-pain, c'est toi, ton anatomie, tes membres, ton environnement, ta tête. Et ton business plan, ce sont tes objectifs, et les moyens que tu te donnes pour les réussir.

Toi, avec tout ça, tu dois gérer au mieux ton rendement et tes prestations physiques, comme un top model. Sauf qu'il ne suffit pas de plaire, il faut aussi performer. En faisant péter les watts, en dépensant 4 à 9 000 kcal par jour, en dandinant aussi des hanches et du postérieur, mais le scrotum vissé sur une selle. Ce n'est pas quand tu passes pro, vers 21 ou 22 ans, qu'il faut que tu te préoccupes d'être performant, mais bien avant ! Ta boutique, tu la montes avant tes 20 ans. Mais pour cela, il faut avoir la tête libre. Cela passe par une vie familiale et sentimentale à peu près posée. Une vie de Bidochon.

Le mieux, c'est de rencontrer ta femme quand tu es jeune, et de faire toute ta vie professionnelle avec elle à tes côtés. Elle t'aidera à tenir ta boutique. Au bilan, c'est ton plus gros soutien. C'est elle qui te permet de faire ce qu'on appelle le métier, terme galvaudé qui signifie aussi tricher en se dopant. Faire le métier, c'est rester à la maison le soir, les jambes en l'air, après t'être entraîné comme un dingue en espérant concrétiser le week-end. Un coureur cycliste ne sort pas, ou quasiment jamais, s'il évolue au niveau mondial. Se coucher tôt, un corps sain, une tête saine, même si tu es entouré en permanence de tentations malsaines. Toujours essayer, hors vélo, de reposer ta boutique et tes bijoux de famille pour améliorer le rendement de ta testostérone, ton corps, tes catécholamines, tes muscles, ton retour veineux, ta pompe à vélo cardiaque et ton moteur… Certaines années, j'ai fait jusqu'à une vingtaine de prises de sang pour vérifier les niveaux. À la fin, tu te sens vidé. Tu pourrais être figurant dans *Twilight* ou *Walking Dead*. Et c'est bien connu, les vampires et les zombies ont besoin d'amour. Le rôle premier d'une femme de coureur : l'épauler. Le mec qui tombe sur une cocotte qui ne pense qu'à mettre des talons hauts, claquer des fortunes en sacs à main de luxe et sortir en discothèque pour montrer ce qu'elle a acheté en semaine, ne marchera pas longtemps. Ce n'est pas clinquant, comme vie. Ça ne peut pas l'être. Les coureurs se marient de bonne heure avec la bonne : soit avec une femme du milieu (les chiennes ne font pas des chattes), soit, au contraire, avec une femme qui ne connaît pas le vélo et ses us, ses coutumes ou sa culture endémique. Par amour, elle apprend. Par amour, elle évolue avec toi. Le gros risque, c'est de rencontrer « la » nana, l'autre, après avoir connu la gloire. Là, tu te mets en danger. Parce que ce sera basé sur des sables mouvants. Alors qu'avec ta femme, vous avez construit quelque chose de solide. Vous avez fait tout le chemin ensemble. Elle t'apporte de la sérénité quand tu pars bosser, elle te réconforte quand tu rentres de l'entraînement. Ça lie pour la vie. Ça devrait, en tout cas.

« IL EST EN QUELLE CLASSE, DÉJÀ, NOTRE ENFANT ? »

Tu ne t'occupes pas de la vie normale. Tu passes au moins mille heures par an sur la selle, et tu es absent de la maison entre deux cents et deux cent cinquante jours par an. Le coureur cycliste a un mois de vacances, en novembre. Tu as trois à quatre semaines pour faire le con, voir les copains que tu n'as pas croisés de l'année parce que tu es toujours entre deux avions ou sur les courses, en stage, etc. Tu fais aussi le point sur l'année passée, sur l'évolution de la scolarité des enfants – « Quelle classe déjà, darling ? » –, sur ce qui s'est passé à la maison, sur les travaux qu'il faudrait faire ou sur les placements que te conseille ton banquier. Novembre sert à tout ça. Et il faut faire vite, car en décembre, c'est déjà la PPG (Préparation Physique Générale), quatre à cinq heures par jour. Matin : courir. Après-midi : piscine. Soir : muscu ou gainage. Entre chaque séance, tu as une heure pour manger, ou plutôt grignoter, parce qu'il faut commencer à t'affûter jusqu'à ce que toutes tes veines ressortent bien sur tes mollets. Tu scrutes tes muscles décharnés et rasés comme un baromètre. Au final, tu es occupé toute la journée. Puis vient le premier stage. Dix jours pendant lesquels, si tu es dans une équipe sérieuse, tu fais le point sur ton entraînement, ta vie, ta condition physique. Tu établis aussi ton programme et les axes de ta saison à venir, tes objectifs professionnels, dans l'intérêt de l'équipe et du sponsor. Tu es déjà sur le vélo quinze à vingt heures par semaine, et ça va crescendo jusqu'à vingt-huit à trente heures hebdomadaires début février, si tu ne fais pas le Tour d'Australie dès la mi-janvier.

Beaucoup ne savent pas ce que ça représente, le vélo pro. Tu peux te dire : « Bah ! Cinq heures de boulot par jour, même sur un vélo, ce n'est pas huit heures ! Après, tu peux aller te promener, monter un mur, nettoyer le barbecue, aller chercher les enfants à l'école, faire les courses, préparer le repas… » Non ! Si tu veux réussir, c'est lever à 8 heures, et à 9 h 01 la selle dans le trou du cul ! Entre 8 et 9, tu ne bouges pas : les contrôleurs antidopage de l'ADAMS[1] peuvent débarquer. C'est obligatoire. Tu dois définir chaque jour une plage horaire de 60 minutes, entre 6 heures et 23 heures, pendant laquelle tu dois être là où tu as dit que tu serais. En cas de contrôle, on te prend sang et urine.

L'un des contrôleurs, qui est passé plusieurs fois à la maison la même année, m'a raconté l'histoire du cycliste belge très consciencieux qui avait donné comme horaire ADAMS entre 7 heures et 8 heures. Il partait tous les jours, qu'il pleuve, qu'il vente ou qu'il neige, à 8 h 01, sur la pointe des pieds pour ne pas réveiller sa femme qui était une lève-tard. Mais un jour, exceptionnellement, le temps était trop pourri, il avait rebroussé chemin au bout de quinze minutes. Il est rentré à 8 h 30 et s'est lové tout contre sa femme, assoupie dans le lit, en chien de fusil. Il lui a susurré à l'oreille :

– Il fait un temps de chien.

Elle lui a répondu en se frottant le derrière contre lui :

– Quand je pense que l'autre con est en train de pédaler !

Moi, je suis prudent, j'évite toujours de rentrer plus tôt que prévu. Et de toute façon ma femme, elle, se lève tôt pour emmener les gosses à l'école. Après avoir fait mes quatre ou cinq heures, je mange. Mais attention, manger, quand tu cours, c'est tout

---

1 Système d'administration et de gestion antidopage.

un art. Il te faut grignoter diététique, et calibrer ton repas en fonction de la récupération et des efforts de la journée et de celle à venir. Tu rationnes. Ensuite, un peu de stretching, et tu siestes. L'idéal, c'est de se faire masser. Tu n'es libéré de tes obligations professionnelles qu'à 18 heures ou 19 heures. C'est le moment où les gens commencent à t'appeler pour le boulot. En fait, c'est un peu la vie d'un ouvrier, à la maison, mais prolongée par un travail de cadre dynamique. L'usine, c'est ta maison. La chaîne, c'est entre soixante et cent vingt tours par minute, en cadence de pédalage, que tu la fais tourner sur ton vélo. L'hiver, il faut souvent gérer aussi ton business, ton contrat, tes partenaires. Ils sont nombreux quand ça va, moins quand ça ne va pas, mais c'est toujours chronophage. Tu te fais entre 28 et 32 000 kilomètres par an en pédalant, une centaine de jours en compétition, plus de deux cents à l'entraînement ou en stage. Les stages, c'est comme les courses : tu es en déplacement professionnel. Quand t'es pas là, t'es pas là.

La vie familiale, quand tu rentres, tu ne la vis pas pleinement, comme peut la vivre un marin qui revient de mer, par exemple. Déjà, tu ne bois pas, ou peu. Sauf en novembre, où tu compenses. Tu t'aperçois que la vie se déroule sans toi. C'est encore plus vrai quand tu as des enfants. Tu n'es pas un référent. Ton autorité de père, par exemple, tu as peur de l'exercer. Tu ne veux pas casser ce qu'a fait maman. Tu veux de l'amour. Tu as vécu avec des gens pas drôles, des gens qui n'ont qu'une envie :

te battre, même tes équipiers. Tu ne diriges rien, tu regardes tes enfants évoluer, tu vois comment ta femme a décidé de les élever. Si, comme moi, tu cours les grands Tours, tu reviens complètement décalé. Tu rentres de grandes courses où tu as marché – on dit aussi volé, pour certains –, où tu as été adulé, où tu étais en pleine lumière, où tu as eu l'impression d'être une star. Et tu te retrouves chez toi, où il ne se passe pas grand-chose à part le petit qui a eu sa première dent, ou les voisins qui ont changé de bagnole. Pour quelqu'un comme moi, qui a toujours aimé la simplicité et qui se rappellera toujours d'où il vient, ces retours sont essentiels. Et je suis loin d'être le seul. Pour beaucoup d'entre nous, il est indispensable de rentrer chez soi, à la source. Souvent, c'est près de chez tes parents. C'est ta prise électrique, l'endroit où tu recharges tes accus.

« VÉLO », ANAGRAMME DE « LOVE »

On rencontre donc tous nos femmes jeunes. Enfin, quasiment tous, à part Christopher Froome, appelé « Vroum Vroum » ou « Puf Puf le dragon magique » dans le peloton, mais on ne lui dit jamais en face, et quelques exceptions qui veulent faire leur carrière avant d'être des hommes, mais c'est rare. On dit que les coureurs ne font pas d'études car ils ont trop à faire sur le vélo. C'est un peu vrai. Dès le collège, je savais ce que je voulais faire de ma vie. Sur les fiches de renseignements et d'orientation, j'écrivais : *sportif de haut niveau professionnel.* J'ai néanmoins été brièvement orienté vers un métier manuel. Le temps d'être recruté par une structure amateur dans un club de haut niveau. Plutôt semi-professionnelle qu'amateur, en vérité. À 18 ans, en discothèque, en novembre – forcément, le mois où tu vis –, j'ai flirté dans la pénombre, discuté et embrassé une fille qui me paraissait physiquement intelligente. Nous nous sommes donné rendez-vous à la gare. Je n'étais pas sûr de la reconnaître. Je l'avais embrassée à 2 heures du matin, il faisait noir, j'étais un peu saoul. Elle avait des tresses. Si elle les avait encore, je ne pouvais pas la rater. Nous sommes allés boire un coup et discuter, apprendre à se connaître. Nous étions sur la même longueur d'onde. Flirter n'avait pas d'intérêt, nous avions une vision à long terme du couple.

– Tu fais quoi dans la vie ?

– J'apprends un métier manuel, mais ce ne sera pas mon métier plus tard.

– Ah bon ! Mais qu'est-ce que tu feras ?

– Moi, je suis sportif de haut niveau, coureur cycliste, et il faut que tu saches quelque chose : quoi qu'il se passe entre nous, le vélo passera toujours avant toi !

Elle ne l'a pas super bien pris. Elle était interloquée. Je lui ai expliqué les sacrifices.

– La femme avec qui je vais vivre vivra avec le vélo, qui prend beaucoup de place. Je veux réussir, faire une grande carrière. Si tu n'es pas capable de supporter ces sacrifices, eh bien, ce ne sera pas toi.

Elle a continué un temps ses études. On devenait de plus en plus proches, mais on vivait toujours chacun de son côté, chez nos parents respectifs. Elle est la première et la seule fille que j'aie emmenée chez mes parents. J'ai vite été présenté à sa mère, très contente de voir un gars comme moi, plus « fréquentable » que ceux que côtoyait habituellement sa fille. Un mec sain, sérieux, qui avait un but affirmé dans la vie. Un gendre idéal, quoi ! En trois ans, je suis passé pro. J'ai démarré en fanfare. À 23 ans, je gagnais à moi tout seul les salaires de ma mère et de mon père réunis. Ma femme n'a pas été au bout de ses études. Elle a échoué à cause de moi. Les six derniers mois avant le passage de son diplôme, on a eu la bonne idée d'acheter une maison et un chien. C'est une femme de coureur plus qu'une étudiante. Elle ne m'a jamais suivi sur les courses, mais elle m'a toujours soutenu. Ses copines d'école venaient en cours en bus, avec en filigrane un avenir en pointillé. Ma femme, je venais la chercher en berline de luxe. Elle s'occupait de la maison, achetait des draps, des meubles, préparait à manger bio, juste pour son coureur cycliste amoureux, après avoir révisé ses cours, enfin, si elle avait eu le temps. Femme au foyer avec des factures à gérer avant de faire ses devoirs, à 22 ans, ce n'est pas simple. Mais, au final, ça l'a aidée. Après une quinzaine d'années de bons et loyaux services auprès de Sa Majesté, moi, le cycliste pro, en ayant accumulé des années d'expérience qui comptaient double, elle a facilement trouvé un excellent job.

LE CYCLISTE EST UN FOU DE BASSAN

Son expérience de femme de sportif de haut niveau vaut beaucoup plus que plusieurs années en entreprise et que son diplôme de l'époque. On a grandi tous les deux avec cette formule : 1 an = 2 ans. Elle a ipso facto épousé mon rythme de vie, s'est mise en phase, au diapason, pas aux ordres. En novembre on fait un peu la fête, en décembre moins, et au 1er janvier on ne sort plus du tout. Muesli à 8 heures, puis vélo. Si ta femme est encore en robe de chambre parce qu'elle est sortie la veille quand tu rentres de l'entraînement, ça le fait pas. Elle épouse ta vie autant que toi, elle épouse ton rythme, elle se met en quatre pour ta sérénité. Pareil quand tu pars en déplacement. Si ta femme n'est pas là le soir quand tu lui téléphones, si elle fait la nouba et tout le toutim, on sait comment ça finit. Elle a du temps pour elle… mais qui t'est consacré.

Les cyclistes sont un peu comme ces gros oiseaux rares de l'Atlantique nord, les fous de Bassan, qui vivent en colonie. Ils habitent sur leur rocher, toujours à la même place, dans leur coin, autour de leur nid, et passent leur temps à aller pêcher pendant des jours, dans un rayon de cinq cents kilomètres s'il le faut. Quand le mâle rentre, il retrouve madame qui surveille les petits gros et leur apprend à voler. Il remplit le frigo, bécote madame, et repart pour un tour. Ils ont la caractéristique, paraît-il, de ne plus jamais se quitter après le premier accouplement. On dit aussi que mâles et femelles se ressemblent, sans dimorphisme sexuel apparent.

Évidemment, on s'est mariés… avec les copains cyclistes de la colonie. C'est sympa, mais ça double le nombre d'invités, faut pouvoir assumer. La haie d'honneur : pas de riz, des roues de vélo. Le curé fait des références au cyclisme pendant la messe. La jeune épouse se rend compte qu'on lui confisque un peu sa noce, mais elle passe quand même une belle journée avec cette deuxième famille. En plus, grâce à ton réseau, vu que tu as fait quelques courses dans les îles, le voyage de noces est presque gratuit. Et maintenant qu'on est mariés, on va s'y mettre : un premier enfant. Jeune et naïf, champion sur le vélo, au plumard pareil, mais là, tu attends ! Tiens… Ça te fait bizarre. Tu n'as pas trop l'habitude d'attendre. Quand je décidais de préparer la course du dimanche, je n'étais pas loin des premiers. J'ai fait un enfant avec le même état d'esprit. Sauf que la nature a pris le dessus et m'a montré, pour la première fois, que je ne pouvais pas diriger les choses exactement comme je l'entendais. Mon fils a fini par arriver. Je m'en souviens comme si c'était hier. Le premier soir, euphorique, je n'ai pas dormi pendant vingt-quatre heures. Tu rentres, t'es cuit. Coup de blues. La vérité te revient en pleine figure. On rentre, on n'est plus deux, on est trois. On se rappelle ce qu'on s'est dit. On discute.

– Je ne reviens pas sur ce que je t'ai dit quand on s'est rencontrés, à savoir que tu passeras toujours après le vélo. Mais sache que maintenant, la priorité, c'est notre enfant, avant le vélo.

Ma femme devint la priorité numéro trois. À cause de l'omniprésence du dopage et d'un complexe idiot que je faisais face aux autres cadors, je savais que je ne gagnerais pas le Tour et que je ne battrais pas Lance Armstrong, accueilli comme le Messie en 99. Le baby blues de madame, et ma frustration de ne pas pouvoir rivaliser à armes égales avec l'Américain, ni lui casser la gueule, ni même en parler aux journalistes – car on savait tous comment il marchait –, ont bousculé mes priorités et mes certitudes. Après la guerre, il y eut la génération baby boom de mes parents. Pour les coureurs cyclistes de ma génération, celle d'après le scandale Festina 98, il y eut le dopage boom. Nous avons tous grandi dans la suspicion, comme une déformation professionnelle. Mais je n'avais pas dit mon dernier mot. Je voulais savoir pourquoi moi, qui étais programmé pour gagner le Tour, je ne le gagnerais pas. Me sous-estimais-je ? J'avais pourtant eu, très tôt, tous les atouts en mains.

TUER LE PÈRE

Au départ, je fais un sport collectif. Je suis prometteur, mais je sens que ça ne va pas le faire. Le club dont je rêve me claque la porte au nez, les gars de 14 ans, mes copains, commencent à faire les cons. Je me dis que je vais changer de sport et faire ce qui était écrit à ma naissance : du vélo. Le premier vélo avait été livré avec le chou-fleur. Mon cousin fait du haut niveau aux portes du professionnalisme, mon oncle par alliance a couru avec mon père, qui s'y est mis, bref, toute la famille est dedans, tête baissée. Le cousin, c'est le talent, l'idole. Il persévère. Il échoue. Je vais le voir parfois, les mains sur les freins. Je les ai lâchés. Je m'entraîne sous la tutelle du cousin, je fais des tests. Mon oncle est mon directeur sportif ; mon père, mon manager. Très vite, je brille. Un jeune qui doit marcher, c'est tout de suite. Pour tous ceux qui sont à mon niveau pro, ça s'est passé comme ça. Ou alors, tu as muté, tu as triché. On dit qu'on ne fait pas des chevaux de course avec des ânes. En vélo, ça arrive. Le cas de Froome n'est pas la norme, au contraire du mien. On décèle tout de suite le mec qui va passer. J'ai très vite été passionné par mon sport, par la performance, par la compétition, mais pas par l'histoire du vélo. Je suis celui qu'on voit passer tous les dix ans, le grand talent inné, la perle. Un président de fédération, qui par la suite m'a un peu cassé aux jeux Olympiques auxquels je participais pour la course sur route, m'a dit un jour en aparté, alors que j'émettais des doutes sur les performances de camarades sur piste : « Pff ! Ils sont tout simplement bien nés ! »

En équipe nationale, tout le monde reconnaissait que le talent inné de ma génération, c'était moi. J'étais le talent à l'état pur. Testé par la faculté, à l'hôpital, sans avoir fait beaucoup de kilomètres, j'avais un « gros moteur ». En plus, j'étais « tout neuf, et pas surentraîné comme ceux de sa génération », qu'ils disaient. J'avais le « *will* », la volonté de gagner en bossant et en ajoutant des acquis à mon inné. Il était hors de question d'avoir une copine. J'avais la nature pour moi, et même si c'était naturel aussi de draguer, c'était incompatible. J'étais le *fuoriclasse*, le surdoué, et je détestais perdre. Au bout de six mois de pratique, je suis présélectionné pour les championnats du monde. Mais mon père, mon manager, refuse que je m'y rende, même tous frais payés. Prétexte : j'avais école ! J'ai ravalé ma colère et pédalé encore plus fort pour devenir indépendant le plus vite possible.

Je mets un point d'honneur et un doigt à mon oncle qui voulait que je patiente avant de franchir le Rubicon. Il aurait préféré me garder sous sa coupe, mais j'en gagne trop pour ne pas en chercher de plus grosses sous des ailes professionnelles. Je suis adulé, chouchouté : une star. Toute la vie de la famille tourne autour de moi, je phagocyte les sphères familiale et périfamiliale. Ce n'est pas aussi facile à vivre qu'on le croit. Les moindres contre-performances rejaillissent sur la santé et le bien-être de la *casa*. Ma sœur, plus jeune, fait de la danse. Son gala, c'est son Graal. Papa a promis d'aller la voir depuis des semaines. Ce jour-là, je suis maillot jaune dans une course dont le vainqueur passe presque toujours pro.

– Le fiston va gagner le Tour, je ne vais pas aller voir la miss se trémousser !

Elle m'en a toujours voulu. La place que je prenais lui est restée en travers de la gorge. Elle a vomi le guidon. Mon père et mon oncle, avec leurs casquettes de laine, ont continué de me donner une foultitude de conseils. Quand je me suis mis à vraiment marcher, j'ai gagné en confiance. Je savais où je voulais aller. Je leur ai dit : « Je fais partie d'une grande équipe, maintenant. J'ai signé mon contrat. Des gens compétents m'encadrent, je n'ai plus besoin de vous ! Vous n'êtes pas en phase avec ce qu'on me conseille, vous êtes *has been*, avec vos méthodes à l'ancienne. Vous savez ce qu'est un watt ? »

Mes proches ne se souciaient que de ma propre performance, sans prendre en compte le contexte de mon équipe et de mon métier. Je vivais comme un athlète de haut niveau, mais pas comme un moine, comme l'auraient voulu les gens de leur génération, celle de Coppi et de Bartali. Au départ, ils n'ont pas vu ma copine d'un bon œil. C'était comme un coup de canif dans le contrat que nous n'avions pas signé, une entorse à l'orthodoxie du vélo. Depuis le début, j'appliquais leurs méthodes et je récitais consciencieusement leurs « dix commandements » :

La veille des courses :

I/ Jamais de marche à pied.

II/ À 18 heures tapantes, massage des jambes au Laodal, une pommade anti-inflammatoire, en beurrant, par papa.

III/ La nuit, couverture sous les pieds et couette pliée sous le matelas, pour dormir les cannes surélevées.

IV/ Garder toute la nuit des jambières en laine, qui collent au Laodal, pour maintenir la jambe au chaud. Si l'on n'avait pas de jambières sous la main, les guêtres de ma sœur danseuse pouvaient faire l'affaire.

V/ N'enlever les jambières qu'au départ de la course, vers 14 heures le lendemain.

VI/ Avoir la tête toujours couverte avec un bonnet, même l'été ; obligatoire si l'on ne veut pas tomber malade.

VII/ Les soirs de course et quand il a plu : gant de crin sur les jambes, avec de l'alcool iodé. Et s'il a grêlé : bain avec eau salée.

Tu commences à te sentir « pro ». Tu fais le métier : ton corps, ta santé, c'est ta boutique !

Le menu coureur était imposé lui aussi.

VIII/ La semaine : légumes, fibres, un peu de viande rouge et blanche. Les fruits ne sont pas défendus.

IX/ Menu invariable chaque veille de course : cuisse de dinde et pâtes *al dente*.

X/ Le matin, au petit-déjeuner, re-pâtes. Des nouilles encore pour se faire des couilles en or sur le vélo, sans doute.

Depuis que j'ai 17 ans, j'ai gardé le même régime. C'est pâtes au p'tit déj', le jour de la compétition. Ça continue aujourd'hui. Café, brioche, pâtes, œuf : le premier protocole de la journée. Pour gérer le stress de l'épreuve et de l'entrée en piste, je dois manger salé. Et c'est valable pour n'importe quel stress ou n'importe quelle épreuve, car la compétition, pour moi, c'est un art de vivre. C'est l'éducation que j'ai reçue. Plus tard, j'ai vu un diététicien du sport, qui m'a dit de ne rien changer. Par contre, je « ne sale pas la soupe », expression célèbre du vélo qui signifie que tu te dopes. Moi, le sel, c'est au petit-déjeuner à cette époque.

Même les coureurs qui ont de l'expérience et, devant toi, font fi des anciennes méthodes qui ne seraient pas assez « scientifiques », quand ils gambergent et ne marchent pas trop, ils y reviennent.

Tous. Comme moi. À ces petites habitudes de jeunesse transmises par leurs vieux. Ce sont nos madeleines de Proust, qu'un profane trouvera sûrement difficiles à digérer. La cryothérapie a eu beau remplacer le Laodal et les appareils d'électrostimulation nous dispenser d'un massage, on préfère se faire pétrir avec des mains et mettre des guêtres enduites. Pareil pour le *no sex* les veilles de course. Même si on sait en grandissant que ça ne joue pas, je m'abstiens, parce que papa m'a dit que ce n'était pas bien. De toute façon, je n'y arrive pas. Je fais un blocage psychologique, et ma femme aussi d'ailleurs. Quand c'est une course à étapes, c'est long ! Parfois plus de trois semaines… La culture orthodoxe du vélo, c'est ça. Même si désormais les femmes peuvent venir passer les journées de repos avec nous, sur les grands Tours. Ce jour-là, de toute façon, tu n'as pas forcément le temps d'utiliser tes outils, parce que tu es débordé avec les médias. Ces journées de repos sont plus fatigantes que celles où tu pédales. Tout juste apprécié-je me blottir contre sa poitrine, et je m'évanouis souvent plus que je ne m'endors.

PROTOCOLES

Les jeunes coureurs ont tous leurs rituels. Beaucoup nous sont transmis par les anciens, d'autres tiennent à l'histoire personnelle de chacun. Nous avons tous, aussi, nos petits protocoles. Initiés par des soigneurs, ou par des on-dit, ou par des coureurs que tu côtoies. On aime le risque et on a la manie des petits secrets. Dans le vélo, ces petites confidences ne se transmettent qu'à une seule personne à la fois. Mais comme on se croise souvent, ça va vite. Très vite. Chez les pros, c'est terrible. Quand ça touche à la vraie triche, ça relève du clandestin. C'est excitant, le côté hors-la-loi. Certains ne vivent pas bien si tu le leur enlèves. Des rumeurs planent au-dessus de tout ça, mais un pro expérimenté trie vite le bon grain de l'ivraie. Il sait lesquelles sont fondées. Dans le chapitre protocole, on aime bien conseiller aux bizuts de se masser chez eux avec de la graisse de vache à traire. Mais ils ne sont pas tous idiots, ni des putains, même si ce mot fleurit abondamment notre langage. C'est encore la faute aux Anglais, tiens !

Au cours de ma deuxième année en tant que coureur, j'ai trouvé un protocole qui me plaisait bien.

– Putain, nous dit un de nos coéquipiers, j'ai une nouvelle huile ! Tu pars, t'as couru la veille, tu mets cette huile-là, tu vas transpirer de la patte. Au bout d'une heure, t'as plus mal aux cannes, tu vas détoxiner la jambe. C'est nickel, mortel ! Les Espingouins font tous ça !

Il fait trente degrés, toute l'équipe est sur une course mineure. Pour essayer, on se met cette huile magique avant de se rendre au départ en bus. On le fait tous. Les cyclistes sont des champs d'expérimentation aussi efficaces que les pilotes de la RAF lors de la Seconde Guerre mondiale, lorsqu'on leur a fait tester les amphétamines. On nous dit toujours :

– Putain, patte gonflée, c'est pas bon !

On sortait d'une succession d'épreuves dures. On était déjà secs. Au bout d'une heure, enduits, nos muscles brillaient. Certains venaient nous voir avant le départ :

– Putain, c'est quoi votre huile, là, votre embrocation ?

La patte sèche transpirait. On a une haute estime esthétique de nos gambettes, rasées de près. Quand elles brillent, bronzées, on biche. C'était bon ce bluff, les autres avaient les boules. On était les plus belles pour aller danser.

Au final, cette huile nous a complètement déshydratés. On a fini collés comme des merdes au goudron. Pendant une heure, on a effectivement transpiré du jarret. Ça se voyait, la sueur qui se mélangeait au produit ! Mais ensuite, terminé pour tout le monde ! On avait tous des crampes. C'était une huile à la con, une crème espagnole, tube jaune et noir, de la XZ. La posologie n'était pas la bonne. On nous a expliqué ensuite qu'il ne faut pas l'utiliser en course, mais en récupération, quand tu as fait un voyage, quand tu as la patte gonflée. On a ri.

DÉGONFLER LA PATTE, PAS LE MELON

Deux ans plus tard, je joue le général d'une belle course à étapes. Je suis désigné leader. Je fais le métier à bloc. On a des Espagnols à l'époque dans l'équipe. C'est toujours intéressant, les Espagnols, dans une équipe. Tu n'es jamais seul en cas de besoin. L'actuel meilleur d'entre eux, Valverde, est encore numéro un mondial en 2015, à 36 ans. Ses deux ans de suspension l'ont régénéré. Il a toujours la patte sèche ET la socquette de plus en plus légère. On baragouine donc au téléphone, il me parle de la crème XZ. Et si j'essayais la bonne posologie ? J'ai besoin d'un truc pour calmer ma nervosité.

– Rapporte-moi un tube la veille du prologue, à l'hôtel, après la présentation des équipes !

– No problemo !

Le soir, avant le prologue du lendemain, je beurre. Je mets une première couche et, astuce de ménagère, un film de congélation par-dessus. Puis les jambières. Je garde les cocons toute la nuit. J'avais fait un long voyage. Je me suis réveillé le matin, trempé. Ça coulait. Mes jambes étaient complètement dégonflées. Je pense à vendre mon brevet aux compagnies aériennes.

Sur le prologue, je vole. Grâce à un « coup de pédale aérien », a dit la presse, je finis tout près des premiers sans être un spécialiste des contre-la-montre courts. Par la suite, comme tout bon coureur qui a trouvé un truc, une recette tambouille, j'ai fait XZ-film de congélation-jambières chaque veille de prologue, sans me poser de questions. Ça n'a pas marché à tous les coups.

Cet apprentissage de néo-pro, tu le fais souvent à côté d'un pro expérimenté qui te couve un peu sous son aile, et avec qui tu fais chambre quand tu as le même programme. La plupart, au début, ne te donnent aucun conseil. Tu es un danger potentiel, tu prends la place de quelqu'un. Il te dirige donc mal, en parfaite connaissance de cause. Mais si tu restes et si tu sais le cuisiner, tu peux parvenir à grappiller quelques conseils. Ma génération a croisé celle des coureurs traumatisés par les affaires de dopage. Ils se sont ouverts plus facilement avec les jeunots, même les étrangers comme moi. Ils avaient besoin de parler. Certains d'entre eux n'ont pas été avares de conseils d'anciens qu'on aurait pu juger farfelus, mais qu'on a tous entendus et parfois appliqués. Les conseils d'un oncle qui aurait pris une cuite :

– Faut que tu en chies. Pas de gélules l'hiver, pas de récupérations injectables de compléments de vitamines non plus. L'hiver, ne te fais pas masser. Ça t'endurcit. Ne bois pas de lait, jamais.

S'endurcir en plus des sueurs sur le vélo, je pensais que c'était une grosse connerie, du genre : « Bois pas sur le vélo, sois un chameau ! Tu n'auras pas soif et tu maigriras ! Tu t'affûteras plus. » Ensuite, quand tu arrives sur une belle course et que tu es bien placé, tu as droit à d'autres recettes. Réservées à ceux qui le valaient bien sans doute, ceux que l'on jugeait suffisamment prometteurs. Tu passes du stade « à chacun selon les besoins de l'équipe » au stade « à chacun selon son mérite individuel ». Les « chaudrons magiques », ces vieux coureurs qui en avaient vu des vertes et des pas mûres, avec leur diplôme de suspendus repentis, nous donnaient à leur tour leurs recettes :

– Maintenant que tu commences à marcher, il faut te nettoyer l'organisme. Tu prends un truc, pas positif, bien sûr : des extraits de légumes et de plantes, tous les matins, à boire à jeun.

Et ils te donnent des boîtes sorties de leur sac, des gouttes. C'est peut-être dans les vieux chaudrons qu'on fait les bonnes soupes, mais j'ai essayé, ça puait ! C'était sûrement un mélange de poireau, de chou-fleur et d'artichaut. Comme pour le fromage, c'est bon quand ça sent fort, sans doute. Toute ma famille a dû en manger ensuite au petit-déjeuner sans le vouloir et a été purgée tellement cela embaumait de ma bouche. C'est mieux que la fumée de cigarette, remarque.

Je savais déjà comment faire dégonfler la jambe à l'extérieur. Je passais au nettoyage interne. Logique. Rétracter dehors, purger dedans. Les classiques arrivaient. Je progressais toujours. Autre conseil pour entrer dans la cour des grands :

– Fais du magnésium, un peu de fer et un peu de vitamines B12, mais en injectable. Il fera beau, il faut transpirer, sinon tu seras bloqué !

Je fais ça : boum ! Ça marche, ça marque. Je mets forcément mes performances sur le compte des recettes qui puent et des petites injections. J'apprends un nouveau mot : bloqué. Les recettes et les produits peuvent t'aider mais aussi te bloquer, comme avec le XZ, si tu les prends mal, ou trop, ou pas au bon moment.

Alex Zülle, le coureur suisse qui m'a fait rêver, transféré de l'équipe sponsorisée par une loterie pour aveugles, la ONCE, à celle qui lui a réglé l'heure, la Festina, en 98, devait gagner haut la main le Giro, le Tour d'Italie. Il a survolé les premières étapes de montagne et les contre-la-montre en rattrapant même Pantani, parti trois minutes avant lui. Las, son médecin espagnol Jimenez et son soigneur, le bras droit du dottore Ferrari, ne s'entendent pas. Alors que Zülle avait course presque gagnée, tous les deux, pour se mettre en valeur, lui ont injecté séparément dans la fesse, gauche et droite, une lichette d'un produit que l'Helvète n'utilisait pas. Le lendemain, le produit n'est pas passé. Il a perdu quinze minutes sur une seule étape. On peut se bloquer soi-même, mais l'encadrement peut aussi bloquer son coureur, par maladresse ou par volonté de lui nuire. On bloque, on débloque la machine, la boutique. Le pauvre avait été embauché sur le Tour de France, cette année-là, pour gagner et suppléer aux limites de Virenque. Et c'est l'exclusion de l'équipe. Certains ne sont pas vernis, mais les bons chaudrons dans lesquels on fait les bonnes soupes rebondissent. Toujours.

PIPI CACA

Chez les amateurs, je devais boire énormément d'eau, pour « détoxiner ». Le test, c'était de pisser blanc à l'entraînement. Tu reviens de ta sortie, si tu pisses même un peu jaune, tu bois encore. En course, tu fais pareil. Il m'est arrivé d'aller au contrôle pipi, dit urinaire, après une course, et de me retrouver avec un pH trop bas, tellement c'était de l'eau. Il a fallu recommencer parce que ce n'était pas testable. Au bout de deux heures dans cette caravane blanche dédiée aux contrôles, j'ai fini par demander de la bière. Un autre jour, en été, après la dernière étape, j'étais pressé de rentrer voir ma belle, mais impossible de pisser, vraiment trop mal au ventre. La caravane du contrôle antidopage a des toilettes fermées par des murs en plexiglas, maintenant, pour ne pas pouvoir tricher avec des poires en plastique remplies d'urine, comme Pollentier le fit naguère après sa victoire à l'Alpe d'Huez sur le Tour de France. On doit montrer ses instruments au contrôleur et faire ça devant lui. C'est un pote. Cette fois-là, je lui dis :

– Je suis désolé, toubib, j'ai envie de faire mon caca de course. Je crois qu'il n'y a que comme ça que vous aurez votre urine.

Je m'assois, le phallus dans le tube réceptacle, et là, je me mets à déféquer avec une chiasse terrible. Ça puait le rat de la mort qui tue, une horreur ! Le vainqueur du général est arrivé après moi à la caravane. Il était dégoûté. Quand je suis sorti, il m'a dit :

– C'est toi qui pue comme ça ?

– Oui ! J'ai pu donner mon pipi, mais ils demandent des analyses de selles aussi !

Il est rentré, le nez pincé, en se demandant si ce n'était pas une blague. On ne sait jamais quelles nouvelles mesures vont être prises par les autorités. Je ne crois pas avoir connu, de toute ma carrière, un seul coureur qui se soit fait pincer lors d'un contrôle urinaire.

Même s'ils étaient parfois cocasses, je suis resté longtemps accro à ces protocoles auxquels j'avais été initié, comme ce XZ, ou bien le fer et la vitamine B12 que je trimbalais dans ma petite trousse personnelle. C'est comme pour les filles qui ont leur baise-en-ville et leur mascara. J'en prenais quand je marchais. En grandissant, j'ai un peu évolué, quand même. Mon cheminement s'est fait comme ceci : d'abord le dehors pour les jambes, puis le dedans avec le buvable, puis l'intramusculaire (IM) pour nettoyer l'intérieur, puis l'intraveineux. C'est une suite logique mathématique. Quand j'ai commencé à faire du fer injectable, ma femme a remarqué que, dans le trois-quarts haut de ma fesse droite, là où je me fléchais, toujours en IM, la chair était noircie sur un cercle de trois centimètres. Ça a mis du temps à partir et à se refaire. Si un vieux coureur vous dit qu'il n'a jamais fait de soins, demandez-lui de baisser son pantalon et de vous montrer ses fesses… Au début de ma carrière, la caféine, plus ou moins forte et dosée, n'était pas autorisée en course. Je n'en faisais pas. Comme les corticoïdes. Et puis, ils en ont légalisé l'usage. C'est encore grâce au lobbying anglo-saxon. On dit que ce sont des produits bénins. Ce n'est pas vrai. Cela booste vraiment.

Un jeune qui avait fait un bon classement sur le prologue du Tour de l'Avenir sans rien prendre, a intégré l'année suivante dans son protocole d'échauffement une halte dans un champ pour s'injecter en IM un mélange de produits avec de la caféine, histoire de mieux respirer. Il a gagné. Dans sa tête, ce n'est pas grâce à l'année passée à s'entraîner qu'il a pris de la force. C'est juste grâce à l'injection du petit-truc-qui-va-bien. Dans l'apprentissage et le dépucelage de ta naïveté, il existe bien autre chose que les protocoles soins et bien-être. D'autres codes à bien appréhender.

ITALIA FARA DA SE !

Quand je suis passé pro, j'ai intégré d'entrée de jeu une belle équipe. Je suis parti sur une de mes premières courses à étapes. J'avais l'impression d'être au bout du monde. Pour les grandes équipes européennes, ça ne coûte rien d'aller dans des pays émergents. Là-bas, le public est naïf, et on trouve les nerfs de la paix pour le vélo : l'argent, la mise en scène, des arrangements faciles, la possibilité de pédaler sans pression, le soleil. Tout est pris en charge par l'organisateur et certaines teams reçoivent même de l'argent pour venir courir, à condition d'emmener un ou deux de leurs leaders, bien que ces courses soient officielles et accordent des points. Il faut juste ne pas se faire remarquer.

Aux Tours d'Oman et du Qatar 2015, qui se déroulent en février, quelques coureurs ont organisé une réunion informelle, disons syndicale, pour se plaindre que leurs boyaux se décollaient à cause de la chaleur, et que ça devenait dangereux de pédaler entourés de sable et de chameaux par plus de quarante degrés. Ça n'a pas beaucoup plu à Eddy

Merckx, qui s'est placé là-bas en tant que consultant expert prestigieux. Son palmarès fait foi de crédibilité, pas son foie. Il a la santé. Il prend donc les sous du sultan organisateur. Résultat ? Les coureurs qui ont manifesté et leurs équipes n'ont pas été invités en 2016 à Oman et au Qatar. Ils ne fermeront pas le tiroir-caisse en ouvrant leurs bouches. Le vrai roi des Belges, Eddy Merckx, est celui qui a présenté le docteur Ferrari à Lance Armstrong, et dont le fils, coureur pro puisque les chiens ne font pas des chats, travaillait avec le *dottore*, désormais banni à vie. C'était le patron de son temps, comme Hinault, quand il y avait un patron dans le peloton. Les blancs-becs du vélo moderne, qui se tirent tous dans les pattes, vont comprendre ce que c'est qu'un taulier du vélo d'hier. Ils ont couru en février l'Étoile de Bessèges et les nouvelles épreuves « low cost » dans le sud de la France, par dix degrés, pour gagner des clopinettes. Non mais !

Pour ma première excursion exotique, j'étais jeune et j'ouvrais plutôt de grandes billes. Je respectais Merckx et Hinault. Tout me paraissait magique. Mais je n'étais pas sûr de moi. C'était l'inconnu, quand même. Il faisait chaud, les étapes de deux cents bornes me faisaient peur. Et pourtant tout s'est bien passé au niveau de la récupération. J'ai couru avec des stars qui me paraissaient être des monstres, des sommités. Mon vélo à moi, dans ma petite tête, c'étaient les attaques. Pif ! Paf ! Mais je commençais déjà à sentir le vélo de maintenant dans les grosses écuries. Ce n'était pas possible, mes espoirs de panache. Les enfants de Cyrano ne feraient pas de vélo. Ils seraient balayés par une équipe qui contrôle tout, organisée autour d'un sprinteur pour les étapes, et d'un leader qui joue le général.

LES GREGARI NE GUEULENT PAS, ILS CAUSENT

Je m'en souviendrai toujours. Nous mangeons à l'hôtel. Comme souvent, on nous a préparé un grand buffet. Je suis dans l'état d'un petit jeune amateur de foot de Mazamet, tout juste passé pro à Bordeaux, qui joue son premier match en coupe d'Europe contre le Real Madrid. J'appartiens à une équipe italienne, tous les noms finissent en « i ». Il me semble que mes collègues se mettent à parler fort. Je me dis qu'ils s'engueulent. Je suis jeune.

– Non, non, on ne s'engueule pas ! Essaie de comprendre !

À l'époque, les gars étaient payés au point UCI. Dans toutes les épreuves, les premiers marquaient des points, et le total déterminait non seulement le classement de ton équipe dans le top mondial, mais aussi ton salaire. En cyclisme, l'équipier, dit gregario ou domestique, fait le travail pendant les neuf dixièmes des kilomètres à parcourir et s'épuise – normalement – pour économiser les leaders et leur permettre de conclure. Il passe sa vie à contrôler la course des heures durant, sans gloire ni fortune. Il est payé pour ça, mais ne peut marquer de points UCI. Pourtant, c'est lui qui travaille le plus. Et là, entre la poire et le fromage, les gregari négociaient pour qu'on leur verse des primes au temps passé à rouler devant le peloton. Quand l'équipe gagnait des courses, c'était grâce à eux. Donc il fallait réévaluer leurs salaires, qu'ils estimaient trop faibles. La variable d'ajustement : les minutes passées devant tout le monde, à étirer le peloton. Comment les mesurer ? Comment les quantifier ? Le débat a duré toute la soirée. Une *commedia dell'arte* de ténors à laquelle j'ai assisté, stupéfait, loin de ces préoccupations. Pas pour longtemps.

Je n'ai pas envie de finir gregario ou domestique. Je fais de bons résultats, je gagne même chez les pros devant une brute corticoïdée à mort. Tout est donc possible. Je suis encore pur. On en parle beaucoup, du dopage. Je suis contre, à l'époque. J'ai été élevé comme ça, je ne vends pas les courses non plus, ni ne les achète ! Pas de dopage. Je fais la guerre à ça. J'ai de l'orgueil, de la rage contre les méchants.

L'orgueil, c'est un moteur. Qui peut être collectif, parce que le vélo est un sport individuel où des coureurs décidés à ne pas se doper pensent pouvoir s'organiser en équipes qui permettraient de lutter contre les cas isolés. Mais Lance Armstrong enfile les Tours du renouveau comme des perles en nous enfilant tous. Comme d'autres, je pense avoir été recruté parce que je n'avais pas « mis en route » avant de passer pro. On te sort de la couveuse tout neuf, puis on t'engraisse sur le terrain. C'était un principe. Mais même si tu restes clean en amateur, tu peux déjà te former au premier niveau de tricherie : l'organisation en mafia de coureurs qui font du vélo pour gagner de l'argent et vivre.

Amateur est un mot galvaudé. Dès les rangs des cadets, à quinze ans, un môme peut ramener de l'argent à la maison. En cyclisme, contrairement à bien d'autres sports, il existe chez les amateurs des grilles de prix pour les dix ou vingt-cinq premiers de chaque course, selon leur importance, auxquelles il faut ajouter des primes pendant la course, que le speaker annonce sur la ligne en vociférant quand c'est une épreuve en circuit autour d'un clocher de village, tous les x tours. Sans compter les primes de victoire, ou de podium, ou kilométriques, que ton club peut te verser. Certains clubs te donnent aussi des indemnités mensuelles, des salaires déguisés. Tu te frottes donc déjà à une forme de professionnalisme de la combine, parce que des mecs passent leur vie à écumer des courses pour gagner leur pain quotidien. Ce sont souvent d'anciens pros qui n'ont pas réussi et qui sont redescendus dans la catégorie amateurs. Les deux mondes peuvent entrer en symbiose, voire en osmose. Tu peux te préparer au métier, à cause de l'argent généré, avec des ententes illicites, expression officielle.

Nous, on dit mafia. Pour la fraude technologique (les moteurs), nous, on dit dopage mécanique. Pour un Froome, on dit un mutant. Appelons un chat, un chat. Les chiens ne font pas des chats, on l'a dit.

L'ESSENCE DE LA MAFIA

Bref, les papas des gars qui courent aujourd'hui en France ont fait leur beurre comme ça quand ils couraient à la belle époque. Mercenaires, ils étaient licenciés dans leur petit club, mais se retrouvaient jusqu'à cent jours par an et s'associaient avec d'autres pour ramasser le maximum, puis se partageaient le pactole. En France, la fédération a obligé à courir en équipes les grandes courses amateurs, pour essayer d'endiguer le phénomène, mais pas chez les jeunes, ni sur les coursettes.

Au départ, la mafia se forme par copinage, avec des potes du groupe d'entraînement, par exemple. Se « mettre ensemble », c'est l'expression consacrée. C'est un langage guerrier et imagé. *Guerrier* : n'avoir peur de rien et ne jamais se plaindre. Quand on dit de toi que tu es un guerrier, c'est aussi une reconnaissance du milieu. Il existe donc, sur les coursettes et sur les nocturnes, des bandes d'associés, qui ne sont pas là pour gagner la course, mais pour gagner leur vie. Ils vont tout faire pour être échappés pendant toute la course, à deux, trois ou quatre de la même mafia, avec une proie : un jeune coureur du cru et du club local organisateur, qui a du talent et qui, lui, a envie de gagner devant papa, maman et l'organisateur. L'objectif est de lui vendre la course, mais aussi de faire 2e, 3e, 4e, après avoir empoché toutes les primes et raflé au passage les classements annexes : meilleur grimpeur, points chauds… On a donc, dans cette mafia, deux ou trois gars désignés, qui sont échappés toute la journée pour ça. Après la course, c'est le partage, sur place, dans un coin discret, mais souvent sur la route du retour, sur un parking ou une aire d'autoroute. On fait les fades, on partage. Un comptable tient un carnet, ou écrit sur un coin de set de table en papier. Les bons comptables dessinent un tableau à double entrée. Cinq à dix noms, un par ligne, selon le nombre de mecs de la mafia. Cinq têtes de colonne en général : prix, primes, meilleur grimpeur, classement des points chauds, et la prime de victoire du gamin, souvent content d'avoir raqué et impressionné d'être dans la mafia du jour. Il ne dira rien à ses parents, ni à son président de club. Les cases de chacun sont remplies. Les totaux individuels sont faits et le total général est divisé en autant de parts que de gars composant la mafia. Si un gars n'a pas été suffisamment guerrier et n'a pas ramené assez d'argent, il a une demi-part. C'est le chef de la mafia, le plus respecté ou la plus grande gueule, qui décide. Si le comptable ne sait pas faire de demi-part parce que les maths, ce n'est pas sa tasse de thé, celui qui est demi-portion rend un peu de sa part en liquide à chacun.

LES INCORRUPTIBLES ?

Certaines grosses mafias attendent quelques courses pour les partages, à condition d'avoir un bon comptable. Chez les amateurs, je voulais être incorruptible et gagner mes courses à la pédale. C'est ce que j'ai fait en gagnant un soir devant deux mafias redoutables. C'est un de mes plus beaux souvenirs. Si tu fais ça jeune, c'est le signe que tu peux passer pro. Mais il te faut vite quitter le milieu amateur et ses mafias qui ne te rateront pas sur les courses suivantes. Dans une équipe professionnelle, les gains annuels des coureurs, hors salaires, sont aussi partagés en fin d'année par le directeur sportif, qui fait également office de comptable. Il y a de l'argent à gagner en course, même pour le « petit personnel » de l'encadrement, les mécaniciens et assistants de course. Nous, on les appelle les soigneurs, c'est moins hypocrite.

L'organisation amateur aide donc à comprendre le monde pro. On dit équipe pro et pas mafia. Mais bon, à y regarder de plus près, en certaines occasions, tu ne vois pas la différence. Revisionnez certaines arrivées sur YouTube. Un coureur qui ne doit pas gagner parle à son voisin d'échappée d'une autre équipe à quelques encablures de l'arrivée. Il gagne. Tout le monde se rappelle de l'image de Jan Ullrich frottant ses doigts les uns contre les autres à deux kilomètres de l'arrivée de Courchevel dans le Tour 97. Combien tu peux donner, Richard, pour que je ne te dispute pas la victoire ? On parlait en francs : 100 000 à l'époque. Comme son coéquipier de Festina, Laurent Dufaux, qui avait acheté l'étape de San Sebastian à Bjarne Riis l'année précédente. C'est l'équipe qui paie, ou pas. C'est beaucoup plus cher depuis qu'on est passés à l'euro. Il faut compter 100 000 euros environ pour une grande classique.

Certaines histoires sont édifiantes. Celle de Vinokourov, sur Liège-Bastogne-Liège 2010, inculpé de corruption privée pour avoir versé 150 000 euros sur le compte bancaire de son dernier compagnon d'échappée Kolobnev ; par amitié, sans doute. Pour son titre olympique à Londres 2012 devant Uran, combien ? Le scénario est hilarant. Arrivée à deux. Causerie. Soudain, on ne sait pas pourquoi, Uran, le tout gentil Colombien qui ne reçoit pas d'argent de sa fédération pour laquelle il court les J.O., tourne la tête longtemps à gauche. Vinokourov lance le sprint à droite comme un vrai Kazakh ! Oh là là ! Quel tacticien ! Le pire, c'est que les gens, quand on monte bien le scénario, y voient des tactiques spectaculaires ! Le plus drôle, c'est quand plus de deux coureurs arrivent pour la gagne. Là, c'est complexe. Ce Belge qui est une planche à pain, ou qui sprinte comme un fer à repasser, qui se pointe à l'arrivée d'une étape du Tour de France avec deux autres Belges d'une autre équipe, et les ajuste en ayant le temps de mettre les lunettes du sponsor sur son nez et en se rasseyant sur sa selle au milieu du sprint, c'est resté dans les annales.

En Belgique, les paris sont autorisés et ça marche fort. Un directeur sportif, via son cousin par exemple, peut parier sur d'autres coureurs que les siens et leur donner des ordres afin de toucher ses 500 euros à la fin de la course. En tant que coureur belge, si tu as un peu de notoriété, tu peux arrondir tes fins de mois à distance avec des paris qui se font sur toi et un autre compatriote à la Vuelta par exemple, le Tour d'Espagne, ou ailleurs. Tu paries sur qui va finir devant l'autre, un petit coup de fil et on te donne les cotes. Tu t'arranges avec ton pote. Simple, efficace. Karabatic, le handballeur, est un petit joueur. Il ne faut pas se leurrer, dans toutes les grandes courses, s'il y a un petit groupe d'échappés dans le final, il y a un paquet d'argent sur la table qui est proposé. Directement par les coureurs. Ça peut aussi se faire dans la file des voitures entre directeurs sportifs, par téléphone avec les managers, avant transmission par la fameuse oreillette. Elle sert à ça aussi, l'oreillette. Tant qu'à faire, l'info pourrait être communiquée aux commentateurs et au public, ça leur permettrait de mieux comprendre certaines tactiques.

Quand, sur la classique Tour des Flandres, qui est un sommet du calendrier international et télévisé, deux coureurs sont échappés pour la gagne, les enchères peuvent monter en deux kilomètres de 40 000 à 80 000 euros entre directeurs sportifs. Juste derrière, à quelques secondes, roule un quatuor, dont un coéquipier d'un des deux de devant. Bizarrement, c'est lui le plus actif, à la fois dans les palabres et dans les coups de pédale. C'est en fait – on dit aussi *amphèt* – le leader habituel de l'équipe. Il ne supporte pas que son gregario, même de luxe, prenne sa place. Tente-t-il d'arroser à coups de dizaines de milliers d'euros ses compagnons d'échappée des autres équipes pour rentrer devant et gagner ? On lit mieux la course ainsi. Tous les initiés ont vu ce scénario où 100 000 euros sont sur la table, si tout se passe comme prévu.

Si, chez les amateurs, je n'ai pas voulu entrer dans la magouille, ni payer, je m'y suis mis chez les pros. Après tout, pro, c'est pro. On fait les choses par conviction jusqu'au moment où l'intérêt prime. Sur une belle étape d'un grand Tour, tu gagnes, tu te garantis deux à trois ans de contrat et le bon salaire qui va avec. C'est tellement prestigieux. J'ai compris et j'ai essayé sur le Tour de France. On est un petit groupe devant pour la victoire, le reste d'une longue et grande échappée. C'est chaud de chez chaud. J'étais là pour cela : gagner des étapes. J'avais bluffé un peu. Je suis descendu à la hauteur de la voiture de mon directeur sportif (DS), par réflexe. J'avais l'impression que la ligne d'arrivée s'approchait à vitesse grand V, alors que c'est nous qui foncions vers elle.

– Combien je peux leur proposer et à qui tu penses ?

– Non !

Il y a eu des attaques. J'ai dû sprinter sans comprendre sa réponse. Je lui faisais confiance. J'étais, sur le papier, le moins rapide du groupe. J'ai pourtant gagné facilement. Trop. J'ai éructé ! Incroyable. Bien sûr, dans la zone d'arrivée, j'ai fondu sur mon directeur sportif et l'ai embrassé avec effusion, comme à la télé. Je lui ai dit :

– Merci, merci, merci !

– Ben pourquoi t'es comme ça ?

Je l'ai embrassé encore :

– Comment t'as fait ? T'as arrosé qui derrière ? Comment t'as fait ?

– Ben personne ! Je t'avais dit non, c'est non !

J'avais, de fait, gagné à la pédale, sans entourloupe ni paiement illicite. Mon DS m'a dit le soir, au champagne, qu'il fallait faire des économies et que surtout, il m'avait vu pédaler, qu'il avait une confiance totale en moi, que je lui avais dit un mois plus tôt que j'allais assurer. C'est ça, se vendre, dans le vélo. Trouver des gens qui ont plus confiance en vous que vous-même. Mais parce que vous apparaissez sûr de vous quand vous leur exposez vos projets. C'est bluffant. Pas autant que les critériums d'après Tour pour les spectateurs.

CRI-CRI

Les courses pro qu'on appelle critériums, c'est du catch. Ça se fait sur des circuits courts. On passe souvent sur la ligne. J'ai vu l'évolution. Du critérium à la bonne franquette dans le trou du cul de la France après le Tour aux courses de fin de saison au Japon, où vingt-huit coureurs stars sont rémunérés de 10 à plus de 100 000 euros pour faire, en parallèle, des démonstrations de sumo alors qu'ils pèsent soixante kilos – choc des cultures – avec des hôtels cinq étoiles et une organisation *square* ; bref, de vrais shows.

Ces gagne-pain d'après Tour ont quasiment disparu dans l'Hexagone, parce que les salaires mensuels sont devenus beaucoup plus conséquents. Mais certains folkloriques subsistent. En dehors de la France, sans même parler de la Belgique qui en est toujours friande, l'engouement va crescendo, avec des plateaux composés généralement de coureurs qui ont eu leur moment de gloire dans l'année. C'est la mondialisation. Les coutumes traditionnelles du vélo essaient de traverser son histoire.

Les « cri-cri » sont organisés dans des endroits où le Tour ne va pas souvent, si possible à chaud, dans les deux semaines qui le suivent. L'organisateur, s'il est à fond, vient sur le Tour et invite des têtes d'affiche. Il espère avoir le vainqueur, le maillot vert, le maillot à pois, et le coureur du pays qui a flambé. Ceux qui ont gagné des étapes, ceux qui se sont fait voir, plus ceux qui viennent faire le nombre et qui ont un petit nom, et un peu d'amateurs, qui hériteront des plus petits cachets. Parce que c'est une course au cachet, en dehors du règlement et du calendrier UCI. En dehors de tout.

L'enveloppe de l'organisateur va de 20 000, voire 50 000 euros pour le cador, pour qui on met aussi à disposition un hélico pour se déplacer le lendemain, à 200 euros pour l'amateur. Une bonne partie de la billetterie et des recettes générées par les buvettes vont dans nos poches. Là, c'est l'organisateur qui est à la baguette et, payeur oblige, il décide de tous les classements et de la mise en scène. Ça se passe généralement au point presse, où quelques journalistes de la feuille de chou locale viennent nous faire raconter notre Tour de France. Une fois qu'ils sont partis, on reste avec l'organisateur et on fait le briefing. Meilleur animateur, classement du tour le plus rapide, points chauds, premier amateur et classement final : tout est établi par l'organisateur, qui choisit les coureurs qu'il veut voir sur le podium, et les photos qui serviront souvent à l'affiche de l'année suivante. Chaque coureur connaît sa place au classement avant de partir, et son rôle. Le speaker en France, qui a été aussi la voix du Tour pendant 41 ans jusqu'à l'an passé, est briefé. Il connaît par avance le record du tour le plus rapide du cri-cri, au dixième de seconde près, ou quasiment. Pourtant, il n'est pas corse. Il vient de Saint-Martin-de-Landelles, dans la Manche, où il a eu son propre critérium d'anthologie, lui aussi.

Avant, il n'y avait pas de contrôles antidopage dans les critériums. En 1982, au critérium de Callac, Bernard Hinault a pris la tête d'un mouvement de protestation contre les contrôles antidopage dans les cri-cri. Hinault, Vallet et Bernaudeau avaient refusé de pisser dans l'éprouvette du contrôle médical qui s'était invité exceptionnellement à la fête. Pour tenir le coup quand ils allaient de critérium en critérium, la pièce où les coureurs s'habillaient était aussi le lieu où tu pouvais t'injecter une lichette de pot belge, un mélange d'amphétamines bonne mine, de cocaïne, d'antidouleurs, etc. Le départ du Tour 2016, c'est dans la Manche. Ce n'est pas un critérium, sinon je vous donnerais le nom des vainqueurs (rires). Si des amateurs venus pour faire nombre dans le cri-cri ne comprennent pas comment ça marche, il faut leur expliquer. On fait en général une grosse fête le dernier soir du Tour, donc les jours suivants, on est un peu cramés, on manque de sommeil. Pour ces amateurs invités, c'est leur championnat du monde, la seule fois de leur vie où ils vont rouler avec les cadors qu'ils voient à la télé tous les mois de juillet. Ils veulent faire la course, jusqu'à ce qu'un chef de bande, souvent le plus ancien ou le plus expérimenté des pros, mette tout le monde au pas.

DANS LES P'TITS PAPIERS

Si l'organisateur n'a pas le temps de faire la réunion avec les mecs au départ, ou pas la place, il donne à ce chef de bande un petit papier, où tout est consigné. On aime bien les petits papiers griffonnés pour les grands secrets, dans le vélo. Les histoires que lisent les chiens qui ne font pas des chats à leur futur champion comme papa, ce ne sont pas celles du père Castor. Exemple :

Il était une fois le dottore Ferrari, qui prépare des athlètes comme Rominger. C'est un des premiers à faire utiliser l'EPO à des coureurs. Les Français, jusque-là, ne gagnaient pas de course de vélo. Les pôvres. C'était il y a trèèèès longtemps. Un jour, en fin de saison, dans un immense hôtel de Milan, le Leonardo da Vinci, le dottore sort de l'hôtel les bras chargés d'affaires. Un papier tombe. Willy, le soigneur de l'équipe Festina, entre à ce moment-là et le ramasse. C'est une notice de médicament. Il lit : EPREX. Willy va voir le docteur belge de son équipe avec la notice. C'est le nom d'une EPO, bien meilleure que celle du Portugal tout juste essayée et amenée par le petit avion du sponsor. L'Eprex, c'est de la pure. Il en donne à son poulain préféré, son fils spirituel, Richard Virenque. Cinq cents doses plus tard, il est devenu la coqueluche des Français, mais ne veut plus être son copain quand Willy se fait arrêter à une frontière. Virenque dit qu'il n'a aucune idée de ce que Willy pouvait bien avoir dans le coffre de sa voiture. Allez, dors maintenant. Si tu es sage, demain je te raconterai comment le laboratoire Amgem, distributeur d'EPO, sponsorise le Tour de Californie, aux Amériques ! Bon-ne nuit mon petit !

Dans les cri-cri, on ne se la raconte pas. On dit : « Voilà, on part à cinq au deuxième tour. Toi, tu fais les points chauds, à tel tour vous vous faites rejoindre, puis le plus combatif attaque, est repris vite fait, et toi l'Espagnol tu réalises le meilleur tour, le record de l'épreuve. À deux tours de la fin, toi et toi, vous vous échappez avec le maillot jaune et toi, notre star locale, tu les bats en levant les bras ! Qu'il reste un peu décalé sur la droite, à dix mètres, pour la photo finale. Ensuite, toi tu fais quatre, toi cinq, etc. »

Les spectateurs vibrent, sont aux anges, revivent le Tour l'espace d'une heure et demie à deux heures. Ce n'est que du show, mais les gens y croient. Ils nous interpellent sur la ligne de départ :

– C'est un circuit pour toi ! Est-ce que ça va arriver au sprint ?

Pour que ce soit crédible, on utilise un braquet réduit, ça donne l'impression que les jambes tournent vite. Ça nous économise. On tourne à 40 km/h au lieu de 50 mais le speaker enfle la moyenne, c'est sa façon à lui de mettre de l'ambiance. C'est bon enfant. On peut s'arrêter pour pisser et attendre un tour. J'ai vécu des anecdotes qui sont entrées dans la légende. Lors de la tournée des critériums, où j'ai été invité une fois – quatre cri-cri au lieu de vingt autrefois –, on m'a proposé, en plus de mes 2 500 euros de cachet pour passer une soirée à tourner en rond, un bonus de 500 euros pour déjeuner à une table de partenaires. Ce peut être le notaire du coin, qui a payé une table à l'organisateur pour passer un moment avec un coureur. Ils ne viennent pas les mains vides. À 12 h 30 tu es à table, et à 15 heures, tu es souvent HS parce que tu es obligé de te lâcher un peu pour montrer que tu es humain entre deux anecdotes traduites par un interprète. Ça donne soif.

TULULULT ! TULULULT !

Un collègue est ressorti vraiment noir du repas, mais très gai. Il avait été désigné meilleur animateur le soir par l'organisateur. Forcément, il avait été le meilleur animateur du déjeuner. Il devait attaquer au moins cinq ou six fois. On était vingt-cinq ou trente coureurs dans ce show, avec une voiture ouvreuse et balai toujours bien décorée, pas plus. La voiture ouvreuse, une vieille Fiat vintage, a un klaxon à l'ancienne qui débite ses *tulululut tulululut* à bloc et fait crisser les pneus. Mais au bout de dix tours sur la trentaine à faire, on ne trouvait plus notre meilleur animateur. On s'adapte et on le voit qui revient en attaquant, à dix tours de l'arrivée.

– T’étais où ?

– J’en pouvais plus, j’me suis caché. J’ai dormi derrière un p’tit talus. C’est le *tulululT tulululT* qui m’a réveillé !

À l’arrivée, bien sûr, il s’est retrouvé sur le podium, acclamé en tant que meilleur animateur, avec la bise et le bouquet ! Dans cette ambiance populaire, on est contents de revoir le public du Tour. Pendant, on ne fait que le croiser, on ne le voit pas, on ne lui parle pas. On est dans un tunnel. Même nos amis, on ne les voit pas. Les cri-cri, c’est bon enfant. Avec les femmes de coureurs, parfois, on pique-nique. On a enfin le temps d’échanger, de raconter nos aventures. On prend le temps de tout, on mange des chichis, on fait faire du manège aux enfants dans le village. Ça, c’est en France ou en Belgique. Au Japon, il n’y a pas de manège et personne n’a vu le Tour en vrai. Par contre, il y a des sushis frais.

PASSION OU MÉTIER ?

Le vélo, au départ, avant de passer pro, est une passion. Tu vibres pour les exploits. Tu as des idoles. Tu admires. Moi, c'étaient ceux qui avaient du panache et qui faisaient des raids dans les étapes de montagne. Et puis Greg LeMond ! Je lui ai dit que je l'admirais, il était gêné. Je l'ai côtoyé, minot, une première fois, à un critérium justement, lui et sa femme. Je suis devenu fan, avec son poster dans ma chambre. À côté des Bettini, Virenque, Chiappucci. Il n'y a plus de poster détachable dans les magazines. J'ai acheté, ado, des maillots à pois de meilleur grimpeur. Chaque tour de quartier, le soir après l'école, j'étais Bettini, Virenque, Chiappucci. LeMond, je n'osais pas, je n'étais pas assez fort. Je gagnais les étapes de montagne, au moins trois par demi-heure, mais pas celles au sprint. Quand j'allais rouler sur les ponts qui surplombaient l'autoroute, je montais le col à 10 % de pente dans ma tête (qui était en fait une petite côte à 2 %) en danseuse, en reproduisant les mimiques des géants de la route auxquels je m'étais identifié. Mes copines imitaient la gestuelle des filles qui chantaient à la télé et s'habillaient comme elles. Moi, ma Violetta, c'était Jaja. Ado, plus tu grandis, plus tu es passionné. Tu réussis. Tu bandes, même dans un cuissard qui te serre les parties. La passion t'anime, mais progressivement les mauvais côtés vont l'entamer. Ça devient un métier. Et tu débandes. Ça va très vite. À mon premier stage d'entraînement, en janvier, avec ma première équipe, je suis mis en chambre avec un vieux. On est comme les témoins de Jéhovah, toujours par deux en hôtel, les cyclistes, sauf si on est malade. On engage un premier dialogue.

– Bon alors, gamin, ça va ? C'est quoi ta spécialité ?

– Oh ben moi j'en sais rien, je suis content, j'suis pro, j'ai un cuissard, un beau vélo.

– Ah non, gamin ! C'est pas comme ça que ça se passe. Va falloir vite que tu comprennes ce que tu sais faire et pas faire, parce que notre but, c'est de gagner de l'argent et de le gagner vite, parce que ça va pas durer !

– Moi, j'm'en fous de l'argent !

– Tu verras, quand t'auras deux ou trois ans de plus, tu parleras plus comme ça !

Je me dis que de voir les grands noms me parler comme ça, ce n'est pas possible. Ça gâche tout, d'entrée. Finalement, il avait raison. Un travail, gagner de l'argent vite. Tes rêves ne sont plus les mêmes.

Et puis le temps passe et tu brilles. Et tout s'enchaîne comme dans un rêve. Alors que la sélection des neuf coureurs qui feraient le Tour de France, parmi les vingt-cinq gars qui composaient l'équipe, devait être donnée au moment du championnat national, soit une semaine avant la Grande boucle, j'avais déjà vu dans la presse mon nom dans la pré-liste. J'avais demandé si ce n'était pas une blague. J'étais choisi dès la veille du championnat. J'étais sur le cul ! Ça m'a déstabilisé et je suis passé à côté de ma course. Dans le camper arrivée, je me disais : « C'est baisé, j'ai été mauvais, les dirigeants vont changer d'avis. » Mais non. Il faut des jeunes qui n'ont pas froid aux yeux dans le vélo. C'était encore un de ces énièmes Tours du renouveau, du renouveau, du renouveau. Et quand tu arrives sur le Tour, tu te dis : « Là, d'accord. C'est clair que c'est un métier ! C'est énorme. »

Je ne perds pas complètement mes illusions, je suis encore plus motivé, mais je ne suis plus insouciant. Ce qui se passe autour de moi me paraît gros. Très gros. Je suis enthousiaste, attiré, fasciné. C'est comme pour la notoriété. Je me disais : « Je m'en fous, je ne veux pas qu'on parle de moi, ou alors simplement pour mes résultats. » Alors que partout ailleurs, tu te sens presque Rémi sans famille, sur le Tour, il y a tout ce monde autour de toi, ça grouille. Tu as l'impression d'être le centre du monde et qu'il tourne autour de ton nombril. Le boss te dit : « Coureur cycliste, c'est deux choses :

image plus professionnalisme, dans l'ordre. Là, tu vas passer ton baccalauréat. »

Tu vois des caméras partout. Tu comprends qu'il ne faut pas assurer que sur le vélo, mais aussi face aux spectateurs, au public. Tu entends parler d'éléments de langage, de com'. Et tu repenses à ce vieux coureur dont tu partageais la chambre et à ce qu'il t'a dit. Tu as des responsabilités familiales sur les épaules, tu as commencé à investir dans une maison, tu décides que ta femme va s'occuper de tes enfants. Tu as une belle bagnole. Tu as un certain train de vie, qu'il va falloir que tu assumes. Avant, tu pédalais parce que pédaler te rendait heureux, parce que pédaler te faisait bander, parce que pédaler te faisait te sentir libre. Désormais, tu pédales pour rembourser.

GÉNÉRATION T.P.M.G.

Au fond, je suis toujours passionné, même maintenant. Je veux rester, comme d'autres, dans le milieu. Je suis toujours tous les résultats sur internet, les courses à la télévision, les rumeurs. L'alternance de phases passion et de phases métier, cela vient aussi des résultats, des courses de m…., des envies du moment. Ce qui dépassionne, ce sont les gens que tu côtoies, pas le vélo en lui-même. C'est l'absence de franchise, l'hypocrisie, le faux, le pas en face, la trahison de tes coéquipiers. En cyclisme, on ne reste presque jamais ami avec un ex-coéquipier. Ce sont des collègues de boulot, pas des copains d'armée ou de lycée. Ce qui dépassionne aussi, bien sûr, c'est le dopage, et les tricheries en général. La passion, c'est la beauté du sport que tu aimes malgré tout, la relative liberté de gérer ta propre boutique, l'adrénaline, le voyage, le fait aussi d'être différent du commun des mortels, et la notoriété, cette reconnaissance au sens propre du terme, qui flatte quelque part ton égo. On ne crache pas dessus. On aime tous ça, signer des autographes.

Entrent aussi en ligne de compte, dans cette passion, les passerelles que le vélo m'a permis de construire vers des milieux sociaux, professionnels ou politiques que je n'avais jamais imaginé côtoyer un jour. Certaines personnes, par sympathie, t'aident à préparer ta reconversion. Tu te fais un réseau. Tu comprends vite que tu as tout intérêt à l'entretenir, par des coups de fil, des cartes postales, des petits gestes. Certains ne le comprennent pas, dommage pour eux. Les jeunes, aujourd'hui, vont sans doute faire de très belles carrières, mais ils sont égocentrés. Pour eux, il n'y aura rien après. C'est la génération T.P.M.G., Tout Pour Ma Gueule. Ils sont moins passionnés que nous. Je pense que peu ont fait leur tour de lotissement à quatorze ans avec un petit vélo en s'identifiant à leurs idoles. Ils ne font ça que pour eux.

Je n'ai jamais été très naïf. Certains écrivent sur les réseaux sociaux et passent leur temps à critiquer. De quoi ils se plaignent ? Tu bosses, tu fais le métier, tu marches, point. Dès qu'ils marchotent, ils écrivent qu'avant, on était des bons à rien. Quand je discute avec eux, quelle que soit leur nationalité, je me rends compte que le cyclisme a sauté une génération. Celle qui arrive, c'est pour faire un métier formaté. Ce n'est pas par passion. Beaucoup ne vont pas évoluer professionnellement. La grille de changement d'échelon n'existe pas, si tu n'es pas passionné au départ.

PRÉCARITÉ DE L'EMPLOI

Faire une carrière, c'est être pro pendant dix ans, au moins. Pour réussir, il faut connaître les codes du métier. Soit tu te gères seul, soit tu prends un agent. Tu ne peux pas te projeter sur du long terme : tu signes souvent des contrats de deux ans, et on te propose même de plus en plus souvent un an seulement. La réalité de notre métier, c'est ça. Planifier une carrière, c'est comme planifier une saison. Qu'est-ce que tu peux planifier quand, dans des grandes équipes, on te dit que la sélection pour le Tour de France ou le Giro se fera une semaine avant la course ? Quand tu ne sais pas, d'une semaine sur l'autre, où tu vas courir ? Comment réussir dans ces conditions ? La seule solution, c'est de devenir leader et d'être bien payé. Le respect que l'on te porte est proportionnel à ton salaire. À moins de 200 000 euros par an, tu n'es pas leader, tu n'es pas considéré. Dans une équipe du World Tour, tu signes pro à 2 365 euros net par mois. Il existe un minimum garanti, celui du droit suisse. Si tu es dans un pays où la législation impose des cotisations patronales pour la retraite et le chômage, ça va. Les équipes anglaises ou américaines, par exemple, n'ont pas de charges patronales. Tes 5 000 euros deviennent 2 500 si tu veux vraiment cotiser. Tu as intérêt à monter une société pour investir aussi et ne pas payer trop d'impôts quand tu gagnes de l'argent. Tu t'engages comme néo-pro sur deux ans, trois si tu n'es pas malin, puis tu négocies. Tu vas plafonner à 3 000 euros par mois si tu ne progresses pas et si tu restes un modeste équipier. Ce n'est pas énorme. Cela, c'est quand tu fais partie d'une équipe du World Tour. Dans les équipes de deuxième et troisième divisions, dites continentales pros ou continentales, c'est encore pire. Tu peux difficilement investir, placer ton argent dans l'immobilier ou acheter ta maison. C'est pourtant la première chose à laquelle on pense. Je conseille plutôt l'option appartement. Le grand objectif, c'est : « À la fin de ma carrière, ma maison est payée. » On ne dépense rien, dans une vie de coureur, ou pas beaucoup.

UN SPORT D'ASSISTÉS

On est pris en charge de la tête aux pieds. On peut presque vivre sans voiture et ne jamais faire les courses au supermarché pendant deux cent cinquante jours par an. Dès les rangs amateurs, si tu as un bon niveau, tu es assisté. Tu as peu de frais, tout est réglé pour toi. Certains, la majorité, font une carrière de dix ans, et gagnent entre 1 500 et 4 000 euros par mois selon les équipes. Ensuite… ils repartent à zéro. Il faut qu'ils aillent chercher du boulot dans la vie active. Dans des pays comme la France ou l'Espagne, seuls une poignée de coureurs, entre trois et cinq, feront douze à quinze ans de carrière et pourront vivre de leurs rentes et de leurs placements. Les vingt-cinq-trente suivants auront bien gagné leur vie, autour de 10, 12, 15 000 euros par mois pendant cinq à huit ans. Ils ont payé leur maison, placé leur argent, acheté des appartements. Ils ont un fond de jante, un bas de laine, et peuvent prendre le temps de la réflexion pour savoir ce qu'ils veulent faire ou ne pas faire. Sauf, bien sûr, s'ils divorcent.

Tous les autres gars repartent de zéro, souvent déstabilisés de ne plus être pris en charge. La carrière pro dure de moins en moins longtemps. Disons cinq à sept ans en moyenne. La reconversion, tu y penses très tôt. Certains syndicats s'en occupent. Des accords ont même été signés avec des entreprises ; mais ils ne concernent qu'une minorité de coureurs, dans quelques pays.

Si tu as fait quelques années en World Tour, tu reçois 10 000 euros à l'arrêt de ta carrière et *bye bye* ! Tu ne perds jamais de vue que demain, tout peut s'arrêter. Sur une chute ou à cause d'une salade. Tu es assisté à 100 %. Si tu ne te prends pas en main pour comprendre comment te déplacer, combien coûte un billet et où il s'achète, tu te retrouves vite paumé. Si tu ne te fais pas porter par le système et que tu es curieux, soucieux de l'avenir, OK, tu peux apprendre certaines choses de la vie. Un an égale deux ans. Certains ne savent pas faire. Ton vélo, tu ne le touches pas, ou un minimum. On te le gonfle, on te le nettoie, on te change tout pour du neuf sur certaines courses. Tu prends le maillot rose au Giro, le lendemain ton vélo est rose, avec de la guidoline rose. C'est ton outil de travail. Ton destrier n'a plus de valeur matérielle. Et pourtant, quand tu changes d'équipe ou d'équipementier, ce qui continue de te faire rêver comme à Noël, c'est ton nouveau vélo. Tu es pressé de le voir, comme ton nouveau maillot, la taille, la matière. C'est ton meilleur ami.

Quand je vais arrêter, je vais enfin me faire mon vélo de rêve à la carte, avec ce que je préfère comme matériel, sans kit moteur intégré, qui reste cher, quoique abordable en 2016. Les vélos d'équipes, ils sont vendus en fin d'année, ou parfois donnés comme prime de victoire. Ces primes, hors salaire, rendent vicieux. La vente de ces vélos donnés par le sponsor équipementier avec de l'argent en plus, dans certaines équipes de la grande époque, servait à alimenter en cash la caisse noire pour le doc et les produits illicites.

Le cycliste est un gratte-gratte, souvent pingre. Peu de patrons ont conscience que la répartition des primes fait l'ambiance et la cohésion d'une équipe, et permet le sacrifice des petits pour les gros. Dans certaines équipes continentales, en France, tous les gains acquis en course sont mis dans un pot et répartis en parts. C'est logique. Sauf que les parts sont plus grosses pour les gros salaires. Les domestiques doivent se contenter de parts minables. Qui plus est, les gains des sélectionnés pour le Tour de France, pour lesquels les gregari ont pourtant œuvré, ne sont pas versés dans le pot commun. Ça donne une ambiance délétère. Les équipiers bien payés et considérés, ce n'est pas en France que tu vas les trouver.

FORCE DE VENTE

C'est toujours une victoire qui booste ton salaire. Il n'y a pas d'alternative. C'est ton palmarès qui fait tout, avec ton comportement. Il existe une grande phrase dans le vélo : « Tu es toujours payé pour ce que tu vas faire, pas pour ce que tu as fait. » C'est une vérité qui dure. Tu montres que tu peux faire des coups victorieux et tu dis : « Je vais faire ça ! »

– Ah ouais, t'es capable, t'es sûr ?

– Ben oui, demain j'ai un an de plus, l'an prochain je fais podium au lieu de faire huitième comme cette année, et dans deux ans, tu imagines ?

Même si tu n'es jamais vraiment sûr, c'est un truc pour savoir bien se vendre. Je connais pas mal de spécialistes, des gars qui ont un beau palmarès mais qui, surtout, se sont bien vendus. Dans notre métier, il faut être malin dans sa communication, garder à l'esprit qu'une carrière se gère sur le long terme, et bien savoir exploiter les failles et les vices du milieu. Si tu sais ce qu'on attend d'un coureur dans la crèmerie d'en face, tu fais bingo ! Si tu ne comprends les choses qu'à la fin de ta carrière, t'es foutu. Il ne faut agir ni trop tôt, ni trop tard. C'est de la négociation permanente. Au départ, tu as le smic amélioré. Tu fais le métier, tout ce qu'il faut pour progresser et augmenter ton salaire, en gagnant des courses et en faisant gagner d'autres courses. Au bout d'un moment, tu gagnes une timbale, un championnat, une étape de grand Tour, une classique ou une course d'un jour de standing correct. Là, tu négocies et ça change. Un bon salaire, ça veut dire aussi deux, voire trois ans de contrat. Quand on casse la tirelire pour un Espoir ou pour un bon coureur, on aime bien le garder trois ans.

Une fois le contrat signé, certains se la coulent douce et commencent à pédaler différemment. Tu te dis que tu as le temps, que deux ans, c'est long… Tu t'entraînes moins, tu fais moins le métier, tu profites de l'argent que tu gagnes, tu te disperses. Certains sont bricoleurs et passent plus de temps à bosser dans leur maison qu'à s'entraîner. C'est humain. Ils font 50 % du boulot et ils ne remettent en route que la dernière année, où ils brillent à nouveau en décrochant une autre timbale. Et ils disent : « T'as vu ! J'ai assuré, je vous l'avais dit ». Et ils enchaînent : « On re-signe maintenant, mais on renégocie. D'ailleurs je vais faire ça en mieux l'an prochain. » C'est un jeu.

Mais remettre la machine en route, aux niveaux psychologique, physique et de la motivation, c'est un risque. Pas mal de mecs se sont brûlé les ailes… et ont joué au con. La base, c'est le salaire. Les critériums, c'est un bonus, mais qui figure sur notre déclaration fiscale, sauf une petite enveloppe en cash de ci de là. Quand tu touches un gros salaire, tu en déclares en général une partie, et l'autre est versée en droit d'image à ta propre société, où tu mets aussi le fourre-tout de tes autres ressources. Dans certaines équipes, tu as aussi des primes de victoire. Tout se négocie. La Coupe de France, c'est tant. Les courses catégorie un : tant. Catégorie deux : tant. Étape au Tour : tant, etc. À une époque, c'étaient les points UCI. Maintenant, ce sont les points World Tour qui étalonnent les grilles de salaires pour les managers.

C'est le vice du système, quand tu as des équipes structurées avec un, deux ou trois leaders maximum. Les autres, même talentueux, ne peuvent pas bouger d'une oreille, sauf pour servir les leaders. Le budget n'est pas extensible. L'équipier sait qu'il ne gagnera pas. Il n'aura pas de points. Heureusement, dans certains pays, la fonction d'équipier peut être bien payée aussi, et reconnue. C'est le cas en Espagne et en Belgique. Là-bas, tu peux gagner entre 10 et 15 000 euros comme équipier, et tu peux de temps en temps jouer ta carte, si tu es malin et en confiance avec le directeur sportif. Moi, j'ai eu jusqu'à 60 000 euros par mois. J'ai navigué entre leader, leader de rechange et équipier de luxe. Je me suis vraiment bien vendu.

REVENUS SOUTERRAINS

En plus du salaire et des primes, on est quelques-uns à avoir signé des contrats d'image avec des équipementiers, des marques de chaussures et de lunettes. Le coureur cycliste ne fait pas de pub pour les gels douche ou une cocotte minute parce qu'il n'est pas vraiment médiatisé, à part certains qui font dans la téléréalité. Et comme c'est la crise, tu reçois surtout du matériel, plus que de l'argent. C'est fini le temps de Nike et de Lance, où certains coureurs avaient 120 000 euros par an juste pour porter des chaussures ou mettre la virgule dessus pendant trois ans, inaugurer des magasins sur les plus belles avenues des capitales avec des footballeurs, des basketteurs et le gratin du sport mondial. Si tu marches bien, ça peut suivre. Mais les jackpots, à part les 100 millions de dollars de Lance, il n'en existe pas beaucoup. Sinon, ce sont les revenus souterrains.

Tu vas faire une course avec ton équipe, s'il n'y a pas de primes de victoires de prévues, des trucs marrants peuvent arriver. Si tu es fâché avec ton leader du moment, tu peux rouler à 50/60 % de ton potentiel pour l'aider, non ? Il le voit. Il a besoin de toi pour rouler et sauver son maillot ou sa place. Il met la main à la poche et te paie en plus pour que tu fasses les 40 % restants, au sein même de ton équipe… De toute façon, un leader pas idiot doit, pour s'attirer les grâces et les sacrifices de ses partenaires, arroser de temps en temps. Même si ça lui fait mal au cœur. 500 euros par-ci, par-là, pour chaque équipier, de sa poche. Et puis tu peux vendre une course si tu es le plus fort, bien entendu. Tu peux faire pire encore. Je vous recommande le reportage « Vdb Avila » sur YouTube. On voit comment les journalistes peuvent romancer une carrière, en cachant ce qu'ils savent, et en inventant une partie de ce qu'ils montrent autour de la réalité qui les arrange. Mais la star Frank Vandenbroucke, surnommé « l'enfant terrible du cyclisme belge », explique clairement comme il est possible de vendre même une deuxième place derrière soi avec, accroché à votre sillage, protégé dans votre aspiration, un dernier adversaire échappé avec vous, mais plus faible. Vous le faites payer pour ne pas le lâcher et qu'il finisse deuxième sans être rattrapé par le peloton ! Vous le laissez « sucer votre roue », comme on dit dans notre jargon. Se faire sucer la roue dans votre aspiration contre rétribution, c'est fort, non ? « VDB » est mort à 34 ans dans une chambre d'hôtel au Sénégal, officiellement à la suite d'une embolie pulmonaire et d'une attaque cardiaque préexistante. Cette mort brutale en 2009 fut un choc pour le milieu, comme cela a été le cas pour les décès du grand grimpeur espagnol José Maria Jimenez, à 32 ans, en hôpital psychiatrique, de Marco Pantani, à 34 ans, dans une chambre d'hôtel à Rimini, de Philippe Gaumont, à 40 ans, et d'autres, des moins connus, souvent à la suite d'arrêts cardiaques, de suicides ou d'« overdoses ».

Nous nous connaissons tous, c'est un petit milieu. Nous nous disons qu'ils étaient des excessifs, de grands dépressifs, que cela ne peut pas nous arriver. Mais cela me fait gamberger. Moi aussi, j'ai connu de grands moments de « moins bien », de solitude, de déprime, malgré l'argent et la notoriété.

Il y a aussi des seigneurs qui améliorent ton ordinaire. Sur un grand Tour, on est neuf. Il y a dix parts. Une part va à l'encadrement, les mécanos et les soigneurs. Un leader qui gagne très bien sa vie laisse normalement sa part – sachant que c'est la plus grosse. Ça fait donc neuf parts à diviser en huit. Certains seigneurs, pas les champions pingres comme il y en a trop, laissent des montres bling bling à 10 000 euros à leurs équipiers le soir de la dernière étape. Ils peuvent aussi faire livrer chez toi une petite voiture, si tu t'installes. Forcément, ça marque ! Certains gros salaires lèvent le doigt, lors des stages d'hiver, quand on sort boire un coup, et paient les tournées. Ces gestes-là font que ces mecs seront appréciés, forcément. Quand tu fais chambre commune en hôtel avec un coéquipier moins bien payé que toi, si t'es malin, il ne paie pas un extra, cela le marque aussi. Dans certaines équipes, il y a également l'enveloppe de fin d'année. Avec 10 000 euros, tu peux payer, disons, une nouvelle garde-robe à madame, ou bien un suivi médical pour toi, parallèle à celui de ton équipe. C'est une question de choix. Parfois, il est cornélien.

QUOI DE NEUF, DOCTEUR ?

Sur la plaquette officielle en papier glacé de début d'année, nous sommes alignés selon nos rangs et salaires. Moins ton palmarès est clinquant, plus tu t'éloignes du centre et tu vas derrière. Le manager et les directeurs sportifs sont là également, comme s'il fallait aussi nous encadrer sur la photo. Au cas où on ne comprenne pas une consigne ? Parfois, les mécaniciens, les assistants et le diététicien ont droit à leur photo en médaillon. C'est rare que les docteurs de l'équipe soient mis en avant. Eux, pour le coup, on peut difficilement les encadrer. La faute à leur rapport compliqué avec le dopage, que l'imagerie populaire associe immanquablement au vélo… Nous, les coureurs, nous pensons que pour le suivi, la santé, le bien-être, un bon médecin doit nous accompagner et être capable de prescrire un suivi médical contrôlé toute l'année et de prévenir les carences. Un coureur qui fait 30 000 kilomètres dans l'année chez les pros, c'est une machine de guerre fragile. On a eu beau m'expliquer pendant toute ma carrière que la nourriture va permettre de compenser et de trouver ce qu'on dépense sur le vélo, moi je dis non, comme beaucoup. Je n'y crois pas, je n'y ai jamais cru. Personne ne m'a convaincu.

Un bon médecin est capable de nous prescrire les vitamines nécessaires, le sel ou les oligoéléments perdus. C'est avec ça que l'on va compenser. L'alimentation et les compléments, c'est un grand débat. Je vois la nouvelle génération de coureurs qui font des régimes dissociés, sans gluten. Ils prennent très peu de compléments. La base, c'est sels minéraux, acides aminés, magnésium, vitamines. Désormais, ça se prend en pilules. Il y a dix ans, c'était encore tout injectable. Le tournant, c'est 2007 et la *No Needle attitude*. Ça a été radical : toute forme de piqûre a été déclarée illégale et persona non grata à la fois en course et hors course. C'est tout en pastoche… normalement. Quand tu as connu les deux, injectables et cachets, je me dis qu'avant, c'était quand même plus simple. La forme choquait parce que c'était le même procédé que le dopage d'un junkie. Mais le soir, quand on arrivait dans le bus ou à l'hôtel, le médecin avait préparé les injections. Évidemment, dans l'esprit des gens, piqûre égale dopage. Seuls les produits changeaient.

SOIXANTE-DIX PASTOCHES PAR JOUR

Si la chaleur était forte, on injectait plus d'oligoéléments, de glucose, de sels minéraux.

Généralement dans la veine du bras, mais certaines piqûres se faisaient dans la fesse. Aux trois-quarts haut, comme certaines vitamines. Mais franchement, c'était beaucoup plus simple et plus acceptable que les pastoches ! Les grandes années, sur un grand Tour, on montait jusqu'à soixante-dix pastoches par jour rien que pour les compléments alimentaires, donc sans même parler de dopage.

Certains ont une boîte fournie au départ de la journée par le médecin, homologuée, avec une alarme. Et toutes les sept minutes, jusqu'à 22 heures, ils piochent dans chaque compartiment, de trois à cinq pilules à la fois… Les produits ne sont pas interdits, tout est déclaré par l'équipe. Sauf que dans un grand Tour, à ce rythme-là, au bout de dix jours tu es épuisé, ton organisme et ta tête n'en peuvent plus. Tu as l'impression de gonfler du bide, tu n'as plus faim, tu es bourré de cachets même si tu n'en prends que trente par jour. La solution ? Donner d'autres cachets pour dormir ! Ce sont des benzodiazépines, des psychotropes, du Stilnox. On dit : « être nonoxé », dans notre langue imagée.

Alors, beaucoup ont biaisé. Plus de seringues en compétition, sauf pour certains, mais pas dans les voitures, ni dans les hôtels. Faut pas se leurrer. Rentré chez soi, on refait de l'injectable à la maison, forcément. Quand tu es coureur, au bout de deux ans, tu sais t'entraîner, t'alimenter et te faire une injection tout seul. Même les amateurs qui passent pro maintenant savent déjà tout. Les « récups », comme on appelle ces produits, certaines équipes les fournissent sur prescription pour la maison. Si le doc du team ne veut pas, alors tu vas voir le médecin de famille pour ta prescription. Tu sais exactement ce que tu veux : on connaît mieux le Vidal que lui. Du coup, j'ai toujours fait comme ça. Bien sûr, il est fini le temps des chambres où l'on enlevait les cadres pour suspendre les baxters, le goutte-à-goutte. C'est vrai que la chambre du docteur, c'était une infirmerie ; mais tout ça se passait dans les règles !

« DU FER ? PRENDS DES LENTILLES ! »

C'est dommage que tout ça soit passé à la trappe simplement parce que la méthode pouvait choquer. J'ai peur pour mon foie, maintenant, avec les pastoches… Certaines équipes ont fait des choix : plus rien ! Des diététiciens du sport ont été embauchés ou sont vacataires. On lui dit fer, il te dit lentilles… Tu ne récupères pas pareil, c'est clair ! Le premier d'entre eux était chez Festina, qui a beaucoup apporté, paradoxalement, en bien ; mais il y avait deux docteurs… Il a quitté l'équipe en 1997, dégoûté. Il avait remarqué que les mecs dépensaient un tas de kilocalories par jour, mais à cause des produits médicaux. Il en perdait son latin. Maintenant, il travaille avec Romain Bardet, la star montante du cyclisme français, et aussi avec l'équipe Française des Jeux. La diététique, c'est une alternative, mais fer-lentilles, ça ne marche pas.

Certaines équipes s'associent à des marques alimentaires et élaborent de grandes stratégies pour adapter les menus aux charges de travail sur les courses. Mais cela reste en décalage avec la réalité, car le coureur, une fois rentré chez lui, est livré à lui-même. Il faudrait un accompagnement tout au long de l'année pour éviter l'automédication et la nutrition improvisée. Ce n'est pas le cas. Il faudrait aussi un plan d'entraînement valable et qui fasse sens, déjà, et des menus et un programme diététique qui lui correspondent. Ça n'existe pas. Peut-être chez Sky, mais hum hum. Dans les grandes équipes, les coureurs sont suivis de très près et parfaitement conseillés en termes de médicalisation et de vitamination ; mais pour la nutrition, c'est le néant.

J'ai connu vraiment toutes sortes de médecins. C'est comme pour les chasseurs, il y a les bons… et les mauvais. Un bon médecin, il sera bon pour un coureur, mais pas pour son voisin. C'est comme un entraîneur. D'abord, il ne faut pas qu'il ait d'idées arrêtées. Déjà, tu tries. Il faut en trouver un qui discute, quand même, avec le coureur. Qui explique, avec patience et pédagogie, ce qu'il lui prescrit et l'utilité, ou pas, de ce qu'il peut prendre tout seul à la maison. Il doit être à l'écoute et ne pas arriver avec ses idées, ne pas dire « moi c'est comme ci, comme ça, et tout ce que vous faites à côté, je n'y crois pas ». Le bon va t'accompagner, être disponible, t'expliquer que c'est tel ou tel produit qu'il faut prendre après telle ou telle charge de travail, et pas un autre. Il dose aussi la quantité. Si tu fais des grosses sorties et que tu prends ta vitamine, mais que le soir tu ne manges pas, ce n'est pas bon. Enfin, il doit aussi être là pendant la préparation de la course et te donner ce qu'il faut pour être performant sur la course…

Suite à la chasse aux sorcières des médecins dopeurs sont arrivées de nouvelles blouses blanches, avec de nouvelles têtes, pour blanchir encore plus. Ils ne connaissent rien au sport, ni au vélo. Comme ce médecin français qui, un jour, parce que ses coureurs avaient fait des prises de sang révélant des carences, leur a dit : « Mangez des huîtres ! » Le même, à un gars qui avait mal aux jambes à la fin des courses : « Ta masse musculaire aux cuisses est trop importante ! Voilà ce que tu vas faire pour la diminuer : des footings le matin pendant au moins trois mois ! » L'histoire a fait le tour du peloton.

Le mauvais médecin, c'est celui qui considère que le coureur pro n'a besoin que de bien manger et de bien dormir et qui, par contre, va te prescrire des tonnes de somnifères, te rendre complètement stone pendant des mois, et va te dire que la caféine et l'hexaquine qui sont dans les gels, ça ne sert à rien. Il est contre tout. Il ne sert à rien. Il te fait des pansements quand tu as chuté, mais les fait mal.

Et puis un jour, d'autres personnes ont fait leur apparition dans l'encadrement des équipes.

LE MAÎTRE QUEUX

Les cuistots sont arrivés. Sur les courses à étapes, ils travaillent en relation étroite avec le diététicien, qui fait office de prescripteur. Pendant le Tour de France, où rien n'est trop beau si cela permet d'obtenir des gains dits marginaux, toutes les équipes ont leur cuistot. C'est fashion. Il existe des camions cuisine, voire des camions restaurants d'équipe ! Sauf peut-être à la Française des Jeux. On mange français à la FDJ, on blague français, on parle français, on baise français. Et on ne joue pas ? Marc Madiot, le manager, « le miraculé de la procédure du procès Festina » comme l'a surnommé l'avocat Thibault de Montbrial, a aussi la double toque de président de la Ligue nationale de cyclisme et gueule en permanence : « On est Français ! On est chez nous ! » Ça se gâte quand il motive ses troupes en parlant de nous, les étrangers, avec des arguments… bref.

Au départ, c'était l'organisateur, Amaury Sport Organisation, qui faisait les menus et les fournissait aux restaurateurs. C'est fini. ASO prend en charge les déplacements, les logements, avec une rotation entre les chaînes et les Relais et Châteaux, pour assurer une certaine équité en matière de confort, mais il n'a plus la main sur la nourriture équitable. Auparavant, il fournissait aussi des voitures à tout le monde, même aux journalistes. C'est fini aussi. C'est la crise. Les diététiciens d'équipe s'arrangent donc avec les cuistots d'équipe, qui sont chargés de faire les courses. Puis le cuistot prend possession de la cuisine de l'hôtel.

Quand on connaît les cuistots en général, ça pose de sérieux problèmes. J'ai assisté à des clashs spectaculaires dans certains établissements, où d'autres clients que les cyclistes devaient être nourris par le cuistot de l'hôtel, qui n'est pas à l'usage exclusif des équipes. Quand même ! Les toques ont tiqué ! Le camion-resto d'équipe est une unité parallèle qui prend de la place sur les parkings. Ça représente un budget énorme pour les équipes, et pose de gros problèmes aux organisateurs de courses. Les hôteliers font la grimace : pas de repas pour les coureurs ? Le staff, lui, continue néanmoins de manger à l'hôtel. Mais pour un hôtelier-restaurateur, se faire connaître en disant qu'on ne nourrit pas les sportifs vedettes, ça agace. Tu imagines Marc Veyrat qui nous reçoit pendant une étape de montagne à Annecy, et à qui le Jean-Pierre Coffe de l'équipe vient dire :

– Pousse ta bagnole, on gare notre resto ! Et vire aussi les Audi de tes clients, pendant que tu y es ! Ah, et tes viandes en sauce, c'est de la meeerde.

Passe-moi le sel de Guérande ! Enlève ton chapeau ridicule et mets une toque aux normes !

Face au diktat des équipes, les organisateurs ont peu d'arguments. C'est peut-être bien pour la performance et pour compenser le *no needle* par une alimentation extrêmement ciblée. Mais pour la convivialité, c'est une horreur. Plus d'heure fixe pour passer à table, tu ne vois plus personne, tu manges seul, tu ne parles pas. Tu croises les uns après les autres ceux qui reviennent du massage et qui viennent becqueter. Le service dure deux heures pour neuf coureurs qui ne mangent pas ensemble. Le mieux, c'est d'essayer de dîner au moins avec ton collègue de chambre. Remarque, c'est peut-être mieux qu'avant, finalement : dans certains groupes, tu te retrouvais avec neuf coureurs plus l'encadrement, tous en train de pianoter, leur portable entre les genoux, entre deux bouchées ! Le cycliste a l'habitude de baisser la tête pour avoir l'air d'un coureur. Il le fait aussi à table et dans d'autres circonstances. Par exemple, si le médecin de sa fédération le couvre.

LA FRANCE LAVE PLUS BLANC

Les médecins de fédération, installés ou officiels, ce sont les pires. Ils sont là depuis la nuit des temps. Je passerai sous silence, pour l'instant, les relations avec le docteur Zorzoli, qui a quand même réussi à se faire virer, mais élégamment, de l'Union cycliste internationale. Lui, il en sait des choses ! Nous aussi. Comme ce livre est d'abord édité en France, je rejoins Madiot. Restons Français ! On est chez vous ! Mais attention, ailleurs, c'est peu ou prou la même chose, il n'y a que le casting qui change.

La France, avec ses managers qui ont traversé toutes les tempêtes depuis trente ans, tous d'anciens coureurs, lave plus blanc que blanc depuis 1998, avec force démonstrations de pureté. Sa fédération a un jeune président, qui rêve d'être le prochain président de l'Union cycliste internationale. Pour l'instant, il n'est que président de l'Union européenne de cyclisme. Comme Platini à l'UEFA, en quelque sorte. C'est un Breton de Bretagne, là où on élève des cochons. Parce que dans le cochon, tout est bon. Contrairement à Platini, je ne pense pas qu'il ait beaucoup pratiqué son sport. C'est un élu qui fait aussi une carrière en politique. En tout cas, il paraphe des significations aux coureurs français si leurs taux sanguins sont suspects. Il est au courant de tout ce qui se passe, comme le sont aussi le directeur technique national et le président de la Ligue, l'inamovible Madiot.

C'est sous l'impulsion de Français qu'a été créé le Mouvement Pour un Cyclisme Crédible (MPCC) que toutes les équipes quittent, comme les rats quittent un navire. Tout un programme, le MPCC. L'un de ses chevaux de bataille est la médecine du travail. En gros, on s'en fout de la santé du coureur en général, mais si certains paramètres ont été bousculés par des prises de dopants comme les corticoïdes injectés, on dit qu'ils sont anormaux. Ça fait bien pour la galerie d'avoir l'impression de lutter. Mais attention ! On ne punit pas le tricheur. On lui adresse une « *notification de contre-indication médicale à la pratique du cyclisme, ceci en application du règlement FFC de la surveillance médicale règlementaire* », signée par le président. Le coureur doit rendre sa licence, comme on retire un permis, mais pas plus de quinze jours, puisqu'on le teste à nouveau juste après, en sachant pertinemment que ses taux anormalement bas de cortisolémie seront remontés, naturellement… ou artificiellement. Bref, on lui dit : « Retourne à la maison et recharge tes taux, tu es en danger ! Nous aussi, si on ne fait pas semblant de s'agiter. C'est bon pour ta santé et pour la nôtre ! À la tienne ! C'est toi qui trinques ! »

Un certain consensus s'est installé dans beaucoup d'équipes, qui trouvent que c'est équitable de ne pas exagérer avec les corticoïdes, parce que quand même, ça pousse au cul ! On se dope parce que les autres se dopent. S'ils ne se dopent pas, alors on fait pareil. Je tousse. Or donc, qui surveille tout ça et donne le papier au président pour qu'il le signe ? Un autre Breton, le médecin de la fédération, qui a été nommé au sein du groupe de travail interministériel « Médecine du sport et lutte antidopage » en septembre 98, juste après l'affaire Festina, après s'être fait la main dans l'équipe Mutuelle de Seine-et-Marne.

« VÉLO », ANAGRAMME DE « VOLÉ »

Las, quelques jours plus tard, il était contraint à la démission. On apprenait qu'il avait prescrit des corticoïdes à un coureur, alors que ceux-ci figuraient sur la liste des produits interdits. Il n'a pas nié, se contentant d'expliquer que son acte était justifié d'un point de vue thérapeutique. Donc, depuis, il ne se dit plus promoteur de la lutte antidopage, mais veillerait sur la santé en prescrivant des arrêts de contre-indication à la pratique du sport si certaines valeurs hématologiques ne sont pas bonnes. Lui, c'est la santé. On tousse encore quand on voit ce que donne son travail sur le terrain. Voyez plutôt cette histoire.

Il y a cinq ans, on a eu la fouille d'un bus par des douaniers juste avant le départ d'un Tour de France. C'est courant, cela devient lassant.

Mais on est curieux du malheur des autres, plus qu'anxieux quand on sait ne pas être concerné. Je suis allé voir les gentils Français pour leur tirer les vers du nez et savoir à quoi était dû tout ce remue-ménage. À la présentation des équipes, l'un d'entre eux était assez livide, dans son coin.

– Tu as un problème, mon gars ? Tu es tout pâle et tout nerveux au lieu de sourire à cette présentation des équipes. Pourtant demain c'est le grand départ du Tour, chez vous !

– Ben oui. On a fait un bon vieux cortico avec un pote, pour soigner nos genoux, bien sûr…

– Bien sûr…

– Mais on a reçu un coup de fil de Pète-Couille, le médecin fédéral. Ça a beau être un copain, ce n'est pas passé. Notre taux de cortisolémie est effondré, on ne va pas pouvoir exercer notre travail, qu'il a dit, avec sa petite voix mielleuse. Il va nous faire un arrêt santé de quinze jours ! J'ai peur qu'on ne puisse pas faire le Tour, en fait.

– Ces hypocrites ! Toi aussi, un peu, non ? C'est le seul truc qu'ils ont trouvé, la santé, pour empêcher de dire qu'on triche… Ce sont les mêmes qui disent que le dopage, ce n'est pas dans leurs attributions.

– C’est vraiment mal barré, un huissier est venu nous apporter la notification signée par le président de la fédération française, pour se couvrir, qu’il dit, Pète-Couille !

– Ben pourquoi vous êtes toujours là ? Vous n’êtes pas partis vous reposer chez vous pour retrouver la santé ?

– Ben tu sais bien, il nous a autorisés à refaire un autre test demain matin, exceptionnellement.

– Ce n’est pas normal, vous avez de la chance ! C’est à cause de votre notoriété, je suppose ?

– Je ne sais pas. Qu’est-ce qu’on peut faire ?

– Tu sais bien qu’il n’y a aucun problème, que votre taux de cortisolémie sera remonté, sinon, va voir ton docteur et dis-lui à quel taux tu veux être demain matin. Il va rigoler, il sait faire, jouer avec les taux au moment du contrôle, non ?

Le lendemain, au départ, il était là, je l’ai revu.

– Alors ? Bien dormi ?

– Non, on était inquiets, malgré le passe-droit.

– Oui, mais le contrôle du contrôle ?

– Pas de problème ! Nickel bien sûr. On a reçu un SMS de Pète-Couille : « *Taux de cortisolémie* OK. *Ok pour le départ du Tour !* » On est couverts.

RADIO PELOTON

Le problème, c’est qu’avec mes potes, j’ai un peu éventé l’affaire, évidemment, auprès de quelques autres Français bien choisis. Tous les Français se regardent en chiens de faïence. Mais pour Madiot comme pour les autres directeurs sportifs de l'Hexagone, être premier Français au Tour, ou faire un numéro en prenant un petit risque, ça suffit, c'est mieux que de le gagner : parce qu'arriver en jaune à Paris, là, ce serait vraiment trop louche.

Ce qui devait arriver arriva. Le petit jeu du « pourquoi eux et pas nous » a commencé. Ça a été un feu d'artifice bleu-blanc-rouge. Les volcans plus blancs que blancs qu'on croyait trop vieux ont envoyé du pâté ce Tour-là derrière leur porte-étendard. L'histoire ne s'est pas arrêtée là. J'ai revu le lendemain de la journée de repos le mec couvert, qui ne mettait plus un coup de pédale devant l'autre, socquette plombée au sein du peloton, même quand ça ne roulait pas trop. Il était contrit, c'est le mot. Son copain dans le même cas avait carrément abandonné. On peut aussi se montrer solidaires dans le malheur. Une forme de complicité s'est installée et a renforcé nos liens. Cela allait me servir dans Radio Peloton dont je contrôlais les ondes, même si on avait trouvé bénine leur connerie pour laquelle on ne pouvait pas les blâmer.

– Qu'est-ce qui se passe, t'es pas en forme ?

– Ben je la ramène pas, j'ai honte, c'est le mot. Je me sens con. Je suis couvert, mais je n'arrive pas à en profiter. Tu ne connais pas la meilleure ? Je suis sur le cul. Avant-hier, vers 23 heures, j'ai eu un nouveau coup de fil de Pète-Couille.

– Il voulait encore t'arrêter pour ta santé ?

– Non, il m'a balancé comme ça : « Salut, juste pour te prévenir, demain nouveau contrôle FFC cortisolémie à la journée de repos ».

– Et alors ?

– J'ai dit OK, mais pourquoi tu me téléphones pour me prévenir ? Il m'a répondu : « Vous avez refait quelque chose ? T'es toujours blessé ? Parce que si vous avez refait quelque chose, il est encore temps de me le dire et de modifier le contrôle. On peut ne pas venir te voir ! »

Bref, grâce à leur histoire, on a mieux lu la course des Français cette année-là. Si Pète-Couille les avait avertis, ce devait être pareil pour les autres, non ? C'est là qu'au bout des trois semaines de Tour, au pied du dernier col, on a halluciné. Six coureurs de la même équipe française, d'ordinaire à la ramasse en haute montagne, faisaient partie du dernier groupe et pétaradaient. Après cinq heures d'efforts et trois ascensions et descentes dans les jambes, ils étaient encore presque tous là ! L'un d'entre eux nous a même niqués pour l'arrivée de prestige ! Incroyable, ce renouveau ! Du jamais vu ! Leur leader a même failli nous piquer les lauriers du podium !

Le matin de cette étape-là, en faux-cul, j'étais allé voir un de ses équipiers pour les féliciter de leur Tour, alors que son leader était encore en jaune, ce qui était incroyable. Ça sert de parler français.

– Ben chapeau, dis donc !

– Et encore, t'as pas tout vu ! Il nous a dit que s'il est comme ces jours-ci, et il n'y a pas de raison que ça change vu comme il est sûr de lui, il va le ramener à Paris, le maillot jaune !

Il ne l'a pas ramené, quand même ! Il ne peut pas la ramener non plus. Sinon, on va rire. Radio Peloton a ses archives.

ÇA PASSE OU ÇA CASSE ?

Certains Français viennent nous demander conseil. Ça passe ? Ou ça ne passe pas ? Ils parlent des contrôles, bien sûr, et des dosages de cortisone, d'hormones de croissance, de testostérone, etc. Si tu veux tricher, il faut tout prévoir à l'avance et ne pas le faire trop près du départ. Puis, bien éliminer, suer, bien rouler, pour que le produit passe dans l'organisme. C'est quand le produit est assimilé que les taux ne sont plus ni trop bas ni trop hauts mais juste au niveau où ils doivent être pour faire plaisir aux contrôleurs. Les scientifiques parlent de fenêtres de détection du produit. Il faut éviter de les laisser ouvertes donc, et bien calculer pour ne pas que quelqu'un nous contrôle quand elles sont open. C'est à quelques heures près. On sait tous qu'on ne cherche pas le produit ou la molécule dopante, comme Pète-Couille qui couvre ses ouailles cocorico ne s'occupe pas du dopage mais de la santé, mais un TAUX. Juste la réaction de l'organisme par rapport au produit injecté. Le taux d'hypocrisie et de corruption lié aux connivences parce qu'on se tient tous par les *cojones*, on le connaît : il est au maximum ! À propos de taux et de filouteries associées, il existe une autre histoire, récente, dans le même registre, avec le même médecin français.

En juin dernier, celui qui allait devenir trois mois plus tard champion du monde espoirs de cyclisme, professionnel dans une équipe bretonne, fils d'un directeur sportif d'une autre équipe du World Tour, a eu un souci la veille du championnat de France.

Le médecin fédéral breton n'a, d'évidence, pas retenu les leçons du passé et peut toujours arranger les billes. Il a prestement réglé le problème. Le coureur a été convoqué par son manager en début d'après-midi. Le contrôle de la fédération française, le matin même, avait révélé un taux anormalement effondré, qui aurait dû l'empêcher de partir. Il était à moins de 30, pour une norme minimale à plus de 80. Cela s'est arrangé. Le bon docteur l'a autorisé à prendre le départ. Pour quelle raison ? Ce serait sympa qu'il nous le dise.

Ce Pète-Couille nous les casse vraiment. Secret médical ? Tu parles ! C'est transparent comme de l'eau de boudin breton. On n'attend qu'une chose, nous, coureurs : la transparence ! Il permet ainsi au Français de battre nos ouailles trois mois plus tard au Mondial ! Son père est DS d'une autre équipe et l'entraîne. Les chiens ne font pas des chats, on sait, mais quand même ! Depuis des années, les Français sont régulièrement champions du monde en juniors ou en espoirs. Après, ils plafonnent. Qu'ils ne viennent pas nous dire que c'est à cause des étrangers qui trichent et qui seraient couverts chez eux !

Les Français, on ne les aime pas parce que certains dépassent les bornes. Ils ne sont pas clairs. Ils fuient, ils n'assument pas. Nous non plus, mais au moins on ne fait pas semblant. On se tait ou on ment de manière à ce que personne n'y croie, sauf notre public qui s'en fout.

Cette même année, sur le Tour de France 2015, un autre Français de cette génération grand espoir du « vous allez voir ce que vous allez voir ! » est passé à un boyau de la correctionnelle. Des traces, infimes bien sûr, d'hormones féminines ont été trouvées dans son organisme. Des trucs qui n'avaient rien à faire là, dans un corps de mec. Ce n'est pas sorti dans la presse. Tu m'étonnes. Il aurait dû au moins recevoir un avertissement, mais non, les instances ont dû trouver la sanction disproportionnée ! Cela a fait la tournée des popotes à plus haut niveau. C'est passé, vive la France ! Les Jeux 2024 approchent. Il ne faut pas se rater.

Des parangons de vertu vont nous dire que plusieurs hypothèses ont pu expliquer cette présence femelle dans les urines d'un mâle. L'une d'elles indique l'intention de tricher, mais comme il en existe d'autres, on préfère choisir les autres. En plus, ce Français-là, c'est le genre de mec qui, après une des éclatantes victoires qui ont fait sa gloire et sa fortune, téléphone à 3 heures du matin complètement stressé pour te demander si les doses limites éphédrine + caféine passent ou pas dans les taux.

Il va mal finir, lui. Sûr. Ça passe, OK, mais ça casse aussi. Il ne sera pas toujours couvert. Du moins, on l'espère. Il est prévenu.

L'ANGOISSE DE LA VICTOIRE

D'ailleurs, au moment de fêter leur victoire, beaucoup sont loin d'afficher la joie et la sérénité qu'on attend d'un vainqueur. Il suffit de regarder les visages des mecs sur les podiums : inquiets, nerveux, ridés. Certains perdent leur frimousse lisse de poupon au lieu de rayonner et de sauter de joie. Ils froncent les sourcils, soucieux. La peur du gendarme a posteriori empêche-t-elle d'avoir un sourire large et franc pour les vainqueurs ? Oui. Le dernier champion du monde senior français, Laurent Brochard, avait été couvert par une ordonnance antidatée pour une prise de Lidocaïne, mais c'était en 1997. On est censés avoir changé d'époque. Brian Cookson, le nouveau président de l'UCI, protège ses poulains anglais ? Le président français qui veut être calife à la place du calife protège les Français ? Et ils prônent la tolérance zéro ? C'est quoi leurs convictions ? Ils n'ont qu'à nous dire quoi faire, tous ces présidents, et se mettre d'accord lors de leurs réunions ! On pousse Thibaut Pinot cette année, si vous voulez, l'autre grand espoir français, pour qu'il gagne ? Et on crie vive la France ? D'accord, mais on partage le pognon ! On prend la part à Madiot aussi.

Au lieu de cela, on sanctionne les étrangers pour des taux infinitésimaux. Alberto Contadormirdebout, avec son clenbutérol issu de sa viande avariée apportée spécialement par le président de la fédération espagnole un jour de repos pendant le Tour de France, il prend deux ans ! Pourquoi les Espagnols ne pourraient-ils pas manger des protéines espagnoles ? La viande NF n'est pas meilleure.

Et le pauvre Paolini, il ne peut même pas sniffer de la cocaïne tranquille avec ses copains de la Katusha, l'équipe russe, le jour de la présentation du Tour 2015, alors que cette prise « festive » est autorisée hors compétition ? Exclu lui aussi, peu de jours après le départ. Sans explications autres que « traces de cocaïne ». Bon, nous, on émet juste l'hypothèse que ce sont des poches viciées, qui contiennent aussi des traces de phtalates (du plastique), remplies du sang hivernal ou retiré en altitude avec des doses résiduelles et réinjecté pendant le Tour, qui sont à l'origine du problème. Parce que ce sont des traces micro, nano. On a déjà connu le problème.

– Quand on a dans le cuissard une trace de pneu, même infime, c'est la merde !

Un merdeux en activité ne peut pas dénoncer les culs sales. C'est la loi du peloton, et ça résume tout. Paolini, pris par la patrouille, a fait œuvre de contrition. Il a avoué être « accro » au lormétazépam, une autre benzodiazépine comme le somnifère « nonox », au café et à la coke. Il n'a pas tout dit. Il confesse qu'il pensait qu'un médicament pouvait le faire mieux dormir et un autre le faire mieux repartir le matin. Il a parlé de sa dépression, du stress de son sport, qu'on connaît tous à un moment ou à un autre. On compatirait presque. Il regrette officiellement d'avoir « trahi une génération », mais il se sentait « esclave ». Il dit être sur la voie de la rédemption et espère que son exemple servira à tous. Amen ! Le Français John Gadret, coureur professionnel pendant onze ans, 3e du Tour d'Italie en 2011, vient de prendre sa retraite. Lui, il dit : « On est des pions dans un milieu de requins, où on nous conseille de se taire ». C'est bien résumé. « Le vélo est un requin qui se nourrit de ses propres déjections », a écrit le journaliste Jean-Louis Le Touzet.

Les Français se réunissent entre eux, officiellement, pour parler des problèmes de leur métier. Certains viennent bosser ensuite à l'étranger et nous racontent. Ils profitent de leur championnat national. La veille, le message passe : « Réunion du syndicat, les gars ! On va faire le point sur le métier de coureur et vous défendre ! » Ils sont entre quatre murs. Enfin, les dirigeants d'équipes les surveillent et aiment bien envoyer à cette réunion les néo-pros, avec la consigne d'écouter et de fermer leur gueule. C'est clair. Ils ne poseront pas la question de la couverture, de la corruption médicale et des magouilles des autres fédérations.

Ils ne débattent pas sur le fait qu'à la Vuelta les Espagnols volent, qu'au Giro les Italiens s'amusent. Il ne faut pas gâcher les fêtes nationales. On a aussi envie que les coureurs français brillent sur le Tour. Vous imaginez le drame si demain les protections explosent, si tout devient transparent, si un coureur se lâche : « J'ai ma cortisolémie effondrée et je suis parti quand même parce que le médecin de la fédé a dit OK » ? Si les nationaux ne touchent plus une bille sur leur grand Tour, le public du pays ne va plus s'y intéresser, c'est humain ! Qui est capable de citer dans l'ordre les noms des gars qui ont fini deuxième ou troisième, ou même premier du Tour de France ces dernières années ? Personne parmi nous ne pointe les autres du doigt, parce que tout le monde est friable ou a fauté à un moment ou à un autre.

On le fait parce que les autres le font, alors il faut nous couvrir ? Elle est belle, l'excuse. Mais c'est trop facile. Et surtout, ce n'est pas la vérité. La plupart du temps, tu le fais parce que tu as envie de le faire. C'est plus fort que toi. C'est une question d'ambiance, aussi. Pourtant, il existe bien des gars qui restent à la limonade quand tout le monde boit de la bière, non ?

Et pour régler le problème du dopage, pour être crédible, il faut d'abord commencer par le commencement. Cette putain de cortisone. Problème : les Anglo-Saxons ne veulent pas. C'est *too much*.

LE FOND DE JANTE DU DOPAGE

La cortisone bien dosée, c'est clair, c'est fabuleux. Tu mets deux dents de plus, tu es plus fort, tu te sens plus fort, tu es plus puissant. Tu arraches les pédales, tu mets du braquet plus que d'habitude en étant content de ressentir ça. Tu bloques tes glandes surrénales mais tu débloques ton compteur, comme on dit. Tu gagnes. Tu vas beaucoup plus loin dans le mal au sens propre comme au sens figuré. Quand tu arrives dans la zone rouge, tu es anesthésié et euphorique, au lieu de couiner. Tu tiens deux fois plus longtemps. Vingt minutes à bloc et pas dix, soit la longueur d'un col moyen. Tu ne coinces pas.

C'est vraiment le « fond de jante », le produit le plus utilisé et le plus courant dans le dopage vélo. Et dans tellement d'autres sports ! C'est la force, comme on dit aussi. Ça permet de préparer une classique, parce que les effets ne boostent pas longtemps. Il faut réinjecter des microdoses toute l'année, si tu veux des effets durables. En début de Tour, ou au milieu, si tu fais ça bien, si tu t'es bien entraîné, bien nettoyé, si tes tuyaux et ta robinetterie sont sains comme le reste du corps, avec la bonne dose de corticos au bon moment, tu prends 20 watts. Tu fais un numéro.

Si tout le monde est sous cortisone, celui qui n'y est pas aura du mal ne serait-ce qu'à suivre. Moi, sous cortisone, j'ai gagné, et je me suis transformé. Avant ça, j'étais passé à côté des classiques alors que j'étais super bien préparé, mais en restant clean. Dans le final, je ne pouvais pas faire mieux que vingtième. J'ai vite compris pourquoi : j'étais un des seuls sans cortico, et je me retrouvais face à ce qui se faisait de mieux. Pas possible. Alors j'ai voulu me racheter au Tour. J'avais légèrement mal aux adducteurs et au genou. Je vais voir le kiné, comme tous les jours. Il me dit : « On va te manipuler et te soigner : injection de cortisone. Demain, tu roules un peu avant l'étape et tu restes dans les roues. Après-demain, ça ira mieux. »

Puisqu'il le dit. L'injection se fait. J'ai été initié. Alléluia ! On a rigolé, il ne me croyait pas que j'étais puceau. Pour eux, la cortisone, c'est la routine. Dès le lendemain, j'ai mis une braquasse incroyable ! J'étais tellement fort ! Dans la voiture qui nous ramène, je dis à mon directeur sportif : « Demain, je gagne ! » Tout le monde rigole. Je prends la bonne échappée, ça roule entre 50 et 60 km/h. Je suis, les doigts dans le nez. On est un petit groupe, je passe des relais de malade. Tout le monde attaque dans le final, je vais tous les chercher. Je gagne. Trois jours après, pareil, l'étape était compliquée. Je descends à la voiture de mon directeur sportif, euphorique, je suis dans une confiance phénoménale, transformé. Je lui dis : « Mets-moi des mecs pour me placer au pied, et je vais les exploser, je vais gagner encore aujourd'hui ! » On se retrouve à une dizaine avec tous les cadors qui jouent le général. Je rate la victoire, mais je suis devant. Donc, là, forcément, j'ai envie de recommencer.

IL Y A UN AVANT ET UN APRÈS CORTISONE

Je n'ai pas l'impression de tricher. Je me rassure en me disant que je fais comme les autres. Jeune, j'étais considéré comme faisant partie des meilleurs. Grâce à la cortisone, je me retrouve au niveau où j'étais censé évoluer. Je me suis battu avec un sentiment d'injustice pendant des années, et je comprends qu'il m'a toujours manqué un truc. Ça, quoi ! La preuve, je fais un bon Tour, je suis sélectionné pour la Vuelta… Rebelote et dix de der, comme dit Poulidor qui aime bien jouer aux cartes ! J'ai la bonne pioche dans ma manche. Je suis sur la planète où j'aurais dû être depuis le début. Je joue avec les grands.

À vingt ans, j'étais contre tout. Mais à presque trente ans, tu te dis que tu ne vas pas te faire avoir toute ta carrière ! Tu vas essayer, toi aussi ! Je reconnais parfaitement mes collègues qui prennent ou pas. Je suis un expert.

À 20 ANS, J'AURAIS TRAITÉ DE « CHAUDIÈRE », DE « VOYOU » ET DE « BANDIT » LE COUREUR QUE JE SUIS DEVENU À 30 ANS

Je vois mon corps se transformer, et mon état d'esprit avec. Avant, c'était juste un problème de règlement, les corticoïdes. Oui ? Non ? Pas en France, oui à l'étranger, c'est compliqué. Puis est apparue une règle d'autorisation à usage thérapeutique (AUT). Il suffisait juste de trouver une excuse. Le médecin avait le Diprosone, le Kénacort, le Solupred, le Célestène. Il existe une multitude de corticoïdes. Fallait juste dire où t'avais mal. Depuis l'apparition des AUT, tu vois à l'œil nu les coureurs qui sont au-delà de leurs performances habituelles. Il faut être maigre pour marcher, mais en plus, les corticos, ça bouffe le muscle, ça se voit. Tu deviens sec, fibrosé, mais avec une puissance énorme. Et tu as une force de taureau dans les difficultés du parcours. Par contre, tu as des joues plus rondes. Tu deviens un hamster rachitique. Maintenant, pour se faire plaindre et justifier les prises, on a un truc imparable : le fameux « *tape* », les bandages, les bandes de tapping, et si possible les bleues qui sont bien voyantes, c'est mieux. Alors là, c'est la totale. Les journalistes fouillent :

– Il a pris de la cortisone !

– Ouais, mais regardez, il a un *tape*, c'est justifié ! Ça se voit : le genou, le coude, la nuque !

La grande rigolade, ça a été de voir, il n'y a pas si longtemps, un coureur en jaune qui n'aurait pas dû être là parce qu'il était soi-disant blessé au départ. Il gagne une étape en montant un col avec un 39/14, un énorme développement en montagne. Ensuite, il se permet d'aller sur le podium en boitant ! Il a montré ses bandages au médecin et au monde entier, en se donnant bien en spectacle, pour justifier son *boost*. Si ça sort un jour dans la presse, on dira : « Ben regarde, il était blessé, il avait des pansements ! » CQFD.

Si tu règles le problème de la cortisone, le dopage du pauvre, extrêmement efficace cela dit, tu règles une grosse partie des problèmes. Mais ce que tu ne peux pas faire avec de la cortisone seule, ce sont des montées de trente minutes à 400 watts. Ça te lâchera au bout de quinze minutes. Il faut autre chose. Un médecin dopeur, plus qu'un artisan des corticoïdes, aussi excellent soit-il.

TIC-TAC

Qui sont les médecins dopeurs célèbres ? Le fameux *dottore* Ferrari en est un, bien sûr. Il fait partie de la *dark list*, tu ne peux pas collaborer avec lui en théorie, mais il existe bien le *dark net*, non ? Cecchini en Italie ? Plutôt préparateur, pote du fameux docteur Fuentes, il s'est occupé de pas mal de coureurs, d'Evans à Dekker en passant par Nibali. On l'aimait bien, dans le peloton. Il a dit qu'en vingt ans, le cyclisme ne lui avait apporté que des tracas, et qu'il a tout arrêté. Le docteur belge Mouton, surnommé « Docteur Seringue », est maintenant domicilié en Espagne et exerce dans des cliniques privées à Londres et à Madrid, tiens, tiens ! Mais bien sûr, il dit avoir cessé la médecine du sport. Son collègue Van Mol a su prendre les virages, sans doute, et devenir un médecin tout court. En France sévit un pseudo-naturopathe. La liste est longue, et s'étend à pas mal de pays. Je retiens l'histoire géniale de ce petit « Tic-Tac » dont on ne connaît même pas le nom. Il a été médecin de plusieurs équipes avec, comme leader, un grand blond, un furieux. C'était une grosse chaudière. Il faut vraiment en faire pour mériter ce surnom. Lui se comportait de manière totalement décomplexée, au vu et au su de tout le monde.

Loi du silence oblige, personne ne dit rien. Ils ont un côté fou, ou excentrique, qui ne donne pas envie de s'y frotter. On les craint… et on les respecte. Je me souviens d'une anecdote, la veille d'une belle course. Il faisait vraiment chaud. Notre équipe loge au même hôtel que celle de Tic-Tac et du grand blond avec des chaussures roses. Dans les couloirs, on reconnaît la chambre de Tic-Tac à l'affichette apposée sur la porte avec son nom et sa fonction. La porte est ouverte, c'est décomplexé. Il y avait des montagnes de glacières. Toute l'après-midi, on voit Tic-Tac faire des allers et retours entre l'accueil et sa chambre en rapportant de la glace, de la glace, de la glace. On se dit que c'est pour les bidons, mais tous ces va-et-vient et cette quantité, c'est quand même bizarre. Et puis c'est rare que ce soient les médecins qui fassent les bidons. Le lendemain, au départ, tous les coureurs de leur équipe viennent nous voir.

– Vous n'auriez pas de la glace, pour les bidons ? On n'a pas pu en avoir à l'hôtel !

Sur la course, le grand blond pétrole comme un âne. Dernier tour de circuit : il est toujours devant, avec toutes les stars dans sa roue. Mais au sommet de l'ultime rampe décisive, il s'écarte et laisse passer ses adversaires. Le soir, je le retrouve sous la douche. À poil, on se confie plus facilement :

– Putain, t'as pété sur le sommet ?

– Ben, je savais qu'il y avait un contrôle à l'arrivée. Si je continuais, je gagnais les doigts dans le nez et je vous mettais une branlée, mais là, ce n'était pas possible, ça ne passait pas.

LES FOUS

Je l'ai cru sur parole. *Ma que !* Tic-Tac, il a tourné dans pas mal d'équipes, c'est le Manpower des médecins. Il existe un turn-over dans la profession, basé sur la réputation, les compétences et les « spécialités », et tous ont leurs poulains, avec qui ils passent d'équipe en équipe. Ça fait les choux gras de la presse en Belgique, qui est décomplexée elle aussi et qui, quand elle explique pourquoi une équipe marche, n'hésite pas à citer les médecins. Sky, à sa création, avait recruté le médecin de la sulfureuse Rabobank.

J'ai discuté avec Tic-Tac.

– Quels sont les coureurs les plus fous avec lesquels tu aies travaillé ?

– Mon grand blond, Ricardo Ricco l'Italien, et Juan José Cobo, l'Espagnol qui a gagné le Tour d'Espagne devant Froome en 2011, quand l'Anglais s'est révélé et a été le seul à pouvoir le suivre, et qu'il l'a même battu sur une étape !

Johan Bruyneel, le célèbre directeur sportif, complice d'Armstrong tout au long de sa carrière, a raconté une anecdote qui en dit long : « Notre équipe était au départ du Tour d'Espagne 2011 dans le même hôtel que la Sky, à Benidorm. Au bar, j'ai discuté transferts avec Brailsford, le manager. On fait notre marché. Un de ses coureurs, Cummings, m'intéressait. Il m'a proposé Froome qui était engagé sur cette Vuelta pour être domestique au service de Wiggins. Il voulait s'en débarrasser. Pas cher (80 000 £ / an), un bon potentiel, mais peu de résultats. Ça ne m'intéressait pas. »

Personne, pas même au sein de l'équipe Sky censée avoir révolutionné le vélo, ne voulait de Froome. Pourtant, il se paie le luxe de battre Cobo le fou, quinze jours après avoir failli être bradé, dans un duel d'anthologie sur le col final de l'étape qui mène à Pena Cabarga, en développant 470 watts étalons pendant dix-sept minutes ! Il mute. Pas la peine d'être un expert pour comprendre. Il suffit de regarder la vidéo sur YouTube.

Tic-Tac, comme d'autres docs, m'a dit qu'à une époque, il était là pour ça, point. Après, il a fait une dépression, comme tant de mecs du milieu, coureurs ou encadrants. Il avait arrêté de charger les mecs, mais il a reçu des coups de fil pour faire des piges en Espagne. Il a accepté en affirmant que le vélo d'avant, avec les chaudières allumées par lui, souvent à leur demande, c'était terminé.

Mais rien n'est terminé. Les choses se font plus discrètement, c'est tout, moins au vu et au su de tout le monde, malgré Radio Peloton. Je sais, parce qu'eux-mêmes me l'ont dit, que certains médecins bossent fort alors qu'ils ne devraient même pas avoir le droit d'exercer et que, selon la nouvelle loi, les coureurs qui sont en relation avec eux devraient être suspendus deux ans. On met nos jambes à couper que Ferrari suit l'équipe espagnole qui domine le monde du vélo, ou du moins ses principaux leaders. Une chose a changé, cependant : désormais, les coureurs savent que c'est à leurs frais et plus à ceux de l'équipe. C'est un choix.

En Colombie aussi, ce pays émergent du vélo, ils ont des médecins. Ils m'épatent, les Colombiens. Ils marchent tous, ceux qui viennent de là-bas. Toute une nouvelle génération qui marche en même temps d'un coup comme ça, ce n'est pas possible. Pendant quinze ans, après Herrera & co à l'époque d'Hinault, on a eu l'impression qu'il n'y avait plus aucun coureur au pays du café et… boum ! Ils arrivent par dizaines et ils pétrolent tous. Ils bosseraient, alors qu'avant ils ne bossaient pas ? Comme les fainéants de Français à une époque selon Hinault ? Le Blaireau, comme il est surnommé, a gagné en 1986 une étape de la Clasico RCN en Colombie. Mais plus personne du World Tour en 2016, trente ans après, ne se risquerait à aller courir là-bas certaines courses. Comme en Asie, au Tour du Japon, avec les Iraniens qui ont battu de plusieurs minutes, en 2015, le record du mont Fuji qui appartenait à… Froome. On irait sur leurs courses, on serait dépassés et on ramasserait les casquettes. En Asie, au moins, ils restent chez eux, il y a de l'argent.

Mais quand les Iraniens dotés d'armes nucléaires s'éveilleront et viendront faire fortune en Europe, comme les Colombiens, on sera mal, très mal. Et les managers avec Hinault traiteront les Français une fois de plus de bons à rien.

MANAGEMENT

Mes managers, les patrons d'équipes, ce sont d'anciens coureurs qui ont eu leur diplôme en contrôle continu. Ça leur fait du bien de se dire manager, ils se sentent dans la peau d'un chef d'entreprise. Un manager te fait signer ton contrat, il cause dans le poste, les journalistes lui font raconter ce qu'ils veulent qu'il leur raconte, pas mal de mensonges et beaucoup de désinformation avec un art consommé de tout minimiser, tout le monde est content. C'est le chef ! Quand tu es jeune, c'est un prêcheur de bonne parole. Tu es à l'écoute. Il t'explique comment fonctionne le milieu du vélo et te fait sentir qu'il te choisit et te donnera ta chance. Et puis le temps passe et tu es presque toujours déçu.

Les managers ont tous leur propre vision du vélo. Ils gèrent une entreprise au sens propre comme au figuré, mais à la base, ils n'ont jamais appris, et ont souvent eu du mal à se gérer eux-mêmes. Des maquignons qui n'ont fait ni HEC, ni Centrale. La plupart ne parlent que la langue de leur pays. La langue UCI, c'est le français. Madiot, ça l'arrange. Aucun gars de son encadrement ne parle anglais correctement.

Certains n'ont qu'un mot à la bouche : « le collectif ». Entreprendre ensemble. J'en ai entendu plusieurs dire qu'un collectif fort, c'est plus fort qu'une individualité, même si on finit tous gruppetto parce qu'un mec a éparpillé façon puzzle tout le peloton. Ce sont des gestionnaires d'entreprise qui font fructifier leur investissement. C'est tout. Toi, tu n'es pas une ressource humaine, mais un actif. On attend de toi que tu sois rentable. Tu fais partie d'un business plan. La plupart se veulent proches de leurs coureurs, mais ils ne téléphonent jamais de l'année à certains. Le plus important, c'est le résultat. Ils sont le lien avec le sponsor, auquel ils doivent rendre des comptes.

Il ne faut pas oublier que les équipes n'ont pas de revenus en interne, ou alors faibles. C'est le sponsor qui crache au bassinet et permet au manager de faire tourner sa boutique. Le manager fixe les objectifs de début de saison. Il recrute les coureurs serviles et manipulables, ou les jeunes, dont il aura besoin, en fonction de ses objectifs, accompagnés de quelques leaders en nombre restreint qu'il faudra payer correctement. Mais souvent, il est limité par son budget. Alors il étouffe l'épanouissement de ses meilleurs jeunes, sans les décourager pour autant, de façon à pouvoir les garder quand même et continuer de les exploiter. C'est tordu. Pas honnête. Les malins puisent leur vivier dans ce qu'on appelle pompeusement les centres de formation, des équipes élites amateurs, en fait, dont deux éléments passent pros en fin de saison – ça va même devenir obligatoire. Il faut canaliser leurs envies : c'étaient les cadors en amateurs, et ils imaginent tout défoncer avec les pros alors que ce ne sont que des débutants aux dents longues, qui ont tout à apprendre. L'art du manager, c'est de transformer des gamins fougueux et passionnés, encouragés par des parents fans, en coureurs matures capables de faire gagner de l'argent aux autres, et à eux.

Si, dès le départ, tu marches et que tu es en concurrence avec des gars arrivés avant toi, plus talentueux que toi mais qui n'ont pas su faire leurs preuves, le manager, qui a un budget à gérer, se retrouvera face à des choix sportifs et économiques qui ne sont pas faciles. On peut prendre un coureur très jeune sur le Tour en comptant sur les retombées médiatiques. Si ça correspond à la fin d'un cycle et à une recherche de sponsor, le maquignon fait courir ce qui se vend : toi, en fonction de tes atouts, qui ne sont pas forcément sportifs. J'ai senti très vite que j'étais une bonne affaire, du fait de ma personnalité.

On assiste parfois à l'éclosion simultanée de plusieurs coureurs. Mais contrairement à ce qu'on pourrait penser, ce n'est pas une bonne nouvelle pour un manager. Les petites vedettes prometteuses, il ne peut pas les payer comme des stars. Alors il s'arrange. Il fait des choix qui ne vont pas forcément dans le sens du coureur, et qu'il se garde bien de lui expliquer. Dans les prétendues stratégies d'équipe, on est manipulés. Certains sont même bloqués par le docteur. Pourquoi ? Impossible de gagner quatre belles courses la même année pour un jeune : tu passerais de 5 à 10 000 euros par mois ! Tu comprends après coup que la tactique de course transmise au directeur sportif avait pour but de nuire à certains coureurs de l'équipe même. C'est tordu. Certains ne se révèlent que quand le manager a les moyens de les payer, en quelque sorte. En attendant, il s'arrange pour les castrer, les garder pour pas cher et éviter qu'ils ne partent ailleurs.

On est utilisés pour lisser la masse salariale. Un seul œuf peut éclore, même si plusieurs sont couvés. Conséquence ? Les petits soins, les attentions sont ciblés, et l'écoute disparaît. C'est net. C'est un plan d'attaque. Un des managers les plus forts, c'est le Belge Patrick Lefevere. Pas difficile : c'est un des plus intelligents. Il est respectueux aussi. Il vouvoie certains coureurs.

LE FRÈRE DU FRÈRE DU FILS DE TON PÈRE

Il faut bien le dire, beaucoup n'ont pas inventé le rayon à couper le beurre. Roger Legeay dirigeait l'équipe Crédit Agricole et s'opposait souvent à Bruno Roussel, le manager de Festina. Autant Roussel percutait et était humain, autant Roger avait un peu de mal. À ce propos, une anecdote circule. Legeay prend Roussel à part et lui demande quel est son secret. Roussel lui dit qu'il fait travailler l'intelligence de ses coureurs, même celle de Virenque. Il fait venir Virenque, désigne Brochard du menton, et lui dit :

– Tu vois Brochard ? Qui est le frère du frère du fils de son père ?

Richard répond du tac au tac :

– Ben c'est lui-même, c'est Brochard !

Bonne réponse. Legeay, subjugué, retourne à son camp d'entraînement et appelle Chris Boardman, un des premiers Anglais spécialistes de piste et de contre-la-montre qui, lui aussi, s'est mis à gagner plein de courses, mais pas le Tour de France comme Bradley Wiggins, parce que son profil hormonal ne lui permettait pas de récupérer assez bien pendant les courses à étapes (*sic*). Il lui montre Eddy Seigneur et lui demande :

– Tu vois Seigneur ? Qui est le frère du frère du fils de son père ?

Chris répond du tac au tac :

– Ben, c'est lui-même, c'est Seigneur !

Legeay, fou de rage et de désespoir :

– Mais non, pauvre con, c'est Brochard ! On ne va jamais y arriver, à contrer Festina !

L'histoire raconte aussi que c'est une jalousie venue du Crédit Agricole qui a dénoncé le soigneur de Virenque, Willy Voet, comme transporteur des produits dopants, à la frontière belge, en 1998, ce qui a mené à son arrestation et au scandale. Mais on ne saura jamais la vérité : les douaniers préfèrent raconter que c'était un contrôle de routine. Dans le vélo, on ne crache pas dans la soupe, même si elle est mauvaise. On devrait. C'est mafieux, cette maxime.

Bjarne Riis, monsieur 60 % d'hématocrite, est aussi un sacré meneur d'hommes, malgré ses casseroles… pardon, ses faitouts ! Il sait gérer ses coureurs et leur progression. Le grand manager, c'est un mec qui, humainement, est fort. Le mauvais, en général, ne reste pas longtemps. Il court après des anciennes stars sur le retour, un peu usées, avec des kilomètres dans les jambes, parce que ça ne coûte pas cher, mais leur image est vendeuse. Il se moque de l'avenir et fait des projections à court terme. Il n'a pas de scrupule : c'est lui le mieux payé de l'équipe. Il n'a aucune vision du vélo, aucune idée, sauf fixe. Ce qui établit la hiérarchie à tous les niveaux, c'est quand même l'argent, pas les qualités, et surtout pas les compétences ! Un coureur peut amener un sponsor prêt à signer, et se faire bouler par son manager parce que celui-ci a peur de se faire doubler. Beaucoup de chefs d'équipe n'ont absolument que faire des coureurs en fin de carrière, qui sont totalement délaissés.

Les managers ont leur société pour gérer leur équipe qui perçoit l'argent du sponsor. Les bons investissent aussi leurs propres deniers dans l'équipe qu'ils montent ou qu'ils gèrent. C'est rare. Si tout repose sur un sponsor à trouver ou à renouveler tous les deux ans, ce n'est pas bon.

AGENT TROUBLE

Avant, le marché aux coureurs se passait entre directeurs sportifs, qui faisaient leurs emplettes en posant des options avant le Tour. Ils finalisaient pendant les journées de repos. Les marchands de bovins se retrouvaient à la grande foire internationale, pour conclure la vente. Les années 2000 ont vu l'apparition des agents. Ce ne sont plus des intermédiaires véreux, organisateurs de critériums comme au temps de tonton, mais des professionnels, qui doivent avoir un diplôme. En France, le premier d'entre eux, Michel Gros, a commencé à travailler comme représentant chez Peugeot. Il a ensuite dirigé un club amateur d'élite et est entré comme directeur sportif chez Festina. Michel aime la vie et le vélo. Il s'est émancipé après l'affaire Festina en 1998, et a créé son agence. Il s'est d'abord rapproché du football, mais ce ne sont pas les mêmes besoins, ni la même mentalité. À 70 ans, il connaît parfaitement les équipes, les budgets, les coureurs. Le fils de Pat McQuaid, qui a été destitué à sa grande surprise à la dernière élection à la présidence de l'Union cycliste internationale, a pris la roue de Gros. Plus de quatre-vingts agents professionnels sont maintenant enregistrés à l'UCI.

L'agent se rémunère sur le salaire brut du coureur, dont il prend entre 5 et 10 %. Même s'il est aussi censé l'aider sur d'autres aspects de sa carrière, il s'occupe avant tout de son contrat. La plupart ne sont pas vraiment proches des coureurs. Peu font dans l'humain, peu négocient un plan de carrière, apportent une véritable expertise fiscale, proposent une personnalisation des contrats ou conseillent judicieusement le coureur sur le choix des critériums auxquels il participera, par exemple. Ils n'ont pas le temps. Ils prospectent. Ce sont des intermédiaires qui servent leurs intérêts avant ceux du coureur.

Certains agents se comportent en véritables marchands de bétail :

– T'as besoin de quoi ? Un rouleur, un sprinteur, un grimpeur ? J'en ai. Celui-là, tiens. Il va bien mais fera 3e ou 4e. Ou lui, il va vite, tu sais bien que 80 % des courses se terminent au sprint, il va coûter cher. J'ai aussi un grimpeur qui ne va pas passer le dernier col, il ne bricole pas avec les produits lourds, mais il s'échappe et tu vas le voir à la télé.

Ils ont un catalogue avec photo, CV, palmarès et prix. Ils établissent les cours, puis ils démarchent. Parfois la bourse d'un coureur chute en plein cancer.

MAQUIGNON

Moi, j'aurais payé un agent, ça m'aurait peut-être servi, au lieu de mal gérer tout seul. En particulier pendant ma dernière année de contrat, alors que j'étais encore jeune. Dès le début de saison, je suis, comme d'autres, approché par une grosse équipe qui devait se monter, avec toutes les interrogations que cela suscite. Le cycliste est un animal méfiant : faut dire que chaque année, on a bien une dizaine de rigole-Marcel qui prétendent monter une équipe. On me propose 350 000 euros par an sur trois ans, et du cash à la signature si je signe avant le Giro. Le double de mon salaire. C'était bien. C'était même très bien. Ça me fait réfléchir. J'en parle avec mon gouvernement : ma femme. On discute de notre avenir, on évoque nos projets. J'aperçois le futur boss financier qui discute avec le directeur d'ASO. Visiblement le projet est solide : il y a des garanties, de l'argent. J'en parle donc à mon manager. Je mets cartes sur table.

– Faut qu'on fasse quelque chose ! À ce prix-là, je m'en vais ! Faut revoir mon salaire à la hausse. Je ne peux pas dire non. Même si c'est en France.

On se voit donc, lors d'une course, dans ma chambre d'hôtel. En général, c'est ça, le bureau du manager. Le coureur est sur son lit, rabaissé. Le manager le surplombe, debout, en hauteur, adossé à un meuble. C'est comme dans une camionnette de flics où on vous dit de vous asseoir en contrebas sur un tabouret sciemment rabaissé aussi, quand vous vous faites verbaliser :

– Ok, 230 000 euros sur trois ans, ça te va ? On se revoit dans un mois pour faire le point. Sur la tête de ma femme !

Il me convoque sur les classiques. Je viens, confiant. Changement de discours et d'attitude.

– J'ai fait le point, j'ai regardé les grilles de salaires et la masse salariale. Ça ne va pas être possible, ce qu'on s'est dit ! Et puis, je ne peux pas te donner plus qu'à notre leader ! En plus, tu ne marches pas comme tu avais dit ! Je te propose 10 000 de plus, sur deux ans.

– Ça va pas la tête ?

On se revoit sur la dernière course préparatoire avant le Giro. Il me reproche de ne pas avoir gagné certaines courses, alors que nous n'en avions jamais parlé. Une totale mauvaise foi. Je lui rappelle qu'il a juré sur la tête de sa femme. Il me répond qu'il n'est pas marié.

Je me dis que je vais répondre sur le vélo. Je suis ultra motivé, et je me sens fort. Mais au briefing d'avant-course, quand les leaders sont désignés, je n'en fais pas partie. Je vais devoir filouter, faire semblant de travailler pour les autres, et « faire ma gâche » quand même. Sur une étape, cinq échappés prennent le large. Mon leader a pris trop de gels énergétiques et pète, au sens propre comme au figuré, mais je ne le sais pas. Je ne roule pas derrière. Pourtant, j'en ai une furieuse envie. Des spectateurs hurlent que mon « leader » du jour décroche. J'attaque, je le double. Il est presque arrêté. Je rentre devant, mais trop tard. Un gars a pris la poudre d'escampette. Sitôt passé la ligne, le leader exténué me dit :

– Mais bordel, pourquoi t'as pas attaqué ? Je leur ai dit dix fois à l'oreillette que j'étais mal et qu'il fallait du renfort !

Alors je comprends. Le manager a sciemment empêché de me faire passer l'information par les ondes. Il a préféré nous faire perdre une belle course plutôt que de prendre le risque de me voir gagner. Comme je pète le feu et que la presse est au courant que je suis en fin de contrat, il ne peut tout de même pas ne pas me sélectionner sur un des mes Graals : le Giro ! J'y débute parfaitement, mais au bout de cinq jours, mon manager déboule dans la chambre, en furie.

– Ça suffit les spéculations ! Tu vas où, tu signes où ?

Je devais conclure pendant la journée de repos, et l'annoncer dans la foulée.

– Tu signes tout de suite ce que je t'ai proposé, ou tu deviens équipier et je m'arrangerai pour que tu sois malade à la journée de repos ! Voilà le contrat (qu'il jette sur le lit). Un an, et 10 000 de plus.

Je voulais finir ce Giro. J'allais bien, j'ai eu peur. Comme un agneau de lait impressionné par le boucher. C'était ça, un manager qui se voulait humain ? Je n'aurais pas dû me laisser faire. J'aurais dû l'affronter. J'aurais dû raconter ce qui s'est passé. Je n'ai pas osé. J'ai signé. Mais j'avais du mal à regarder mes collègues en face. Bon manager ? Bel en…., oui ! Pardon. J'ai signé fébrilement ce contrat parce que je me disais que je n'avais pas le choix. J'ai pris sa menace au sérieux. Quand je suis parti l'année suivante, mon manager faux-cul m'a dit, en minaudant :

– Bon. Tu vas finalement y aller, en France. Tu reviendras dans deux ans pour nous dire comment ils font, hein ?

Deux mois plus tard, il me dénigrait en disant que j'étais parti pour l'argent chez les cafteurs, avec un bon docteur perso.

Ces en….. de managers, appelons un chat un chat, même si les chiens n'en font pas, on les retrouve dans la gestion des fins de contrat. Ils ne te font plus courir à partir de la mi-saison. Ils décident de la destination de leurs coureurs qui veulent partir. Tu ne cours plus, ou seulement dans des courses de m…. Tu ne peux plus t'exprimer où il faut. Tu perds de la valeur. Et inutile de compter sur les autres managers pour te tirer d'affaire : tous s'entendent à merveille quand il convient de dévaluer ou dénigrer un coureur. Même si la plupart se haïssent et se maudissent, les managers ne peuvent se passer les uns des autres.

Quand je pense qu'au volant des voitures suiveuses, beaucoup ont eu, surexcités, le nez dans la schnouf pendant des années !

CAFÉINE, BONNE MINE

La mode du pot belge, de la fin des années 90 au début des années 2000, a permis à beaucoup, dans l'encadrement, de voir la vie en rose. Au fond du tube de Sargenor, sous les pastilles, on trouvait toujours de quoi se ravitailler en excitants. Un coureur qui aurait pu faire partie de la liste des « fous de Tic-Tac » disait qu'en Belgique, carrefour des approvisionnements et Mecque du cyclisme, même les autoroutes étaient allumées, puisque des lampadaires les éclairent la nuit. Allumé, ça signifie être dopé aux excitants. Le pot belge contenait des drogues, et leur détention constituait une infraction pénale. Ça craint. Et les effets ont été dévastateurs. Des coureurs sont morts de son usage « festif », ou ont fini désaxés. Une bonne partie de l'encadrement actuel des équipes qui étaient déjà dans le peloton à l'époque est toujours en phase de sevrage. Après les grandes affaires de dopage, la caféine, qui figurait sur la liste des produits interdits, en a été retirée. Un peu comme les corticoïdes. Un directeur technique national français avait l'habitude de dire : « C'est bien, les corticos ! Ça les empêche de prendre de l'EPO ! »

La caféine est donc un ersatz des drogues dures, l'équivalent de la méthadone, en quelque sorte. C'est un stimulant qui a un effet psychologique. Les coureurs ont tous voulu décrocher du dopage lourd, de la grosse artillerie, mais il ne fallait pas tout leur enlever. Au même titre que la cortisone fond de jante en préparation de course est souvent présente, la caféine est omniprésente chez les pros en course et dans le final. Et pas seulement dans les tasses, comme le dit Hinault qui se fout vraiment de la gueule du métier et du grand public.

J'en ai fait en mode injectable dans les grandes années. Pour les contre-la-montre, trente minutes avant le départ, tu finis l'échauffement, tu remontes dans le bus, tu mets ta combinaison, le médecin vient dans les chiottes et pfff, dans le cul, associée à de l'euphyline pour « respirer » ou de l'ozotine. C'est histoire de partir avec un truc, un placebo, un substitut légal. *No needle* oblige, on est passés aux cachets ou aux préparations pharmaceutiques. Ça donne des gaz. Les vieux suppositoires du docteur Bellocq, célèbre médecin bordelais de l'équipe Peugeot de Thévenet, avec 500 milligrammes de caféine et 250 mg de thiamine, qui tenaient toute une course dans les intestins de tonton, ont fait place à une utilisation plus ciblée, mais pas moins concentrée.

Prenons un exemple : la classique italienne Milan – San Remo, presque trois cents kilomètres avec deux cents coureurs, les meilleurs du monde. Un mythe ! Pendant deux cent soixante-dix kilomètres, ça roule à fond. Il en reste trente, on doit accélérer. Les domestiques font en sorte qu'une cinquantaine de leaders arrivent au pied des deux dernières difficultés : les côtes de la Cipressa et du Poggio. Avant la Cipressa, on appelle ça la temporisation. Tout le monde met la main à la poche. Tout le monde prend sa dernière dose de caféine. On temporise. C'est étudié, médicalisé dans certaines équipes. On part donc à Milan avec, dans la poche, une petite boîte compartimentée en quatre, et quatre cachets dosés pour libérer la caféine plus ou moins vite et plus ou moins longtemps : départ, mi-course, temporisation et « bille de sprint ».

LA BOMBA

La veille de Milan-San Remo, on fait un décrassage. Deux petites heures où on reconnaît le final. Cette année-là, surprise : le doc passe dans toutes les chambres, visiblement excité.

– Qu'est-ce que t'as ?

– Je suis en train d'essayer un truc pour demain. Ça marche. Normalement, je fais la sieste. Mais là, je ne vais pas faire la sieste. Ça marche !

Le soir, il nous explique le protocole :

– Bon, les gars. Les cachets, vous connaissez, mais maintenant, vous aurez un p'tit bidon. 50 centilitres. On va l'appeler *bomba*, en hommage à l'Italie et aux anciens. Elle servira pour la temporisation. Avant la Cipressa, vous prenez la bomba. Elle contient une préparation spéciale qu'on a faite à Madrid avec des antidouleurs, du Tramadol et de la caféine. ATTENTION ! C'est la bomba OU le 3e cachet. Vous ne prenez pas les deux ! C'est un test. Je répète : la bomba OU le 3e cachet.

Je suis leader. Un coéquipier est chargé de m'accompagner comme un saint-bernard jusqu'au final, et accessoirement de calmer mes ardeurs. Je suis un peu fougueux. Je prends le cachet au début de la temporisation, je n'aime pas innover, c'est mon choix. On est à bloc dans la descente de la Cipressa, je vais le faire, je suis sûr que je vais le faire. Mon saint-bernard est là, la langue pendante. Je lui hurle :

– T'as le bidon ? T'as le p'tit bidon ?

– T'as pris la bombe ?

– Donne-moi l'autre !

– Putain ça fait beaucoup, le doc a dit…

– Putain ! Donne-moi l'autre !

Il me le donne. Non mais ! Je l'avale d'une traite. Arrivés au pied du Poggio, dernière difficulté de la journée (record : Laurent Jalabert), je fais :

– Aaaargh !!!

– Qu'est-ce que t'as ?

– J'ai des crampes !!! J'ai des crampes !!!

J'ai perdu Milan-San Remo comme ça, bloqué par une surdose. La caféine t'aide à être énervé si t'es en grande forme, mais trop dosée, elle fait exploser ton moteur.

Nanti de mon expérience, sur une des classiques suivantes, je prends mon cachet n° 3. J'ai peur de garder ma bomba et de ne pas pouvoir m'empêcher de la prendre aussi. Je commence à connaître mon caractère déraisonnable dès que je pédale. Je m'apprête à la jeter dans un champ à des vaches qui pourront ensuite courir le Prix d'Amérique, mais je me ravise en apercevant un coureur d'une autre équipe, un type que j'ai toujours trouvé sympathique parce qu'il s'accroche et a toujours du mal. Histoire de me marrer, je lui tends le bidon :

– Tiens ! Prends ça !

– C'est quoi ?

– T'occupe, avale !

Je prends un ton ferme. Il est jeune. Il avale la bomba. Pour la première et la seule fois de sa carrière, il rentre dans les dix premiers d'une classique de Coupe du monde ! Après l'arrivée, à l'aéroport, on ne mange pas loin l'un de l'autre. Il vient me voir. Il a la banane.

– Putain, c'est quoi ton truc ?

– C'est la bomba. Je ne peux pas te dire.

– Putain ! Ça pousse ! Ça pousse !

TRAMADOL

Chez les cyclistes, on a un langage spécifique, très imagé et pas évident pour le profane : on « avale les bosses », on est « entamés », on se « tape dedans » ou on « tape dans les boîtes », on « fait de la patinette », on « fait le drapeau », on « bordure », on « coince », on « pédale dans la joie », on « visse », on « suce les roues », on « pédale en rat », on a « la patte », on est « en chasse patate », on « tire des bouts droits », on « met la plaque », on « vole », on « bouche des trous », on a « la socquette légère », on « fait du bec de selle », on se « nonoxe », etc. La « caf' », on la prend au départ de l'étape du Tour, de façon systématique au bout de la deuxième semaine. Le Tramadol n'a pas encore de petit nom. C'est du Tramadol et c'est pris souvent associé avec la « caf' » : une prise au départ, une autre sur le final. Cela fait partie de l'arsenal légal que tu prends en course. Le Tramadol, il a failli être sur la liste AMA pour 2016. Ça fait déjà dix ans qu'il circule… Ce n'est pas nouveau. C'est une catastrophe symbolique de nos dérives, comme les corticoïdes. C'est un antalgique, un antidouleur hyper puissant qui n'est plus en vente sans prescription. C'est presque un anesthésique. J'en ai pris sur des classiques ou sur des étapes longues. C'est un leader d'équipe nationale qui me l'avait fait essayer pour un championnat du monde. Pendant six heures – j'avais abandonné à l'avant-dernier tour –, je n'ai absolument rien senti. Je pédalais par automatisme, comme si j'étais paralysé à partir des hanches. Pas la peine d'être expert pour expliquer une grande partie des chutes ! Tu es dans un état second. Tu planes, tu n'as jamais mal nulle part. Tu es à 100 % de tes capacités. Avec le Tramadol, j'ai fait une étape de deux cent cinquante bornes, sous la flotte. J'ai fini à une belle place. J'ai eu l'impression que l'étape faisait cinquante kilomètres. L'UCI et l'Agence mondiale antidopage savent. Le docteur Rossi, directrice de la Fondation antidopage du cyclisme, dit que si le Tramadol était interdit dans le cyclisme, il y aurait 675 cas positifs de plus. Ils laissent faire. Nous, on chute beaucoup, dans un état second. Même pas mal. *The show must go on !*

Les statistiques de veille et de surveillance de l'usage de certains produits, simplement en France, sont édifiantes. L'Agence française de lutte contre le dopage (AFLD) a livré celles des échantillons de ses contrôles de bienveillance pour les produits enlevés de la liste des médicaments prohibés pour les cyclistes ou en passe de l'être. Pour le Tramadol : 160 échantillons avec reste de présence détectée en 2012, 151 en 2013, 115 en 2014. Pour la caféine : 26 en 2012, 121 en 2013 (+ 465 %), 111 en 2014. Pour les corticoïdes ? Ils ne comptent même pas. Les autorités sont évidemment au courant pour ces produits « méthadone ». À nous de savoir doser pour ne pas faire partie des statistiques, même si tu ne crains rien. Par exemple, 500 mg de caféine par course, soit l'équivalent de dix pastilles effervescentes de Guronsan, ça passe. 700 mg, en revanche, ça commence à se remarquer.

Les anomalies sont décelées par dizaines dans les échantillons prélevés sur les coureurs amateurs comme sur les professionnels (184 en France en 2015). C'est un suivi censé protéger notre santé et éviter le recours au dopage. Sont surveillés nos taux de testostérone, de cortisol ou d'hyperferritinémie. Résultat ? 250 courriers d'alerte envoyés aux coureurs, mais peu de contre-indications… Le budget consacré à ce suivi censé détecter les tricheurs est passé de 320 000 euros en 2011 à 122 000 euros et va s'arrêter. Certains paramètres physiologiques comme l'IGF1, dont les variations suspectes peuvent supposer la prise d'hormones de croissance, ne vont plus être recherchés. De toute façon, cela ne sert à rien. Concernant cette hormone de croissance quasi indétectable qui peut déchausser les dents, un de mes collègues a essayé. Il a fait 1 200 kilomètres en voiture sur une journée pour aller se chercher une dose en Suisse à prix fort et « essayer », avec peu de succès. Il n'avait pas la bonne posologie. Se doper devient chronophage et coûteux, autant que tromper sa femme. On n'est jamais trompé, on se trompe soi-même.

Une fois la course terminée, on cherche d'autres effets avec d'autres médicaments pour décompresser. On a donc les benzodiazépines, surtout le Stilnox, ce somnifère qui te met dans un état de zombie. Je ne suis pas fan du « nonox ». Certains en prennent même avant la fin de l'étape, pour arriver décontractés. Tu peux prendre aussi des trucs comme l'ancien Myolastan, qui détend. Rien de tel pour échapper à la pression quotidienne. Une, deux, trois petites bières par-dessus, et tu peux faire n'importe quoi. On est « nonoxé », c'est mignon. À la deuxième bière, tu ne te rappelles plus de rien, tu délires gentiment, tu flottes dans un état second. Tu es conscient, mais en même temps tu ne contrôles pas. Certains abusent un peu. Tu es capable de dépenser des milliers d'euros dans la soirée, sans te rappeler de rien au réveil. Tu peux te pisser ou te chier dessus sans t'en souvenir le lendemain. J'ai les noms. Ou coucher avec une nana sans savoir qui c'est, ni comment ça s'est passé. J'ai les noms aussi. C'est ça, le Stilnox.

L'ex-Myolastan, le médecin d'équipe va le prescrire quand le coureur a fait un numéro, surtout s'il fait partie des favoris pour le général. Il peut être mélangé aux pastoches de récup' que tu donnes juste après l'arrivée pour calmer le gamin. Comme ça, quand il descend du bus face aux journalistes, il est zen. De moins en moins d'interviews sont faites à chaud, non ? Tu peux être myolasté à ton insu, et pas forcément de ton plein gré, par le staff. Un mec qui cause bien, clair et sympa, qui lit des livres et qui prend au pied du dernier col 300 mg de caféine, va arriver en haut énervé comme un pou. Si le staff ne fait rien, il va parler (très) fleuri :

– Putain, ils m'ont cassé les couilles, ils ont attaqué, c'est des enculés !

Si le staff a fait son boulot, il va parler myolasté :

– Oui, effectivement, lors des attaques, j'ai pu contrôler grâce à un travail antérieur conséquent de mes coéquipiers, qui ont fait un bel étalage de leur solidarité. Merci à eux. Maintenant, excusez-moi. Je suis satisfait, content, mais fatigué. Est-ce que l'un d'entre vous aurait l'amabilité de me dire s'il n'a pas, par hasard, *Le Monde diplomatique* ?

Aucune chance d'arriver au même résultat si tu es sous adrénaline et caféine, ou simplement sous le coup de la prodigieuse excitation que procure un final de classique ou d'étape du Tour. Le médecin contrôle en permanence la com' par la médicalisation. C'est clair. Enfin presque. Ce sont les mêmes coureurs qui, bien que placés au général du Tour de France, se laissent convaincre que pendant le jour de repos, c'est une bonne idée de manger uniquement des oranges. Le lendemain, bien sûr, ils perdent trois minutes et se confondent dans des explications vaseuses. C'est arrivé récemment.

C'est aussi pour cela que, quand on rentre du Tour, on est face à ce que l'on appelle le trou noir. Plus d'excitation, plus de pression, plus d'adrénaline, plus personne autour de toi, mais aussi… plus de produits. Alors certains tombent dedans. Ils continuent chez eux. J'en connais aussi qui ont perdu toute libido, sauf s'ils ont recours à un autre produit érectile.

Je suis comme mes collègues. Je me sens souvent tellement seul. Il y a soixante-dix ou quatre-vingts personnes dans l'encadrement d'une équipe, mais personne à qui se confier. Tu ne peux pas te livrer, et surtout pas au docteur, qui devrait pourtant être aussi là pour ça. Le secret médical, tu parles ! La confiance n'existe pas. C'est un milieu où si tu baisses la garde, tu parais faible. Et il n'accepte pas la faiblesse, même passagère. Alors si tu as un coup de grisou, tu te caches pour faire un Facetime sur ton Mac avec ta femme. Elle ne comprend pas forcément cette solitude, et tu ne la lui montres pas forcément non plus. La vanne la plus conne qu'on m'ait racontée, c'est que les cyclistes sont toujours seuls car la « came isole de force ». C'est plutôt notre solitude qui nous pousse à trouver des ersatz. Elle est réelle, et même parfois profonde. Mais il faut être forts. On n'a pas le choix.

Le fameux pot belge, les jeunes générations ne connaissent pas. À peine ont-elles entendu parler des différents « procès du pot belge » qui se sont succédé, comme au tribunal de Courtrai où dix-neuf prévenus étaient poursuivis pour dopage et infraction à la loi sur les stupéfiants. J'en ai pris aussi. Pour faire la fête, et pour prolonger l'euphorie. Dans le bus, sitôt la ligne du Tour franchie, on avait une seringue à insuline avec une lichette pour défiler sur les Champs-Élysées et faire le tour d'honneur. Les Français disaient : « Avec le fioulou, la nuit est à nous ». La disparition du pot belge coïncide avec le renforcement des contrôles et l'arrivée du logiciel de géolocalisation ADAMS. La fin, c'est, disons, 2006. L'encadrement rentrait en voiture du Tour de Pologne en une nuit. Le fioulou dans l'épaule, le gazole dans le réservoir, vingt-quatre heures de conduite avec les prunes qui pouvaient sauter : certains policiers et gendarmes adorent le vélo. Le lendemain, ils emmenaient les enfants à l'école avec une autre petite lichette. Certains ne se sont jamais arrêtés. Pot le matin, Stilnox le soir. Toxicos. Le fioulou avait un effet vicieux : anesthésier et exciter en même temps. Je me souviens de soirées hivernales mémorables avec le fioulou. Tu es surpuissant, tu peux boire dix litres de rouge et tu n'as pas envie de te coucher. Tu es au-dessus de la mêlée. Mais tu ne sais jamais quand tu es au-dessus des lois.

Maintenant, avec les taux, si tu te renseignes bien, tu sais au milligramme près où tu en es par rapport à la loi, selon le pays où tu pédales.

SNUS

Le snus est interdit partout dans l'Union européenne, sauf en Suède, où les Suédois ont négocié à fond pour obtenir le droit de l'utiliser tellement ils y sont accros. Du tabac à mâchonner, avec un léger goût mentholé. Très tendance depuis trois ans. Les Suédois s'y mettent pendant leur service militaire, comme en France quand tous les jeunes commençaient à cloper à l'armée. Les hockeyeurs aiment le snus, comme les skieurs. On se fournit facilement sur internet. Ce sont des petites boîtes avec des petits sachets, qu'on place entre la gencive et la lèvre. C'est interdit, donc on aime bien. Pas mal de coureurs en prennent pour se détendre, sur le vélo ou en dehors. C'est interdit dans certaines équipes, en plus d'être interdit dans l'UE. La nicotine, c'est surveillé, comme le Tramadol et la caféine, car on dit que ça augmente la pression artérielle et la vigilance. Cela permet une myorelaxation qui te concentre tout en te détendant. Disons que c'est notre chewing-gum de collégien cycliste dans une épreuve du brevet. C'est à usage relaxant après les courses, dans le bus. Les Australiens ont importé ce *way of life* très cool. Ça s'est transmis. On est snus pour être branché. Quand on s'embête dans les premiers kilomètres, ou pour bien se préparer à l'approche du sprint.

On a tous bien ri, cette année, parce qu'un Belge s'est cassé la margoulette et a tapé assez fort, face contre terre. Il avait son petit sachet dans la bouche quand il a été redressé, groggy. Si ça peut remplacer les billes de sprint pour ouvrir les vannes des poumons, ou les vasodilatateurs des coronaires cardiaques comme la trinitrine des anciens, c'est bien. Un sprinteur qui met la main à la poche avant les dix dernières bornes, c'est qu'il cachetonne pour respirer. Pas pour un bonbon Haribo ni pour avoir l'haleine fraîche quand il embrassera la miss du podium.

HOLD-UP

Nous qui pédalons en 2016, nous sommes les vrais experts de notre sport. Pas les anciennes gloires qui donnent leur avis à tout bout de champ. Eux n'entravent que dalle, ou que trop. Ce ne sont pas non plus les pseudo-scientifiques universitaires, comme en France Frédéric Grappe, de la FDJ. Même les coureurs de son équipe se font parfois des délires en l'imitant : « Tu balances, tu cadences, c'est des watts gratuits ! » Ils enchaînent évidemment par le « On est Français ! On est chez nous ! » de leur manager.

Grappe, c'est le « pcheudo-chiantiste » qui, quand le leader de la FDJ est à la dérive au général du Tour, lève le doigt pour expliquer dans *L'Équipe*, journal officiel, que les performances de Froome sont « dans les normes », après avoir, du temps d'Armstrong, écrit un livre à sa gloire, qui explique par le menu que « c'est possible » et que c'est un champion d'exception « qui optimise sa gestuelle au niveau neuromusculaire et a un index d'endurance plus grand que tout le monde ». Il n'a même pas honte. Il est un peu comme le faux-cul dans le film *Tout le monde il est beau, tout le monde il est gentil.*

Les experts, c'est nous. Mais on ne nous demande plus notre avis, et on ne le donne pas non plus. Alors les médias se servent des universitaires et des rats de laboratoire pour dire que, de toute façon, il n'y a pas de preuves, et que les watts, par exemple, c'est compliqué. Nous, coureurs, on voit très vite si une performance est crédible ou pas. Quant tu regardes un autre coureur, tu sais. Nous nous reconnaissons entre nous. Quand tu es échappé avec les gros calibres, et que tu sais que ça va aller au bout, ça m'est arrivé, ça m'arrive encore, c'est à peine si on ne se fait pas des clins d'œil. Il existe une forme de respect mutuel tacite. Personne ne s'énerve. Tu ne parviens pas à rejoindre cette caste des cadors en début de carrière. Tu te dis encore : je vais progresser, je vais y arriver ; puis, très vite, tu te dis : il y a un truc, il y a des choses que je ne pourrai jamais faire ! Tu perds confiance. Pourquoi tu n'y arrives pas ? Tu te dévalorises. Et puis, tu comprends, juste en écoutant… et en essayant. Soit tu te contentes de ce que tu as en ayant été au bout de toi-même, soit tu essaies autre chose.

Le succès des autres, surtout celui de coureurs que tu as l'habitude de dominer, tu le jalouses forcément. Tu ne comprends pas que ce ne soit pas ton tour. Tu es compétiteur. Un bon perdant est d'abord un perdant. Alors tu cherches.

Tu fais une prise de sang par mois, minimum. Ça dure depuis des années. C'est le médecin qui gère les résultats. Si ça ne va pas, hop ! Tu vas faire une prise de sang. Passé la phase de remise en question, tu bosses dur. Les résultats sanguins sont excellents, tu gagnes des courses préparatoires de niveau moyen, mais des belles. Tu cibles donc un objectif de très haut niveau. Tu fais tout bien, tu es là, tu es bien, tu montes en pression, tu te reposes, prêt à 100 %. De toute façon, les gars que tu vas retrouver face à toi, ce sont les mêmes que ceux avec lesquels tu as fait les courses préparatoires. Au final, tu arrives sur LA course que tu as préparée, une manche de Coupe du monde, un grand Tour et… tu passes à travers. Tu ne comprends plus. Au départ, tu te dis que c'est toi. Mais tu ne comprends pas comment certains, en un mois, ont pris jusqu'à 15 % d'efficience supplémentaire, là où toi tu as gagné 2 % de puissance et de force, ce qui est déjà phénoménal. Là, tu dis non, il y a un truc qui ne va pas.

Au niveau du corps, pareil. Tu ne t'expliques pas les métamorphoses. Ils sont si secs et si maigres ! Et puis, au niveau psychologique, les mecs sont tellement sûrs d'eux ! Des coureurs d'habitude humbles deviennent arrogants. Tu le vois, tu l'entends, c'est énorme comme ils te parlent différemment ! Leur attitude change aussi en course. L'un devient un cake, il ne te parle plus. Alors qu'il était ton pote en début de saison, au moment des objectifs, il te snobe. Tellement sûr de lui, il n'a même plus à t'expliquer, à toi, « petit coureur », que tu n'es pas de la même caste. Il n'est pas dans sa bulle, il est dans sa bulle de dopage.

Quand tu essaies, ça te rend fort et faible en même temps. Tu sais que tu triches et, malgré ça, tu fais un doigt d'honneur aux autres. Tu deviens *ipso facto* moins accessible. Les autres le savent. Une sorte de gêne et de distance s'installent, là où deux mois avant on rigolait ensemble. Ce n'est pas le stress de la course. J'ai plein d'exemples en tête. Ce champion du monde, qui a tout gagné en une saison. C'est un déconneur et un chambreur. Mais, dans ses grandes années, il te snobe. Il fait même des campagnes contre le dopage. C'est inexplicable ! En février, il dit tout haut :

– L'autre, le numéro qu'il a fait ! Pas à moi !

Et puis, quand c'est son tour d'être au point, à peine audible :

– Comment ça va ?

Et il file.

Quand tu fais un hold-up dans un groupe de bandits, les autres le voient aussi. Tu le sens dans la façon de faire. Tu recoupes tout, tu vois des indices de partout. La façon de respirer, d'avoir de la force, et combien de temps elle est maintenue. Dans les bosses et les cols, courts ou longs, qu'on passe invariablement chaque année, c'est flagrant. C'est un révélateur. Le triplé de la Mapei sur Paris-Roubaix, où c'est le patron qui, au téléphone, dit dans quel ordre les trois échappés doivent franchir la ligne, c'est une image qui ne m'a pas fait rêver, comme tous les triplés ou les doublés sur les arrivées des grandes courses.

L.A., LE BOSS !

Les hold-up caricaturaux, c'est Cobo, Ricco, Rasmussen, Contador, Basso, Ullrich, Landis, Vinokourov, Armstrong bien sûr, et tant d'autres qui se sont tous fait prendre par la patrouille. Mais ce sont aussi ceux qui les ont suivis de près à qui on a dit : « Le pauvre ! » Ce sont les vainqueurs des grands Tours et de pas mal de grandes classiques, même à l'heure actuelle. Surtout à l'heure actuelle. Ce sont aussi des mecs qui se sont contentés de faire des coups. Certains Français, par exemple.

La plus grande hypocrisie, le plus grand hold-up de tous les temps, c'est quand même L.A. La référence. Il arrive après le séisme 1998. La belle histoire américaine. C'est un survivant. Il a vu la mort de près. On te dit qu'il a révolutionné le vélo, qu'il faut tourner les jambes comme lui. En 2002, 2003, 2004, 2005, dans toutes les équipes, on nous disait : « Les gars, faut tourner à 110 tours par minute de cadence de pédalage ! » On a fait des essais de dératés. On a fait ce que font les autres, ceux qui gagnent. Sauf que ce qu'ils font, c'est débile. On copie-colle chaque pseudo-méthode du vainqueur-tricheur et on en fait une mode, voire une science.

En 2015, les gars qui ont fait le Tour n'ont pas marché à la Vuelta, deux mois plus tard. Personne ne préparera la Vuelta en 2016 sur le Tour. C'est débile. Wiggins a gagné le Tour en regardant ses watts, et Froome aussi. Du coup, tout le monde veut faire ça ! Et pourtant, c'est une escroquerie. On le sait, mais on le fait quand même. Il est régulier dans ses watts, on va tous faire comme ça sur trois semaines, être puissant et garder cette puissance, sans attaquer, sauf à la fin. Les médias disent : « Ouais ben c'est normal, il garde 350/400 watts dans les montées, et ses adversaires ne le lâchent pas. Ils ont une *dream team* et de l'argent pour acheter les coureurs capables de faire ça. »

Non, ils les fabriquent. Le problème est pris à l'envers. Cela rentre même dans la normalité. Tom Dumoulin, un Hollandais, serait capable de développer pendant cinq heures 352 watts en calcul estimé, et ça ne choque personne. Il ne gagne pas, en plus ! Pourtant, tout est là ! Ce n'est pas possible. Voilà. On en est là.

PRISE DE CONSCIENCE ?

Tous ceux qui ont triché ont d'abord été pris en exemple pour leur technique. Et puis on s'est aperçus que c'était le fait de tricher qui permettait cette technicité. Et on imite… mal. Forcément. Derrière eux, certains, beaucoup plus crédibles, ne sont pas trop loin. Quelques-uns prennent enfin conscience du problème, mais pas tous, hélas. Désolé, mais aujourd'hui, pour gagner un grand Tour, il faut toujours tricher. Ça me fait vraiment chier de le dire, mais je suis, comme tout le monde, d'accord avec L.A. sur le fond, quand il dit ça. C'est un hold-up.

De temps en temps, une performance sort du lot et redonne de l'espoir au public, et même à nous, les coureurs. Mais il faut voir le contexte dans lequel elle a été faite. Comme Jean-Christophe Péraud, quand il fait deuxième sur le Tour 2014 avec le plus gros écart depuis des années sur le premier, Nibali, qui voltigeait. Tous les cadors avaient abandonné, sauf un. Des raisons d'espérer ? Les jeunes générations ? Elles vieillissent vite, je l'ai dit. Il y eut un temps où on était étouffés par le dopage. On ne pouvait pas s'exprimer, ça roulait trop vite, tout le temps. Les années L.A., on ne peut citer personne qui arrivait à suivre et en qui on pouvait croire, on avait la tête sous l'eau. En 2004, seize ou dix-sept coureurs du top 25 ont été pris dans les affaires. Ce n'est qu'un exemple. Il y avait peu de fenêtres de tir pour s'exprimer. Maintenant, c'est quand même possible de faire de bonnes perfs, voire de s'approcher d'un podium, sans tricher.

Sans tricher ? Pas si sûr, en fait. Moi, je veux des preuves. Vu ce que j'ai vu, et ce que je sais, c'est normal, non ? Les Français, tiens, puisque ce livre sort en France. Pinot, Bardet, il faut qu'ils m'apportent la preuve que sans cortisone, ni caféine, ni Tramadol, ils y arrivent. J'ai beaucoup de mal à les trouver crédibles, les vainqueurs français de l'Alpe d'Huez ces dernières années, qui ont fait sauter les gros à la pédale. En France, Barguil, c'est un bon gamin. Mais il n'a pas encore gagné de course. Pinot, on a envie d'y croire. Bardet, c'est un courageux besogneux. Faut voir.

BOUSILLE-FÊTE

Les hold-up en France ? Il existe des transformations stupéfiantes difficilement défendables. Avant 2010 et excepté sur le Tour de France 2004 lorsqu'il devait défendre le maillot jaune en montagne, Voeckler n'avait jamais réellement impressionné par ses talents de grimpeur. Les premiers signes de sa transformation datent de la fin du Tour d'Italie 2010 où il finit douzième de la difficile étape arrivant au sommet du Passo del Tonale. Il termine quatrième du Tour de France 2011 en développant 6 % de puissance en plus sur les derniers cols par rapport à 2004. En 2012, il remporte le maillot de meilleur grimpeur, plus deux étapes de montagne dont une de manière spectaculaire à Luchon. Il ne montait pas un col, et du jour au lendemain, au Tour du Trentin, pendant sa préparation au Giro, il est sec, transparent, fibrosé. Il met deux dents de plus. Au plateau de Beille sur le Tour de France, quand Contador attaque, il va le chercher. C'est Gerrans qui contre, et Voeckler, chouchou des Français, bouche le trou ! Ce n'est pas possible, c'est indécent. En 2004, il savait qu'il perdait entre trois et quatre minutes par montée finale en subissant le train de l'US Postal. Il avait géré pour limiter la casse. Il aurait dû râler au sommet en disant ce qu'il savait, que les performances de L.A., ce n'était pas faisable. Il ne l'a pas dit. Il observait. En 2010, Voeckler fait des raids impressionnants, à la Virenque, avec ses mimiques « j'ai maaal ! », langue pendue. En 2011, il n'aurait même pas dû être là. Il aurait dû être lâché au pied des cols. Sept ans ont passé depuis 2004, il a 32 ans, mais il monte le même col du plateau de Beille plus de trois minutes plus vite. Son rendement est près de 10 % meilleur. Plus de 25 watts supplémentaires dans les cols par rapport à toute sa carrière. Le matin de l'avant-dernier jour, il est encore persuadé de garder le maillot jaune, alors qu'à son menu de non-grimpeur il reste le Lautaret, le Galibier, Huez. Pfff ! Tyler Hamilton, un des lieutenants de L.A, qui a failli gagner le Tour avec une clavicule cassée, c'est exactement ce qu'il a mesuré et publié : + 10 % de puissance, mais après ses « cures ». Il existerait des exceptions françaises qui confirment la règle ?

Bref, passons. Tous ceux qui font des hold-up deviennent hautains, manipulateurs, affabulateurs. Je ne voudrais pas être leur miroir. Mais des millions de gens les regardent et les écoutent ! Et certains sont français. Comment peut-on attaquer Contador et Sanchez, champion olympique, sur les pentes terribles de l'Alpe d'Huez, en utilisant le grand plateau, avant de s'imposer au sommet à l'issue d'un numéro époustouflant ? Quintana, qui y fait un temps canon l'an dernier après avoir battu le record de la montée du col de la Croix de Fer qui précédait la montée des vingt et un lacets de Huez, en échauffement sans doute, remarque, on ne dit rien. On se focalise sur Froome. C'est cool de finir deuxième du classement général.

Rasmussen met des sacoches à Contador à Peyresourde. Cobo gagne la Vuelta avec Froome qui le suit en souriant. L'an passé, à la Pierre Saint Martin, première étape clé de montagne, personne n'a cru dans la démonstration du Kenyan blanc britannique suivi par ses coéquipiers de Sky, des gars censés être des domestiques et finir exténués après s'être sacrifiés pour leur leader. Bilan : premier, deuxième et sixième de l'étape. En une seule étape, ils ont tué le Tour et tous les espoirs des cent quatre-vingt dix autres coureurs et de millions de spectateurs, avertis ou non. Aucun coureur n'y a cru. Ni même aucun responsable d'ASO. On a tous envie de dire merde, font chier, ce sont des bousille-fête. Il n'existe plus de héros. C'est ça, le véritable drame. Je ne vois pas un ado rêver en 2016 comme je l'ai fait sur un coureur cycliste. C'est peut-être la raison pour laquelle il n'existe plus de poster dans les magazines ?

Aujourd'hui, beaucoup parlent du dopage mécanique. C'est un bon ersatz, que les instances veulent nommer fraude technologique, c'est plus soft. Ce serait presque plus rassurant. Cela expliquerait certains numéros hallucinants.

DOPAGE MÉCANIQUE

Je sais depuis longtemps que ça existe, et pour cause : j'ai vu, j'ai essayé en 2011, et ça marchait déjà bien ! J'étais avec les ingénieurs d'un équipementier de vélo qui revenaient d'une présentation presque officielle dans une équipe. Ils ont collé des batteries aux tubes du vélo. Ces batteries étaient à l'extérieur, le système était dans le pédalier. C'était un an après le numéro du Suisse Fabian Cancellara, qui avait écrasé les classiques Tour des Flandres et Paris-Roubaix, en 2010. Allez jeter un œil aux images, c'est impressionnant. Sur le moteur de recherche Google, tu tapes *Cancellara*, on te propose : *Cancellara moteur*. C'est dire si cela a fait jaser. Les commandes étaient aux manettes, c'était le début. Le Bluetooth, c'est mieux. L'objectif des ingénieurs était de savoir comment un coureur pourrait, non pas maintenir 450 à 500 watts, mais monter à 45 km/h avec des accélérations de 800 watts dans des bosses pavées comme le « Vieux Quaremont », que tu passes avec cinq heures de course dans les guiboles sur la fin des Flandres. Mes essais ont été extrêmement concluants. Le vélo va tout seul. Sur vingt minutes, en gérant bien, tu allumes le truc où il faut, et tu pédales les doigts dans le nez. Sur le « muuur » de Grammont ou ce Vieux Quaremont, tu fais deux minutes trente, batterie à fond. C'est fini. En cyclo-cross, c'est très efficace aussi, comme on a récemment pu le voir avec l'affaire Femke Van den Driessche, la jeune Belge pincée par l'UCI au championnat du monde avec un vélo trafiqué au poste de dépannage. Quand c'est trop évident, un lampiste de bas étage paie et on dit : « Maintenant, c'est fini ». Trop tard, le mal est fait.

Pour contrer ça, qu'est-ce que tu fais ? Tu fais contrôler les vélos, ou tu en utilises un toi-même ? Personnellement, je ne l'ai jamais utilisé en course. Chacun, en 2016, peut acheter un vélo équipé d'un moteur, en Belgique notamment. Le système s'est bien amélioré : frottement, récupération d'énergie, restitution, silence. Vous voyez le mur de l'étape de Huy l'an dernier sur le Tour, et comment le mec revient podium avec un autre vélo ? Ou les accélérations fulgurantes de Froome à 1 000 watts en haut du Ventoux à une cadence de 120 rpm, avec une fréquence cardiaque qui ne varie presque pas au-dessus de 160 battements par minute, en 2013 ? Ça vous paraît normal ? Vous expliquez cela comment ?

En Italie, jamais de contrôle des vélos de l'UCI, ni des roues. Normal ? Si, par un concours de circonstances, lors d'un changement de vélo entre équipiers, tu as accès à certaines données du compteur de ton collègue et que tu lis les data après les avoir téléchargées, tu rêves ! Tu peux toujours mentir sur les watts en organisant une grande conférence de presse, comme la Sky sur le Tour l'an passé. Ou bien, plus simplement, utiliser un site dédié comme digitalepo.com et mettre ton fichier en « .tcx », puis baisser de 10 à 25 % tes performances. Après, tu mets en ligne tes chiffres magiques devenus normaux, et tout paraît normal, surtout aux yeux des « experts » officiels.

Bon, je vous rassure, tout le monde n'est pas prêt à vendre sa mère pour gagner une course, ni à changer son sang, ni à pédaler avec un moteur, ni à tricher !

LES NOUVEAUX VERTUEUX

Ceux qui ne trichent pas, ou plus, ne peuvent plus, ne veulent plus, sont convaincus ou en ont marre, sont de plus en plus nombreux. On est experts, on a Radio Peloton, on les connaît, on sait, on n'est pas tombés de la dernière pluie, on n'est pas des lapins de trois semaines. C'est tellement évident. Ils sont là tous les ans, réguliers dans une saison, progression linéaire, vélo plaisir et business, capables de changer d'équipe parce qu'à côté ils ont des meilleurs vélos. Ils ne sont pas au-dessus des autres, pas aériens. Pour gagner une course, ils comptent davantage sur un concours de circonstances que sur leur force pure.

Sans être sûr, je citerais Cadel Evans… parce que j'ai envie d'y croire, au moins pour un. Régulier, doué, perdu devant un Sastre venu de nulle part, sinon d'Espagne, ce qui veut tout dire. Certains autres mecs sont taillés pour les classiques d'un jour où c'est relativement plus facile de briller en étant clean, même si c'est aléatoire, avec des taux de 40 % de réussite, parce que tu es à la merci d'une erreur de placement, d'un problème mécanique…

Peter Sagan ? C'est une star qui a des qualités naturelles mais qui n'arrivait pas à gagner de grandes courses avant son championnat du monde chez les seniors l'an passé. Pour lui, le vélo est un jeu. C'est un showman, jamais arrogant. Il a toujours été comme ça : un gamin. Il paraît frais. Il vient d'un pays nouveau, la Slovaquie, même s'il a été élevé en Italie. Mais j'ose espérer qu'il n'a pas la culture vélo. Maintenant, il est dans cette équipe gérée par ce milliardaire russe dont la première formation était composée d'ex-chaudières sur le retour, comme Hamilton et Jaksche, qui avaient tout à disposition lors de leurs séjours en Toscane.

Barguil ? Bardet ? Pinot ? L'Américain Andrew Talansky, dégoûté de l'ère Armstrong ? L'Irlandais Dan Martin, qui doit toucher deux millions d'euros par an, il se fait mal à la gueule, c'est évident, il ne conduit pas le vélo. Il gagne des courses de puncheurs, mais des belles. Il ne fait pas des grimaces exprès non plus. Il n'est pas dans la facilité comme les Espagnols Valverde, Rodriguez & co. Il finit juste derrière au général, et parfois devant, sur une étape.

Un mec en qui je crois, qui a pourtant été inquiété parce qu'il a travaillé avec un docteur spécialiste d'ozonothérapie, c'est Greg Van Avermaet. Il est régulier. Les sprinteurs Marcel Kittel et John Degenkolb, ce sont des mecs bien. On a envie de leur faire confiance. Kittel, il a des coups de dep'.

Il est humain. C'est peut-être grâce à eux que la chaîne de télévision ARD revient sur le Tour. Elle en était partie écœurée, après le Tour 2008. Kittel et Degenkolb parlent ouvertement et librement du dopage, sans éléments de langage à la Lance. Ils ne se défendent pas. En *off*, ils ne la ramènent pas sur le sujet, ils ne font pas les grandes gueules : c'est bon signe.

Pour les sprinteurs, c'est plus facile. Ils n'ont qu'un coup de rein à donner sur des étapes relativement plates, avec huit gars qui les protègent toute la journée. Là où j'ai plus de mal, c'est un gars qui fait vingtième sur le Dauphiné Libéré deux semaines avant le Tour, puis qui est devant sur la Grande boucle. J'aurai toujours du mal à croire en un vainqueur d'un Tour, je vous l'ai dit. Mais un mec qui gagne une classique, c'est déjà plus facile, avec les corticos et le reste. Et sans rien prendre ? Peut-être. J'ai envie d'y croire, en tout cas.

J'ai réussi des top 10 sans être vraiment à l'eau. Je veux croire qu'il existe des mecs plus talentueux que moi qui ont fait mieux. Je n'ai pas les meilleurs tests du monde, même s'ils sont excellents. Certains doivent être mieux dotés et travailler plus, et mieux, en faisant le métier plus consciencieusement. En faisant plus de sacrifices, aussi ?

Vous vous rendez compte : il n'y en a pas un en qui je crois vraiment à 100 % ! J'ai presque honte. Comme j'ai eu honte, dans une moindre mesure et pour d'autres raisons, de faire du vélo à mes débuts. Je me rappelle que, logé chez un collègue dans une zone HLM, on partait avec un survêtement ample pour cacher nos habits moulants et multicolores de clowns. On finissait de se changer plus loin. Les gars de la cité nous auraient jeté des pierres ou traités de tarlouzes, un mot à la mode. Et puis, si vous avez remarqué, on a des cales sous les chaussures qui se fixent sous les semelles bien rigides. Ce sont nos talons hauts, placés à l'avant du pied. Quand on marche avec, cela fait clac, clac. Ce n'est pas seyant. Mais bon, on vit avec.

Je pense que certains font le métier trop à bloc pour espérer faire une grande et longue carrière. Ils exploseront sur la longueur. Trop de contraintes, trop de sacrifices. Quelle est ta vie sociale, quand tu es un jeune coureur intelligent et cultivé ? Quand ils comprendront que le vélo ne les emmènera pas où ils veulent, ils se décourageront, malgré leurs milliers d'euros annuels et l'ascenseur social première classe dont j'ai bénéficié moi aussi. Quand ils se seront trouvé une nana, qu'ils se seront mariés, qu'ils auront eu un enfant et que le gamin sera malade pendant qu'ils seront en altitude dans un de ces camps d'entraînement, ils rentreront et couperont leur stage de trois semaines. Ça va finir par arriver. Le vélo doit redescendre au niveau de la mer. L'iode ou les globules, en stage, que choisir ?

STAGE EN ALTITUDE

Au début de ma carrière, on avait deux courts stages d'organisation et de préparation collectives, et basta. Un en décembre, pendant une semaine, où on faisait un point oral sur la condition de tout le monde. On récupérait le matériel, notre équipement pour la saison, on faisait les shootings photo, et éventuellement on tirait les grandes lignes de notre programme à venir. Le deuxième, en janvier, c'était juste pour préparer le début de saison et rouler un peu ensemble. Puis, dans les années 2000, sous l'impulsion de Festina qui avait mis ça en pratique dès 1996, on a tous multiplié et rallongé les stages : repérage dans les Pyrénées et les Alpes pour le Tour, dans les Dolomites pour le Giro…

L'an passé, toutes les formations sont ainsi venues reconnaître le contre-la-montre par équipes en Bretagne. Certaines sont même arrivées en avions privés depuis Gérone. Aujourd'hui, quand on passe quinze jours sans courir, il n'est pas rare de se retrouver en stage. Comme on est dans la surenchère permanente, quand ce n'est pas l'équipe qui organise, nous arrangeons nous-mêmes nos propres stages.

La grande mode, ce sont les stages en altitude. Et tant pis si certains coureurs ne supportent pas ça. Le grimpeur-puncheur irlandais Dan Martin, par exemple. Il a fait un stage qui ne lui a pas vraiment réussi. Le seul profit qu'il en ait tiré est d'y avoir rencontré sa copine. Maintenant, il habite en Andorre pour des raisons fiscales… et amoureuses ? Faut voir. Beaucoup font une intolérance à la vie en altitude à plus de 1 500 mètres. Mais nous, staff et coureurs sans personnalité, spécialistes du copier-coller, on suit le mouvement de cette mode Tenerife-Sky. Pourtant, on ne sait pas vraiment faire. On n'en connaît pas non plus les effets réels, ni les bénéfices, s'il y en a. Sagan, cette année, il a passé trois semaines à Tenerife en février avec une partie de son équipe Tinkov, sans courir. Il redescend de la montagne, il fait 2e d'entrée dans la classique Het Nieuwsblad.

On n'est pas tous convaincus des bienfaits. On nous dit que ça a toutes sortes d'effets vertueux, comme faire des globules dans un milieu raréfié en oxygène où le mot d'ordre est « *sleeping high, training low* » (dormir en altitude, s'entraîner en plaine), afin d'augmenter naturellement son hématocrite et en profiter pendant trois semaines. Ça, c'est la théorie. Ce qui fait du bien, en revanche, et ça c'est certain, c'est de monter des cols, le cœur calé à ce qu'on appelle le seuil anaérobie, pour prendre le coup de pédale de la montagne et s'habituer à ce milieu si spécifique du grimpeur. Le reste… l'altitude… hum. Beaucoup s'aperçoivent vite que, nés au niveau de la mer, ils ne sont pas faits pour dormir à 2 000 mètres d'altitude, et que plus on monte, plus c'est dur de bien dormir, bien vivre, bien respirer et bien pédaler. Mais tout le monde y va, alors allons-y !

ALTIUS, FORTIUS, CITIUS

Ce que je retiens, c'est que de nombreux coureurs rentrent cramés des stages. Au début, ils montent les cols trop vite, ne s'adaptent pas suffisamment longtemps ou ne supportent pas la combinaison efforts + altitude, tout simplement. Mais ça ne fait ni chaud ni froid aux néo-entraîneurs qui pullulent, qui te disent qu'il faut rouler à tant de watts et qui te font faire du grand n'importe quoi. Franchement, on tâtonne, je le vois bien. On n'a aucune certitude sur les stages en altitude pour un cycliste, ou très peu.

Tout ce que je sais, moi, c'est que c'est un milieu hostile. Le reste, je le devine. Par exemple le fait que ces stages soient surtout un prétexte pour tricher et détourner le suivi longitudinal en emmenant dans la roue ceux qui ne se dopent pas, des équipiers qui servent de caution. C'est malin. Un peu comme quand Armstrong tournait les jambes et était copié par tous les autres coureurs. Aujourd'hui, les trois quarts du peloton vont à Tenerife, comme les Sky, sur le volcan. Soi-disant pour faire des globules. Font-Romeu, c'est *has been*, paraît-il. Il y a un hôtel plein de maillots, là-bas, mais ils sont vieux. Ce n'est plus assez haut. Maintenant, c'est 2 000 mètres, bientôt 3 000, 4 000, et la Lune, plus tard, pour pouvoir pédaler comme un extraterrestre ?

Altius, Fortius, Citius, Dopatus : la nouvelle devise olympique. L'air appauvri en oxygène est aussi un leurre. On peut retirer au coureur des poches de sang prétendument enrichi en nouveaux globules rouges. Ce sang sera réinjecté ultérieurement, de manière indétectable, parfois par petites doses. C'est l'alibi parfait. On peut ainsi se constituer des stocks peinard et se microdoser ensuite pour avoir un profil hématocrite impeccable, lisse, qui reste haut toute l'année. Mais tout ça, séparer le plasma des globules et les conserver, on pourrait tout aussi bien le faire au niveau de la mer, non ?

C'est comme pour le tapping avec la cortisone. On montre qu'on a des globules jeunes en prenant des photos là-haut, comme on montre qu'on a bobo et qu'il nous faut des corticos, puisqu'on a un bandage. On a travaillé trois semaines au sommet, les médias se jettent sur le story-telling avec force reportages. Rendez-vous compte, le Sud-Africain néo-Anglais, il escalade un volcan cinq fois par jour ! Armstrong, ce n'était que le col de la Madone, derrière Monaco. Froome habite à Monaco. Pour des raisons fiscales et amoureuses ? Faut voir.

Le Kenyan blanc, décomplexé comme l'était Lance, a publié les chiffres de ses performances au col de la Madone qu'il a escaladé le 23 juin 2013, avant son premier Tour victorieux, tout comme il a publié cet hiver, après un test en laboratoire, ses chiffres magiques qui ont montré qu'il n'était pas si exceptionnel que cela, s'il n'a pas en plus trafiqué ses chiffres. Ce col test, près de Monaco, était l'ascension étalon de Lance Armstrong. Elle lui servait de repère, à lui et à son médecin Ferrari, pour contrôler ses nombres magiques, son rapport puissance/poids en watts. C'était aussi le lieu de théâtrales mises en scène. « L'athlète le plus contrôlé au monde » était filmé escaladant cette pente avec, en slogan, « ardeur au travail, sacrifices et perte de poids = résultats ».

Froome a davantage d'arguments. En 2013, il avait monté les 12,8 kilomètres en 30 minutes et 6 secondes. Il explosait le record du boss. Les records sont faits pour être battus. Le docteur Ferrari, qui ne peut être déchu de sa qualité d'expert ès sciences du dopage, s'est demandé sur son blog si le Kenyan blanc n'avait pas des gènes d'antilope pronghorn, l'animal le plus rapide du continent américain.

Froome communique avec les mêmes arguments que L.A., mais joue aussi la veuve outragée qui dénonce ses petits camarades. Il crache dans leur soupe. Il lui est arrivé de tweeter que ce n'était pas normal que les quatre autres favoris du Tour, qui venaient eux aussi s'entraîner sur

« son » volcan, ne soient pas contrôlés ! Grand corps malade, Froome a rendu visite ces dernières années à pas moins de huit médecins dans six cliniques ou hôpitaux à travers quatre pays, se voyant prescrire au moins six traitements distincts pour cinq maladies différentes. Il a consulté des médecins à Nice ou en Afrique du Sud, mais aussi les docteurs Charles Chunge, Richard Freeman, Geert Leinders, Richard Usher, Stéphane Bermon, Allan Farrel. On en connaît certains. On les consulte aussi. Comme si ça ne suffisait pas, on apprend dans le même temps qu'il a demandé une autorisation à usage thérapeutique à l'UCI et à mon copain le docteur Zorzoli, pour une prise de corticostéroïdes pendant sa démonstration victorieuse du Tour de Romandie en 2014. Dans ma définition du dopage, il s'est donc dopé. On me rétorque qu'il a suivi les règles de l'UCI. Nous n'avons pas la même définition de la tricherie.

Il admet avoir déjà utilisé du Tramadol chez Sky, avoir fait des injections d'acides aminés chez Barloworld, où il ne mettait pas un pied devant l'autre : 84e du Tour 2008, déclassé du Giro parce qu'il s'était accroché à une moto dans un col. Maintenant, c'est lui qui pourrait tirer les motos. Et il la ramène en se faisant passer pour un mec sain dans un corps sain, qui lutte contre des tricheurs ? Le public aurait jeté de l'urine sur son collègue australien, Richie Porte, un sacré numéro lui aussi, pendant sa deuxième Grande boucle victorieuse l'an passé. Balèze, non ? Des victimes, en plus ! Mieux que le show de Lance.

Comme le dit Greg LeMond : « Si Froome avait un tel talent et un moteur physique si prodigieux, on l'aurait su dès son plus jeune âge, pas sur le tard. On aurait des tests. Ce serait l'athlète le plus remarquable et talentueux que le cyclisme ait jamais connu. Quand on entend le discours visant à prétendre que ses performances, ainsi que celles de membres de son équipe, sont dues à des gains dits marginaux (l'hygiène, le sommeil, de bons oreillers, des vitamines, de l'entraînement acharné dans l'hypoxie de l'altitude qui repousserait les limites humaines), c'est suspicieux. Il n'existe pas de réels secrets en termes de diététique, ni d'entraînements révolutionnaires. » Ou bien l'Américain LeMond, triple vainqueur du Tour à l'époque du vélo avant EPO (1986, 1989, 1990), n'est pas un expert fiable, ou bien Froome est une antilope.

Lance Armstrong, l'ennemi juré de Greg aux USA, dit autre chose : « Je n'ai confiance en personne. Moi, un menteur ? Oui. Un tricheur ? OK. L'histoire jugera. Mais si on pose les mêmes questions à tous les vainqueurs du Tour, ils répondent exactement comme je l'ai fait. Ce qui veut dire que ce sont des menteurs, eux aussi. Tous. »

Ce ne sont pas des experts, eux ? Ni moi, d'ailleurs ? À nous trois, on a pourtant gagné dix Tours de France ! Lance en a gagné sept, Greg, trois, et moi…

Je côtoie Fabio Aru, l'Italien qui a fait deuxième du Giro l'an passé et qui a gagné la Vuelta, excusez du peu. Une star montante qui crèche chez Astana, l'équipe de Vinokourov. Il n'a pas participé au Tour du Trentin, qui prépare au Giro. Officiellement malade. Et pourtant, miracle, on l'aperçoit en photo en haut du mont Teide ! Sans doute pour y faire une cure thermale en altitude.

Un autre gars n'a pas pu participer au Tour l'an passé, parce qu'il avait une cortisolémie effondrée et qu'il n'était pas couvert par le médecin fédéral français, lui. Il est hollandais. Astana se retire du Mouvement Pour un Cyclisme Crédible sur le champ pour qu'il puisse partir quand même. Pas mal, non, venant d'une équipe qui a connu dans l'année cinq cas positifs aux produits lourds ? On rêve. Ils ne sont pas exclus du World Tour. Ça donne envie, non ? Excusez-moi, je suis en colère.

Pourtant, on n'est pas forcément colériques, nous, les cyclistes. Même si je me suis fait quelques portes de placo à coups de poing. Notamment après une conversation avec mon père, récemment. Je lui disais avoir été clean à pas mal de moments. Il ne m'a pas cru. Même nos parents ne nous croient plus. C'est désolant.

Nous, les coureurs experts, l'altitude, on n'y croit pas. C'est un masquant pour les gros qui peuvent se payer les services des docs toujours actifs sur le marché parallèle. En théorie, pour que ces stages soient vraiment efficaces, il faudrait qu'ils durent trois ou quatre semaines. Et les gains ne sont pas significatifs quand on ne sale pas la soupe.

HYPOXIE ET ALTITRAINER, ALIBI D'ALI BABA ET DES QUARANTE VOLEURS

Concernant l'oxygène, carburant privilégié pour les efforts d'endurance, pour se rapprocher des bienfaits de l'EPO sans prendre de produits – c'est en tout cas comme ça qu'on nous le vend –, il existe une alternative : s'envoyer en l'air chez soi, ou dans son garage. Bon, c'est un peu cher, mais tous ceux qui ont des sous investissent. Les entraîneurs d'équipes le recommandent également : « Entraîne-toi en hypoxie chez toi ! C'est moins cher pour nous, déjà, et on contribuera aux progrès de la science. » Certains ont fait construire chez eux des chambres hypoxiques qui raréfient le taux en oxygène comme en altitude. Ils peuvent donc s'entraîner à zéro mètre, mais dormir à 2 000, 3 000, 4 000 mètres et plus. Toujours le fameux « *sleeping high, training low* », un principe au demeurant interdit dans certains pays, comme en Italie, où c'est tabou. Veto du Comité olympique national italien. Vous imaginez les caribinieri qui débarquent chez moi et viennent prendre la machine en oubliant les « récups » dans le frigo chez la mama ? *Italia fara da se !*

Plutôt que de transformer une des pièces de la *casa* en chambre hypoxique, ont fleuri les tentes hyperbares, moins chères et plus pratiques puisqu'on peut les emmener partout. Et puis la nouvelle mode : des machines « altitrainer » à 5 000 euros, avec un masque relié à des bonbonnes pour restituer l'hypoxie. Là, ce n'est plus du « *sleeping high, training low* », mais du « *training high, sleeping low* », l'inverse ! Fallait y penser ! C'est sûrement un Français qui a inventé ça. On te demande de t'entraîner dans ton garage, « en altitude » pour certaines séances, sur un home-trainer. Toujours plus simple que de sortir faire des bornes avec des bonbonnes… Mais une constante : le sentiment d'être des cobayes.

La nouvelle lubie des « *head chiefs of performance* », c'est de nous inciter à faire des entraînements à intensité 2, 3, 5 au maximum, parfois à jeun (!), pendant une heure le matin. Certains poussent le vice jusqu'à préconiser une sortie normale de trois heures sur route, prolongée par une séance d'une heure avec ton masque à 3 000 mètres dans ton garage. « Ça va te préparer à ce que tu vas vivre en juillet sur le Tour ! » Tu peux t'amuser à simuler l'ascension du mont Teide sur ton home-trainer. Grâce à un logiciel qui relie la friction de ton appareil à une télévision ou un ordinateur, tu visualises, sur l'écran, les cailloux et les paysages. C'est for-mi-dable ! Encore mieux que les spots de Tenerife, de Sierra

Nevada, de Font Romeu où Paula Radcliffe, la marathonienne anglaise qui brandissait des panneaux « *EPO, cheats out !* » avait ses quartiers, de Livigno, ou de Saint Moritz, près de chez Ferrari.

Tu peux faire tout ce que tu veux, à condition d'être bien conseillé. C'est là où ça se complique. Que celui qui connaît et maîtrise les méthodes d'entraînement en altitude et voit ce que tu peux supporter lève le doigt ! Il faut s'échelonner, et accepter de procéder par essais. Comme d'autres gars, je fais régulièrement des tests chez moi, sur un ergomètre, un home-trainer qui mesure tout. Avec des paliers progressifs qui augmentent de 50 watts toutes les deux minutes, pour voir si je progresse et si tel ou tel type d'entraînement particulier a un réel intérêt pour moi.

À l'instar des stages en altitude, ça n'apporte pas grand chose. Tu gagnes des miettes. Tu fais ça pour te rassurer, en laissant 6 à 10 000 euros au passage. Je n'ai pas vu d'étude qui en prouve les apports. Pourtant, je cherche. J'ai donc pris des mesures in vivo pour moi et certains de mes potes sur les prises de sang, si ça peut servir à faire avancer la science. Résultat : des peccadilles pour l'hématocrite, l'hémoglobine et les carences associées. Ça m'affaiblit même : mon taux de fer, notamment, chute au retour de stage en altitude. La petite goutte issue de mon père ne contenait assurément pas un gène d'antilope pronghorn. Du coup, je brade ma machine avec le masque de Dark

Vador et les bonbonnes. Qui la veut ? Payable par Paypal, site pratique pour commander tout ce que tu veux sur internet, quel que soit le pays, quelle que soit ta nationalité. Faire offre.

MULTINATIONAL, MONOCULTUREL

Nous ne naissons pas tous égaux. Dame Nature favorise l'Anglais, en ce moment. Dans le peloton, nous n'avons pas non plus tous la même culture. Les nationalités ont toutes leurs caractères distinctifs. Ce sont souvent de gros clichés ? Oui, mais tellement vrais ! Car la compétition exacerbe les traits, les qualités et les défauts. Dans le microcosme du vélo de haut niveau, je précise !

Le Français est gueulard. Il ne croit en rien, il est hautain. C'est la plus raciste de toutes les nations parce que le vélo, c'est la France ! Le phénomène Tour, il le revendique, même s'ils ne sont que 30 coureurs français sur 198 au départ, et qu'ils « ramassent les casquettes ». C'est par le Français que la vérité arrive. Il se plaint et déborde d'a priori bercés par l'empirisme. Il est mal vu, ou plutôt il est perçu tel qu'il se caricature. Comme un coq, fier, les pieds dans la boue, avec un grand bec qui chante. Ce n'est pas un bosseur, à quelques exceptions près. Il est plus laxiste, moins concentré, moins assidu. Il trouve des excuses, c'est toujours la faute des autres. Le Français est revendicatif et veut gagner plus d'argent sans faire plus que les autres. Il y a toujours un truc qui cloche. Et ce génie pour se taper dessus entre eux ! La FDJ, Europcar, Cofidis… C'est incroyable ! La seule nation qui se fait la guerre, quitte à perdre des courses, comme l'an dernier à l'étape de Mende, sur le Tour. Deux Français lâchent un Anglais dans la côte. Leurs regards se croisent et ils croisent le fer. Ils traînent avant de lancer le sprint, et se roulent systématiquement dessus. L'Anglais revient et gagne. *Thank you, Froggies !*

Au Giro, la moitié des étapes sont gagnées par des Italiens. Idem à la Vuelta avec les Espagnols. Sur le Tour de France, on est loin du compte. Le Français veut vivre dans le passé et l'oublier en même temps. Il a les codes, le métier, la prestance. Il aimerait bien être le footballeur reconnu au supermarché, mais non, il ne veut pas le dire. Il en meurt d'envie mais se dit simple. Il aimerait avoir un surmoi reconnu, mais se l'interdit. Il se met dans le petit. C'est le plus hypocrite, de fait. Chez lui, au Tour, la plus grande course du monde qui est une caisse de résonance énorme, pas un ne proteste sur la tricherie dont il est la première victime. Alors qu'en *off*, il est très critique envers les autres. C'est le pays de la Révolution de 1789, ça ? Pas des droits du cycliste, en tout cas. Les Français ont « ramassé » pendant des années. Dans le peloton, beaucoup gueulaient dès que l'un d'eux faisait un écart : « Français de m…. » C'est de la

France qu'est parti le scandale en 1998, c'est en France que la boîte de Pandore a été ouverte et que certains ont commencé à cracher dans la soupe. Il y a eu des « GG », des grandes gueules comme Jean-Cyril Robin et Jérôme Pineau qui ont voulu se servir de l'expression « cyclisme à deux vitesses ». Cela ne leur a pas réussi. La congrégation le leur a fait payer, il n'y a plus de « GG ». Les Français sont rentrés dans le rang.

Le Belge se marre tout le temps. C'est le spécialiste des blagues pourries. Un bourrin, qui manque parfois un peu de finesse. Le Belge au top en vélo, à part quelques Wallons, c'est le Flamand. De la force pure. Pas un stratège, en revanche. Un solide qui baisse la tête. Le Flamand a du mal à accepter que son petit *land* ne soit pas reconnu comme pays. Ça transpire par chacun de ses pores. Il a aussi du mal à se mélanger avec tout ce qui est francophone et wallon. Il est presque aussi raciste que le Français. Il a développé un complexe d'infériorité qu'il ne veut pas s'avouer et qu'il vit mal. Par contre, c'est quelqu'un de droit. Il est brut de décoffrage.

Le Néerlandais, c'est le même genre. Lui aussi a un complexe vis-à-vis de son pays. Mais il est plus tordu. Je me méfie plus d'eux que des Belges, qui tirent des « bouts droits » dans une échappée. Feue la Rabobank a triché pendant des années, autant que Lance. Les Néerlandais ont un avantage certain : on ne comprend pas leur langue. Ou alors, il faut faire de gros efforts. J'en ai fait, alors je sais de quoi je parle. Ils sont un peu comme leur pays, avec des routes partout qui traversent les mêmes paysages, tu ne sais pas qui est qui, on les confond vaguement.

Les Flandriens, leur truc, c'est le pavé, casquette relevée à l'ancienne, la course à la musette et à la topette ! Ils connaissent le palmarès depuis des décennies et ont un vrai respect de la course. En France, c'est le contraire. Les jeunes générations se moquent éperdument des coureurs passés avant eux. Mais pas en Belgique ni aux Pays-Bas, où il existe un respect des monuments, et des anciens.

L'Italien, c'est la classe et le filou. Il est attachant et stylé. Il donne une image belle et vraie du vélo, avec trois fois rien. Avec une paille et peu de budget, les Italiens font une belle équipe et une belle course. Ça paraît classe et spectaculaire. Ils ont compris depuis longtemps comment s'y prendre. L'Italien n'a jamais de godasses trouées, il a toujours la socquette blanche immaculée, il est bien sapé, il fait attention. Il est très moqueur, mais ce n'est jamais méchant ni sournois.

Quand un Arthur Vichot, champion de France 2013, va émarger au départ avec son casque et ses tongs, les Italiens se foutent de lui. Pour eux, ce n'est pas possible, il faut être présentable. Ce sont des coureurs qui ont une réelle culture de l'approche de l'entraînement, et des soins bien sûr : à la « Francesco Moser », du nom du *campionissimo* qui, même suivi par le dottore Conconi, un des premiers spécialistes de l'usage de l'EPO, est arrivé avec son temps calculé à l'avance, et un vélo venu d'une autre planète pour son record de l'heure. Ça avait été une vraie révolution pour l'image du vélo.

Les Italiens se préparent : entraînement, diététique, médical. Tactiquement, ils sont très fins. Et très roublards. Dans une échappée, tu te méfieras d'abord de l'Italien. Il ne fera pas de bruit, mais il va t'enfiler. Et ne compte pas sur lui pour te payer un spritz à l'arrivée. C'est culturel, pas de couverture sociale là-bas ! Des salaires faibles. La crise. Il ne dépense pas un radis et porte les fringues de l'équipe, mais les porte avec classe.

L'Espagnol ? J'adore m'entraîner dans ce pays, vers Calpe. Mais je me fais l'écho, violent, de la majorité de mes congénères qui pédalent, qui ouvrent les yeux et qui s'expriment : c'est le plus tricheur de tous. Ma femme a acheté à Monaco un bouquin pour enfants, *Tyranno le terrible*, où le personnage, un dinosaure qui victimise Igor, un petit iguanodon, dit que les plus grosses tricheries sont toujours accompagnées des plus gros mensonges. C'est ça ! Et pourtant, on ne l'entend pas beaucoup sur le vélo. Jamais un mot plus haut que l'autre. Il est très discret dans le peloton, mais malin, très malin. Tu as l'impression qu'il n'est pas là, mais sur les courses dures, c'est lui qui domine. Une équipe espagnole écrase le classement mondial UCI. Mais c'est la culture de la triche, du dopage, de la magouille qu'on ressent tous, plus encore que chez l'Italien, et la péninsule Ibérique est une terre d'approvisionnement. J'en sais quelque chose.

Almodovar ne me contredira pas, j'en suis sûr, s'il fait un film sur le cyclisme espagnol.

Les coureurs espagnols sont toujours entre eux, avec peu de coureurs non hispaniques dans leur équipe. Ils vivent décalés. À la *sexta hora*, la sixième heure après le lever du soleil, c'est la sieste normalement, mais eux se réveillent. Et ils se défendent les uns les autres. Ils ne se tirent pas dans les pattes. C'est une vraie corporation nationale, soudée et solidaire pour l'essentiel.

Les Australiens, qui sont arrivés avec une culture de la piste, c'est le côté cool. Vraiment. Pas de stress, pas de violence, c'est les vacances. Ils ont importé l'entraînement LSD, *Long Slow Distance*. Mais attention, ça ne les empêche pas d'être de gros bosseurs. C'est l'école de la piste, venue de Canberra à l'origine. Ils se fixent un objectif, un rôle précis, et s'y tiennent le plus souvent. C'est une nation forte du vélo. Après le job, c'est la grosse fête, la bière en décompression. Il faut aller au Tour Down Under en janvier, même avec vingt-quatre heures de voyage. Ils vont vite sur le plat, en contre-la-montre individuel et par équipes. Ils gagnent avec Simon Gerrans, mais ce sont avant tout des mecs d'équipe, qui privilégient le collectif. Ils font du vélo comme ils font du surf, mais avec une approche vraiment étudiée.

L'Américain, à part Greg LeMond et Andy Hampsten, c'est souvent un coureur de contre-la-montre, calibré pour les jeux Olympiques. Un gars cool et décontracté. Le vélo n'est pas son unique passion, de toute évidence. Finalement, il s'exporte peu. Les Américains marchent beaucoup chez eux, où le circuit est dense. Lance est un symbole, quand même, de leur puissance. Mais pour un Américain, ce n'est pas évident de vivre en Europe toute l'année.

Les Anglais, c'est autre chose, et c'est délirant. Ils ont une approche scientifique rigoriste depuis les Jeux de Londres. Ils sont devenus les plus forts à vélo en même pas dix ans. La référence : Sky. Plus encore que de la science, ils ont apporté de l'industrie scientifique. Moins d'humain, plus de protestant. Ils regardent leurs watts, point barre. L'Anglais a un planning. Il ne traîne pas dans les pubs et ne se met plus la misère en écoutant du rock'n'roll… Wiggins a voulu qu'on le croie de ce genre-là, mais il est tout sauf ça. Sur le vélo, c'est un robot téléguidé. Comme la majeure partie des Anglais du peloton. Tous ceux qui marchent résident à Monaco où, de temps en temps, ils se détendent en profitant des tentations de la côte, mais avec parcimonie. Ils sont froids. Sur le vélo, c'est du concentré. J'ai beau aimer papoter avec des cyclistes, avec les Anglais, la conversation est souvent succincte. Ils ne s'embarrassent pas de longs discours.

Les coureurs de l'Est ont très peu de rapports avec les autres. Pardon encore à tous les descendants de la révolution de 1917, mais ils sont très loin de l'esprit communiste de leurs aïeux. Ils ne sont là que pour le pognon, et c'est chacun pour soi. Ils sont prêts à tout pour y arriver. Ça a le mérite d'être clair. Dans le peloton, on ne fait pas de différence entre les Russes et les différents pays d'Europe de l'Est. Tous les mêmes. Ils ont l'avantage de parler une langue que personne ne comprendra jamais. On a un peu l'impression qu'ils peuvent disparaître du jour au lendemain. C'est arrivé à pas mal d'entre eux, d'ailleurs. Un contrôle positif, et ils passent à un autre business. Karl Marx ne me contredira pas. Les cyclistes de l'Est sont restés au stade « à chacun selon ses besoins » et ne sont pas passés au stade « à chacun selon son mérite ».

Les Colombiens sont sympas, attachants et d'un abord facile. Ils sourient tout le temps. Mais il faut se méfier des gens qui sourient tout le temps. Ils ne se plaignent pas, ou peu. Ils viennent d'un pays émergent du vélo. Tu as envie de les aider, tu te dis que ça doit être la misère pour eux. Sauf que Quintana gagne des millions d'euros. Au niveau strictement sportif, je ne crois pas à leurs exploits. Personne n'y croit, d'ailleurs. Ils arrivent par paquets de dix et ils marchent tous ? Il n'y en avait plus, il y en a plein ? Il y a un nid, là-bas, ou quoi ? Radio Peloton fourmille de statistiques de cas positifs là-bas, dans leurs montagnes : stupéfiant !

Les Allemands sont un peu comme les Nordiques : des guerriers. Des bosseurs, à 8 heures au boulot. Ceux de l'ex-RDA sont des routards. Ils font des bornes, ce sont ceux qui roulent le plus à l'entraînement. Des stakhanovistes qui n'ont pas peur de faire cinq, six, sept heures de vélo par jour.

Ils rallongent toujours les sorties programmées. Ce sont des gens droits, tu sais ce qu'ils pensent. Ils sont fiables. Très pointilleux sur le moindre détail et sur eux-mêmes, donc exigeants avec les autres. Ils ne sont pas compatibles avec les Latins, avec leurs valises systématiquement au carré, même si ça fait stéréotype. Tu demandes à un Allemand d'être équipier, t'es sûr de lui, là où en France, tu n'arriveras jamais à ce qu'un mec se dévoue à 100 % pour toi. Ils sont sérieux, polis, et savent dire merci. Pas de chaleur ni de fiesta, mais des mercis. *Danke !*

Les Norvégiens, les Danois, les Suédois et les Finlandais, ce sont des bons mecs. Un peu comme les Allemands : des bosseurs ! Sauf qu'ils gagnent rapidement en notoriété dans leur pays et du coup restent fiables moins longtemps car starisés, ils se laissent aller. Edvald Boasson Hagen, c'est la grande classe mais il s'est aperçu qu'il y arrivait quand même en en faisant un peu moins. Celui qui me plaît bien, c'est Alexander Kristoff, un coureur incroyable, métis russo-norvégien, vingt victoires sur des courses d'un jour en 2015, aussi dans des courses dures qu'on appelle des « chantiers ». J'ai envie d'y croire quand même, à ce type. Ce serait chouette. Je vais aller le voir.

Ça, ce sont les grandes nations du vélo, auxquelles il manque les jeunes Polonais, bourrés de talent. Et demain, l'Érythréen, qui arrive avec quelques Africains expatriés ? C'est un gamin avec une marge de progression faible car, culturellement, il a du retard. Mais c'est une bonne nouvelle pour le vélo.

Je sais ce que vous pensez. J'aurais eu 25 ans, je ne me serais pas livré d'une manière qui peut paraître si « cliché ». Mais les caricatures sont parfois tellement vraies. Et ne vous méprenez pas sur le fond de ma pensée : le peloton est génial. C'est la luxuriance des hybrides. Il faudrait que nos enfants fassent des rejetons ensemble et pas dans la consanguinité qui caractérise notre reproduction. Les chiens feraient des chats intelligents. Ça fait un sacré binz, cette caravane ambulante. Je trouve que ça a un charme fou, mais pour s'y retrouver, c'est dur ! Il n'y a que Madiot qu'on repère vite : « On est Français ! On est chez nous ! » Ce sont pourtant les étrangers qui ont apporté au cyclisme la véritable culture de l'entraînement. Quand les premiers cardiofréquencemètres sont arrivés de Finlande, Madiot ronchonnait : « Ce sont des mouchards, ces trucs ! »

L'ENTRAÎNEMENT

Davantage encore que la diététique, l'entraînement est la plus grande évolution du cyclisme depuis ces vingt dernières années. Quand j'étais amateur, l'entraînement à l'ancienne, c'était l'accumulation des kilomètres. On roulait trois à quatre fois par semaine, avec une grande sortie en milieu de semaine, souvent égale à la distance kilométrique de la course du dimanche, ou bien égale aux heures de selle prévues si c'était un peu évolué. Parce que certains avaient quand même remarqué qu'une distance parcourue à 40 km/h en compétition dans un peloton où tu bénéficies de l'aspiration, ou à 30 km/h tout seul à l'entraînement, ce n'était pas pareil.

La base de l'entraînement, c'était de rouler pour rouler, de façon un peu empirique, sans chercher à mettre du sens, mais avec des certitudes. Tu empilais des briques, « les fondations de la maison », qu'ils disaient, sans savoir pourquoi. En roulant régulièrement avec une diététique simple et correcte, le talent faisait le reste et l'accumulation des courses te faisait monter en pression : une, puis deux, puis trois courses par semaine. Si tu maintiens cette régularité toute l'année, et si tu as plus de talent, forcément, tu gagnes plus que les autres qui s'entraînent pareil.

Chez les pros, au début, disons jusqu'en 2004, c'était exactement pareil. Empirique. L'hiver chez soi, deux stages, et puis les courses. Des valeurs établies. C'est encore comme ça que ça se passe. Certains accumulent les kilomètres pendant quatre, cinq, six heures, repos et rebelote en mode diesel. Même scénario en stage, à ceci près qu'on roulait en groupe avec des parcours à bosses et qu'on se tapait un peu la bourre dans les montées avec des simulations de course dans l'arrière-pays, dans le Sud. On disait qu'on faisait monter le cœur.

Ce qui se pratiquait de plus évolué, pour certains, c'était le « derrière scooter », ou sa variante le « derrière voiture ». Tu es « aspiré », ton cœur bat beaucoup moins vite. Deux ou trois jours avant la course, tu faisais une séance. Tu pouvais rouler au-dessus de 100 km/h pendant des heures. Pour simuler l'effort d'une classique, tu faisais cinq heures d'endurance pure, suivies de deux heures derrière scooter.

Ensuite sont apparus les cardiofréquencemètres, puis les « SRM », un compteur relié à des jauges de contraintes embarquées dans le pédalier mesurant la puissance en watts, que Festina et Telekom ont été les premières équipes à utiliser, et de manière systématique. Certains ont vite compris l'intérêt de s'en servir. Les Français, un peu moins vite. Tous s'y sont mis, maintenant. Les préparateurs physiques, les médecins et les entraîneurs ont débarqué sur le terrain. La première chose que j'ai faite en arrivant dans une équipe organisée, c'est un test d'effort. Classique ? Sauf que c'était la première fois que ce ne serait pas une simple formalité administrative. En France, tu dois passer le test d'effort du suivi longitudinal une fois par an, en décembre, pour avoir ta licence. Mais personne ne se sert des données.

Aujourd'hui, les équipes achètent systématiquement, ou plutôt font acheter aux coureurs, des SRM ou d'autres appareils pour mesurer leur puissance, afin d'essayer de mieux comprendre ce qu'ils font et quantifier les progrès. Parce que je m'intéressais à tout ce qui concernait l'entraînement, mais aussi parce que certains des meilleurs en utilisaient, j'ai mesuré aussi. Fallait fouiller, si je voulais progresser. Sauf que je me suis aperçu que je n'avais pas de gens assez compétents dans mon entourage pour donner du sens aux données ou établir des programmations d'entraînement. J'ai tâtonné seul pour m'approprier l'outil. Souvent de manière maladroite, voire débile, je le sais maintenant. C'est juste un outil de travail. Sans méthodologie, ça ne sert à rien.

Avant le SRM, au début des années 2000, on gérait au cardiofréquencemètre, qui enregistre les battements du cœur. Les managers qui étaient fâchés avec le Minitel disaient : « Ouais, c'est d'la m…., c'est l'instinct qui compte, la tactique ! C'est la force du collectif, faut courir avec ta tête et pis tes couilles. » Des poètes. Mais des poètes *has been*, genre philosophes de comptoir. Comprendre pourquoi on était en forme ou cramé, c'était au p'tit bonheur la chance. Deux stages, bien manger, faire le métier, sans jamais savoir si tu es bien ou pas. Si tu étais en forme, tu faisais le calendrier A, avec les plus belles courses. Mais si tu n'étais pas en forme pour le championnat national une semaine avant le Tour, tu n'étais pas sélectionné. On te disait : « Tu vas faire le programme B » et « Tu nous préviens quand tu te sens mieux ». En attendant, « t'es cramé, tu coupes ! » Fallait descendre du vélo, faire une pause.

Chez Festina, ils savaient dix mois à l'avance quels seraient les neuf coureurs qui feraient le Tour, qui du coup avaient juste à monter en pression. C'étaient les premiers, aussi, à faire des reconnaissances systématiques, des stages, à s'échauffer sur home-trainer, à faire passer des tests réguliers pour voir si les paramètres cardiaques et de puissance évoluaient comme on l'espérait, à prévoir des plages de repos de cinq jours pour récupérer, plutôt qu'une coupure d'un mois l'hiver à faire la fête. Les premiers à donner du sens à l'entraînement, avec les soins en plus, évidemment, et un diététicien embauché bien avant les autres. Une équipe pionnière. Mais il a fallu du temps aux autres pour comprendre l'importance de la gestion de l'entraînement. Armstrong est le premier à leur avoir emboîté le pas. Il les a copiés, avec les protocoles médicaux associés, et un certain succès.

Ce qui me mine le plus, comme tant d'autres, c'est le doute perpétuel. Quand j'ai « remis en route » cet hiver pour ma énième saison, je ne savais pas si j'allais encore marcher. J'ai pu m'appuyer sur des tests effectués en laboratoire. Des tests incrémentés, avec des paliers progressifs dans la dureté, avec prise de lactates à la fin de chaque palier. Les lactates, ce sont les déchets musculaires qu'on peut analyser sur une petite goutte de sang prélevée à l'oreille ou au bout du doigt. On mesure aussi les fréquences cardiaques à chaque palier, les cadences de pédalage, les watts correspondant à sa puissance musculaire, et la « VO2 max » qui indique ta « cylindrée ». Bref, une fois que tu as fait tout ça, on sait de quel moteur tu te chauffes, où sont tes seuils privilégiés d'entraînement, et on peut individualiser ta préparation. Simple et efficace. En plus, tu apprends, tu donnes du sens au métier. Les coureurs savent ce qu'ils font et pourquoi, en corrélation avec leurs sensations, qui étaient jusque-là la base unique de l'entraînement. Et l'ensemble est contrôlé par des tests intermédiaires qui ne sont pas des prises de sang.

Certains parlent de seuils avec une intensité (i) i2, i3, i4, i5, voire i6. Plus l'intensité est élevée, plus le seuil est dur à tenir, plus il faut développer de puissance, plus les battements cardiaques par minute sont grands. En Italie, c'est *piano*, *lungo*, *medio*, *soglia* (au seuil), et *a tope* (à bloc). C'est un vocabulaire technique, mais que tu t'appropries facilement si tu es impliqué. On nous parle, on oublie. On essaie de faire de la pédagogie, on retient des trucs. On nous implique, on comprend enfin. Mais ça, c'est rare ! Et puis, en complément, on a nos tests de terrain, sur des bosses cibles. Tout le monde a sa Madone, comme Lance et Froome. Là, c'est au feeling, sur le terrain, sans regarder ton compteur. Tu montes une bosse *piano*, *medio*, *soglia*, trois fois. Arrivé en haut, tu évalues tes sensations avec une note de 1 à 10. Tu prends aussi tes lactates. Beaucoup font ça sur le col de Rates à Calpe, sur la Costa Blanca. Là, tu sais ! Tu analyses. Le lendemain, tu scotches un papier sur la potence de ton guidon avec dessus tes zones d'entraînement avec tes fréquences cardiaques ou tes watts, avec des couleurs. Quand tu pédales, ces données s'affichent instantanément sur ton compteur. Tu sais comment t'entraîner, combien de temps et à quelle intensité, en fonction de ton objectif. Tu te repères aux couleurs de ton écran : en vert la zone de foncier, en jaune le *medio*, en rouge le *soglia*. Et en violet, la « *target zone* », ton objectif.

Par exemple, le mec qui est défaillant ou saturé parce qu'il en a trop fait, sa zone violette est dans l'endurance pure parce que sa courbe est montée trop vite trop haut. Ceux qui sont prêts peuvent travailler en haute intensité pour améliorer les finishs, en résistance. Quand j'ai commencé à faire ça, ça a changé beaucoup de choses pour moi. Ça m'a énormément apporté. J'ai compris, j'étais serein. Je marchais quand je voulais, où on me demandait. Ça m'a boosté. Et les entraînements étaient dix fois plus ludiques que de « borner ». Avaler des kilomètres, des bornes, quoi. Les discours n'étaient plus les mêmes. En face de moi, ce n'étaient plus les mêmes personnes… et plus les mêmes regards. Et puis j'ai découvert que l'on pouvait aussi travailler des exercices différents avec du neuromusculaire, de la biomécanique ou de la technique plutôt que du physique, en sachant chaque fois ce que tu allais faire plutôt que de regarder dehors et de te dire : « P….., il fait froid et il va pleuvoir, je vais rester au lit ! »

En vélo, il y a trois indicateurs principaux. Cadence de pédalage, fréquence cardiaque et puissance associée. C'est le principe de l'entraînement inculqué aux nouvelles générations de coureurs. La vieille garde, qui tient encore les rênes du management, est poussée au cul par les jeunes, qui ont été habitués à bosser comme ça et entendent bien continuer. Les jeunes sont curieux, ne se dopent pas tout de suite, et s'intéressent à ce qu'ils font. À la limite, ce sont les entraîneurs des équipes pros qui, de manière bidirectionnelle, s'adaptent aux besoins, exigences et outils que leur donnent les jeunes qu'ils recrutent. Comme des parents qui découvrent l'informatique grâce à leurs enfants qui surfent dès le collège.

Il arrive même que certains jeunes soient fiers de faire ce boulot. L'un d'eux est arrivé cet hiver au premier stage de la saison avec un bronzage incroyablement marqué aux cuisses, aux bras, au cou, comme si on était en plein été et qu'il venait de terminer le Tour de France. Je lui ai fait remarquer. Il m'a répondu :

– Ben oui, j'ai fait des UV avec mon cuissard et mon maillot, j'aime bien.

Il est rasé de près, de partout. Moi, quand j'arrêterai, je me laisserai pousser les poils des pattes.

Ce sont des jeunes comme lui qui ont apporté aux coureurs plus âgés et à leur staff, même composé de scientifiques ou de pseudo-universitaires sans expérience de terrain, les idées, la méthode, le lien entraîneur-entraîné. Tout n'est pas rose pour autant. Parfois, un maquignon diplômé décroche la timbale et se fait embaucher comme entraîneur, parce que le boss, un financier qui n'y connaît rien sauf en pognon, l'a pris en amitié et s'est fait berner sur ses compétences. Le gars se pointe uniquement sur les grands objectifs, juste avant la course, et ramène sa science. Comme il a autorité et qu'il faut obéir parce que c'est le pote du boss, tu peux te retrouver à faire n'importe quoi sur un échauffement pendant plus d'une heure, à des puissances beaucoup trop élevées pour toi, uniquement parce qu'il te l'a demandé. Résultat, tu te crames, tu prends le départ vidé de tes forces et tu perds une minute et demie par tranche de dix kilomètres en contre-la-montre. Je le sais, ça m'est arrivé.

L'entraînement, c'est un dosage subtil qui doit être individualisé. Il n'existe pas de semaine-type, avec par exemple récupération le lundi, musculation sur le vélo le mardi, grande sortie le mercredi, derrière scooter i3 le jeudi, home-trainer à jeun en hypoxie avec intervalle training i4 le vendredi, déblocage le samedi veille de course, et épreuve le dimanche. Il existe des lève-tard, des lève-tôt, des gars qui ont besoin de repos là où d'autres ont besoin de suer pour récupérer activement… La base, c'est de connaître parfaitement son coureur, toute l'année, de bosser ensemble, mais pas comme les autres le font. Certaines équipes sont très fortes pour faire semblant d'appliquer ce concept et montrent qu'elles bossent à longueur de reportages télé, alors que tout le monde sait que dans la réalité, c'est le vide sidéral côté conseils d'entraînement qui ont du sens. Ce que je préfère, ce sont les diplômes sur les cartes de visite. En anglais, sur trois lignes, pour certains entraîneurs ! Mdr.

Avant un championnat du monde, par exemple, beaucoup de coachs nationaux faisaient faire sept heures de vélo à leurs coureurs à J-4, le mercredi. Ça ne se passe plus comme ça. Ils faisaient appliquer ce qu'ils avaient fait eux-mêmes, mais le réservoir rempli à ras-bord d'EPO. À la limite, avec ce qu'ils avaient dans le buffet, ils auraient pu rouler la nuit. Au bout de deux heures et de 2000 mètres de dénivelé, les gars non dopés étaient cramés dès le mercredi. Laurent Brochard, lui, avant son titre mondial en 1997, avait fait deux heures. Ceux qui marchent font à leur sauce. Copier-coller les méthodes d'entraînement des mecs qui se sont lourdement chargés, en zappant tout ce qu'ils oublient au passage, comme la préparation médicale par exemple, ça ne passe plus. Même dans leurs commentaires, puisqu'ils sont aussi commentateurs de courses, ça transparaît qu'ils n'ont pas les bons repères. C'est affligeant.

Les nouvelles méthodes m'ont apporté plus de plaisir, plus de fun. Avec un bon suivi d'entraînement, des objectifs clairs et des exercices dont tu comprends le sens, tu passes sans souci de 28 000 à 32 000 kilomètres par an. Tu ne t'ennuies presque jamais sur le vélo. Psychologiquement, c'est moins pénible, moins dur, d'autant plus que tu peux aussi travailler avec le vélo de contre-la-montre. On peut aussi faire du sous-bois, en VTT ou en cyclo-cross, même en saison, ça fait bosser les intensités. Si on ajoute à ça du gainage et des massages, on est bien.

Les nouvelles normes UCI imposent qu'il y ait un entraîneur pour six coureurs. Dans la réalité, certains ont le diplôme mais n'exercent pas, ou mal. Les compétences de terrain manquent cruellement. Cela viendra peut-être. Ceux qui ont le pouvoir restent malheureusement toujours les maquignons du dopage ou les scientifiques des microdoses. Pas les entraîneurs. Le meilleur entraîneur du monde n'est rien face au petit médecin qui connaît son affaire et qui bénéficie d'une aura, hélas.

AÉRIEN OU TERRIEN ?

Certains résistent au changement, et continuent vaille que vaille de s'entraîner à l'ancienne. Et parfois, ça marche ! Mais c'est toujours pareil : avant de porter un jugement, il faut voir la posologie derrière. Je connais des gars qui s'entraînent en roue libre, sans outil de repérage ni d'évaluation, sans méthodologie, libres de faire des sprints quand ils le sentent, et qui performent quand même.

Un autre écueil fréquent est de vouloir imiter à tout prix son leader, comme si le fait qu'il soit le mieux payé de l'équipe justifiait qu'il soit un modèle en toutes choses. S'inspirer de sa science infuse. Mais essayer de copier la survélocité à 120 rpm d'Armstrong, c'était se cramer et s'enlever nos qualités naturelles de force ! Certains sont terriens et doivent écraser les pédales, d'autres sont aériens, et le coup de pédale n'est pas le même. Certains sont posés haut sur le vélo et pédalent dans l'axe, donc leur coup de pédale est rond. D'autres n'ont pas besoin de se forcer à remonter le talon entre les points morts, car c'est naturel. Mais non ! Il faudrait que l'on pédale tous pareil. On va se mettre à rouler les bras écartés comme Froome, tiens !

Croyance-imitation. Des pensées qui s'installent de manière empirique dans un état d'esprit et déterminent la norme. Je répète qu'à la base, c'est quand même un sport d'endurance où l'essentiel est d'enquiller des bornes ! Un mec à

15 000 kilomètres d'entraînement, c'est niet. Il faut savoir qu'on s'entraîne beaucoup plus qu'avant, tout en faisant moins de jours de courses (quatre-vingts en moyenne, alors qu'avant on pouvait parfois monter jusqu'à cent vingt), avec des plages d'entraînement plus longues. Mais là encore, pas de certitudes ! Qui peut bien s'entraîner sans courir ? Et qui peut arriver au top sans courir, mais sans tricher ? Rien ne remplace la compétition, non ?

Qu'un Colombien comme Quintana puisse se friser les moustaches sur un grand Tour juste parce qu'il est parti dans sa pampa à 2 500 mètres d'altitude pendant deux à trois mois (!), je n'y crois pas. C'est trop beau, ça cache forcément quelque chose. Sur un grand Tour, il faut de la fraîcheur, d'accord, mais une belle course par étapes avant, de sept à dix jours, c'est quand même utile pour le rythme ! Peut-être que je me trompe et que c'est possible. Mais quand même ! Dominer le paquet dans un talus ou dans un col dès le deuxième jour, ça nous fait bizarre… Si tu ressors d'un grand Tour dans un état correct, l'apport pour ta condition physique ensuite est phénoménal. Tu es au-dessus des autres. Là, je suis d'accord.

On parle des « bien nés », des doués, moi je veux bien, mais la vérité, c'est que l'entraînement a tout nivelé par le haut et émoussé ce concept hérité du vélo de tonton. On ne dit plus : « Il a la classe, ça suffit ». La bonne équation, c'est : Talent + Travail > Classe !

C'est sûr que le « bien né » qui travaille, il devrait dominer son sujet. Mais comment faire le tri entre le bon grain et l'ivraie ? Avec les tests, le suivi et le profil. En général, ce qu'on observait, c'est qu'un coureur qui combinait le talent ET la classe était moins bosseur. Depuis 2010, il est possible de marcher toute l'année, mais pas au-dessus de tout le monde. Gagner Tirreno-Adriatico, le Dauphiné, le Tour, le Mondial, OK. Mais tout, comme Wiggins, Froome ou Valverde, non ! Il faut au moins quinze jours à trois semaines de récupération-adaptation-assimilation. Un coureur qui marche en février au top mondial, qui court beaucoup, il ne doit pas être sur le podium du Tour. Il a de la concurrence, ce n'est plus comme au temps d'Hinault. Parce que le vélo de haut niveau, c'est dur ! Même s'il paraît que nous serions des « géants de la route ».

TAPAMALAUKU ?

– C’est dur, le vélo ?

Dans le public, dans nos familles, chez les journalistes, on a tous des « pompes ». Les pompes ? Tout le monde a déjà actionné une pompe à vélo, et tout le monde connaît son petit bruit caractéristique : *pffffff*. Et bien, c’est pareil. Les pompes, ce sont celles ou ceux qui nous « gonflent ». Avec les questions qui ne sont pas des questions :

– Ben dites donc, c’est dur le vélo ! C’est le plus dur des sports, que vous faites !

Mais la première question, ce n’est pas celle-là. D’abord, si tu es en France, on te tutoie, forcément. Un gars vient te parler, un peu comme si tu étais en soirée, avec *Tourner les serviettes* de Patrick Sébastien qui chauffe la salle. Il s’approche avec son gamin dans les bras, te regarde par-dessus ses lunettes et demande :

– T’as pas mal au cul ?

La première fois que j’ai entendu ça, je me suis fait traduire et j’ai ri toute la course. C’est facile, en plus, pour un étranger, de prononcer

« tapamaloku ». Sauf le « u » qui fait « ou », dans certains pays. Il enchaîne par :

– Je ne sais pas comment vous faites ! C'est normal que tu te dopes, parce que c'est trop dur ! C'est pas possible de tenir trois semaines en faisant deux cents kilomètres tous les jours. C'est dur !… Tapamalauku ? Moi, des fois, je vais à la boulangerie. Ça fait facile trois kilomètres. Des fois je vais à pied par vent de face…

Alors, à tous les « tapamalauku » je réponds que c'est un sport d'hommes (et de femmes qui pédalent). Qui demande du courage pour repartir sans cesse le lendemain, remettre les compteurs à zéro, ne pas se reposer sur ses acquis, qu'on perd très vite. Il faut prendre tous les jours le vélo, qui est ton outil de travail, comme une pioche. Tu peux rentrer d'une séance de cinq heures, après t'être répété « Plus jamais ça ! » pendant les deux dernières. En hiver, les mains, tu ne les sens plus. Tu as le nez gelé, le vent dans la gueule, il pleut, tu es trempé. En termes d'équipements, même si d'énormes progrès ont été faits, rien ne protège vraiment. C'est l'horreur. La chaleur, certains aiment. D'autres pas. Chaud, froid, pluie, vent, tu es souvent dans l'extrême. Tu frôles sans cesse tes limites. Tu essaies d'expliquer ta fatigue à tes amis, à « Joe Public », aux gens normaux, mais eux te répondent : « Moi, j'ai fait huit heures ». Tu es cramé, tu as mal partout, tu as consommé 5 000, 6 000, 7 000 kcal quand eux en ont dépensé 2 500, tu finis cadavre dans ton canapé, et la douche, au deuxième étage, tu as du mal à y aller ! Il te faut un quart d'heure pour te poser, groggy, avant de pouvoir mettre un pied devant l'autre. Après, tu n'as qu'une envie : un survêtement, tes pantoufles, un pull chaud. Le soir, tu n'as plus ni la foi ni la niaque, ne serait-ce que pour aller faire une course. Alors pour aller chercher tes mômes à l'école, encore moins !

Le lendemain, tu as beau souffrir le martyre, il faut recommencer. En compétition, c'est différent. Tu es porté par l'adrénaline. Tu as envie de combattre et de mettre à profit ce que tu as fait à l'entraînement. C'est la récompense du guerrier. Tu es massé, on s'occupe de toi, on t'assiste. Et puis tu ne t'emmerdes pas, c'est rythmé. Bon, c'est un peu moins vrai maintenant que tout est stéréotypé. Mais mettre un dossard, c'est grisant. Quand, pour la présentation avant le départ, je passe sur la Grand-Place de Bruges dans ce tunnel de spectateurs qui connaissent tous les noms des coureurs qui vont faire le Tour des Flandres, j'ai des frissons de bonheur.

Le moment qui peut être pénible, c'est entre les compétitions. En particulier l'hiver, à l'entraînement. Mais on dit que c'est en hiver que se gagne une saison, et c'est vrai. Si tu es dans une région où il fait froid et où il pleut, tu vas souffrir. Et si on te dit : « Tu pars sur la Costa Brava avec Manuel Sanchez de la Costa » ? LOL. Là-bas, on bosse, on monte dix fois le talus ! Tu es prêt à « cracher ta race », et tu recommences. Là-haut, pas une miss, pas un sou à gagner, pas un bouquet de fleurs, rien de valorisant pour se faire mal. C'est dur physiquement, oui. Mais psychologiquement, c'est sans doute plus difficile aussi, surtout quand ça ne va pas.

Tout coureur fait des mini burn-out et des bore-out. Notamment quand tu as l'impression d'avoir fait ce qu'il fallait et que ça part en vrille ou à l'envers. Le vélo n'est pas une science exacte. En contrepartie, plus tu roules, plus c'est facile. À des intensités cool, on pourrait faire trois cents kilomètres par jour tous les jours. Les organismes les plus entraînés sont les plus reposés. C'est terriblement ingrat. Quand on coupe pendant trois semaines, ce qui est dur, c'est qu'à la reprise on fait trois heures et on ne s'imagine même pas être capable de faire cinq heures. C'est avant tout un sport physique. Trois mois d'arrêt complet sur blessure, c'est six mois en solo pour retrouver ton niveau d'avant ta blessure. Ça revient, mais c'est « une adaptation biofonctionnelle endorphine », m'a dit un jour un docteur.

Le cycliste est souvent stressé. Moi, en tout cas, je le suis. Vous n'imaginez même pas le nombre de fois où je vais aux toilettes avant le départ d'une grande course.

Et puis j'ai peur, aussi.

PARIS-ROUBAIX, C'EST FUN

Nous ne sommes plus les « forçats de la route », comme l'a écrit Albert Londres en 1924. Bien sûr, certaines courses sont difficiles : tous les kilomètres ne se justifient pas toujours, des bosses pourraient facilement être évitées. Mais ce n'est jamais monstrueux, et d'ailleurs on repart tous le lendemain. Paris-Roubaix, par exemple. Ce n'est pas inhumain si tu es préparé. C'est même une des courses les plus fun du calendrier. C'est une course différente, avec une histoire. Et puis de toute façon, on aime les courses dures. On prend notre pied. Le truc, c'est qu'on aime se faire passer pour des mecs un peu inhumains. Les navigateurs qui vont aller aux Jeux de Rio pour les épreuves de voile, dont on entend beaucoup moins parler, ils font aussi leurs mille heures annuelles sur l'eau à l'entraînement. Par tous les temps et pour un seul et unique objectif : six jours de régate.

Nous, les cyclistes, on aime ça. On est hors normes, certes. Cela impressionne parce que ceux qui ne pédalent pas ont mal au cul au bout de cinq kilomètres, parce qu'ils ont du mal à rentrer de la boulangerie quand le moindre faux plat les essouffle, avec les cuisses qui crient. Mais ce n'est pas dur. Sauf par moments. Sur une étape plate au Tour, ta fréquence cardiaque est plus basse que celle du moindre téléspectateur qui s'excite dans son canapé. Et puis on a des compensations, et le plaisir d'être payés pour courir. Une fois le travail fini, c'est cool. Ce n'est pas une vie difficile, c'est juste un sport difficile qu'on aime… parce qu'il est difficile et qu'il n'est pas à la portée de tout le monde.

C'est dur de faire du vélo, mais ce n'est pas dur d'être coureur cycliste. On n'est pas à plaindre, loin de là, même si on fait notre tête de cocker. Le truc qui peut nous mettre en rogne, c'est la sécurité. Parfois, c'est du grand n'importe quoi. La neige, la pluie, le brouillard… Le vent aussi, qui peut nous coucher sur la route dans nos éventails, une organisation collective qui nous permet d'avancer plus vite et mieux, comme les oiseaux migrateurs. Au Giro, où on arrête rarement les courses, il y a eu des arrivées terribles au Tre Cime Lavaredo. Avec dix centimètres de neige sur le casque. Mais pas pour les leaders devant, pour le gruppetto des lâchés, arrivés quarante minutes après avec un mètre de neige, au mois de mai !

Le vélo a sans doute besoin de ces épisodes-là trois ou quatre fois dans l'année sur cent jours de compétition, pour entretenir le mythe de la difficulté extraordinaire. Je dis bien la difficulté, pas la dureté. Un arbre qui s'est couché sur le bord de la route, avec des cyclistes qui passent à côté en se penchant, un coureur jaune fluo qui passe sur la neige, une chute avec du sang sur un pavé ou dans un sprint après une étape de cinq heures où rien ne s'est passé… La dramaturgie fait partie de notre sport, et les spectateurs l'attendent. Sinon, ils nous regarderaient jouer au ping-pong ! C'est peut-être pour cela qu'ils autorisent toujours l'usage du Tramadol, pour qu'on chute, pour le spectacle ?

Andy Hampsten, le premier Américain qui gagne un grand Tour, le Giro, sous la neige, c'est un mythe ! Ce sont ces histoires qui marquent les esprits. Les nôtres aussi. Dans l'épreuve des Strade Bianche en Italie, sur des chemins de terre, la course se finit par une bosse terrible. Tu en as bavé en ayant l'impression de rouler au milieu de nulle part. Tu ne sais plus où tu habites. Tu es lâché, avec des coureurs espacés de trois cents mètres que tu ne reconnais pas, que tu doubles ou qui te doublent. La ligne franchie, tu es défoncé. Le soir, tu regardes les photos. Tu te dis « P….., j'ai crié *va fanc*... toute la course », mais tu es fier d'en avoir fait partie. La neige, la terre, les pavés, la pluie démentielle, les Flandres avec de la bière dans la tête, six cols dans la journée : on est fiers. Dans une de mes premières courses « chantiers » de cadet, j'ai fini épuisé et loin des meilleurs. Alors que j'étais terriblement déçu et au bord des larmes, un papy s'est approché de moi et m'a dit :

– Tu sais, minot, c'est pas grave. Au contraire, tu peux être fier d'avoir fait ça. Bravo ! L'année prochaine, ce sera toi, devant !

Ce sont des mots simples, et le sentiment légitime de fierté, qui te réconfortent. Un bravo. Le vélo a beaucoup perdu de son charme et vit dans sa nostalgie. La faute aux Anglais. Vis-à-vis des spectateurs, il a perdu en mystère ce qu'il a gagné en communication. On sait tout. On voit tout. On sait à l'instant T où s'entraîne le coureur X. La triche ? N'en parlons pas : on a quitté l'ère des secrets et des rumeurs pour entrer dans l'ère des perquisitions. Hier, c'était : « Aaaah tiens, l'autre il aurait fait ça là ! » Aujourd'hui, c'est Strava, ce logiciel plate-forme où tu peux déposer toutes tes courbes en temps réel, internet, les réseaux sociaux. Un coureur fait cinq heures. Il est content, il tweete avec un selfie de lui et de son compteur affichant cinq heures, ses watts, sa vitesse. C'est une forme d'intimidation, aussi. Beaucoup se servent de ces outils pour montrer six heures, sept heures, etc. Avant, on faisait tourner la roue avec un jet d'eau pour que le compteur marque trente kilomètres en plus. Ou bien on ne remettait pas son compteur à zéro et le tour était joué sur la photo du lendemain, les bornes étaient cumulées. Ça en impose.

La mythologie s'étiole aussi avec les affaires de dopage. Ça me fait penser à cette contrepèterie française : « Les mythes nous abusent ». Les gens viennent sur le Tour en se disant : « Bon ! On va suivre le Tour avec notre camping-car. D'accord, ils sont tous dopés, mais ça fait partie du patrimoine ! » Mais le public a de moins en moins confiance dans les hommes, et encore moins dans leurs exploits. On n'a plus de héros ! Certains coureurs ont la personnalité, l'histoire et le charisme qui pourraient leur permettre de le devenir. Mais on les étouffe, on ne veut pas leur accorder le statut que, pourtant, ils méritent. On ne nous laisse plus nous exprimer, ni physiquement, ni oralement. Virenque avait un double visage. Simple, presque analphabète, petit moteur boosté, mais fier, orgueilleux et sympathique quand il était seul, comme tous les coureurs. C'est en groupe que ça se gâte.

Les médias se sont empressés de glorifier ce bon client. C'était facile et il aimait ça. Tant qu'on ne le savait pas, il faisait rêver. Quand on l'a réduit à un garçon qui avait quitté le collège sur un coup de poing qui lui avait cassé le nez, un garçon qui avait pris 500 doses EPO, ça a refroidi tout le monde. Même les journalistes qui prenaient du pot belge avec lui dans les fêtes. Individuellement, je sais que je suis charmant aussi. En groupe, j'ai parfois été horrible. Je le sais aussi.

ÉLÉMENTS DE LANGAGE

Le vélo fait rêver ? Les idoles, ça existe encore ? Quand tu ne sais pas ce qui s'y passe, oui. Les vedettes anciennes d'avant les affaires, Virenque, Jalabert, Cipollini, Chiappucci, Contador, Lance, Museeuw, Ullrich, ont pu sembler avoir du panache. Mais maintenant, il n'y a plus ni stars, ni chefs. C'est aseptisé. Tu es cadré, canalisé, tu obéis à un attaché de presse hystérique. Comme l'entraîneur qui doit justifier son boulot, il verrouille tout. Tu es surveillé toute la journée. À l'entraînement. En course. Tes performances sont scrutées. Avec le logiciel ADAMS, tu dois fournir des éléments de traçabilité. Sauf Quintana en Colombie. La poésie, c'est fini. Les poètes aussi. Tu ne peux plus rire franchement. Dans certaines équipes, ils font même des « conseils de classe » : l'encadrement note les coureurs dans plusieurs domaines. Tu es infantilisé. Tu es dépendant des autres, de leur bonne volonté. Tu n'as plus les pieds libres.

Même des Belges qui ont connu la grande époque, comme Tom Boonen, dinosaure star dans son pays, n'ont plus les mains libres. Tu fais du média-training. En stage de début de saison, on t'apprend les mots-clés à replacer dans tes interviews, et à quelle fréquence. Bourrage de crâne. Chaque équipe a son slogan : *Live your dream* ou *Our way*. Vis ton rêve, suis ta route. Toujours en anglais ! Sur les réseaux sociaux, qu'on te suggère vivement d'utiliser, mais à bon escient, il faut le replacer le plus souvent possible, avec un hashtag :

#ourway #faiteschieravecvosmachinscestmemepasvraionvousbernemaisachetezlemaillot.

Le nom du sponsor, c'est pareil, il faut le placer systématiquement, et de manière positive bien sûr, en remerciant l'équipe même s'ils t'ont fait des crasses. Pendant les stages, une brochette d'intervenants nous apprend à communiquer. Ils se ressemblent tous : ils ont les épaules minces et s'habillent italien. Parfois, c'est l'attaché de presse qui s'y colle, avant de grappiller en partant tout ce qu'il peut ramasser de gratuit. Une fois qu'on a les éléments de langage et de com', on est parés. Pour les questions pièges sur le dopage par exemple, on sait qu'il faut dire :

– Nous, dans notre équipe, on a cette philosophie et cette culture de l'entraînement, du suivi d'homme à homme. On est une grande équipe qui vit sereinement et humainement.

Faut parler de l'humain. Trèèès important de placer « humain ». Et « valeurs ». Ouh là là, valeurs ! C'est dur à placer et à comprendre. Faut pas parler de science, de produit, pas prononcer le mot

« excité ». Faut placer les mots magiques, comme « motivation ». On ne dit pas : « Je suis remonté à 200 % aujourd'hui », mais « Je fais confiance à notre cohésion ». Pour les partenaires, c'est pareil. Le manager appelle un scientifique, qui vient avec un fatras d'appareils et d'écrans d'ordinateurs. On place des capteurs partout, puis on pédale devant les partenaires et la presse. On fait ça aussi dans les tunnels de vent, pour mesurer l'écoulement de l'air et notre coefficient de pénétration dans l'air. Le soir, le scientifique repart.

– Pourquoi il était là le monsieur avec une mèche et une blouse blanche et des capteurs ?

– L'équipe a deux télévisions dont un reportage d'avant Tour et trois articles dont deux magazines. Et on a accroché un sponsor complémentaire.

– Ah ! Ok ! Alors on n'est plus obligés de pédaler pliés en quatre comme tout à l'heure devant les télés ?

On ne peut plus dire non plus : « P….., la roue, elle touche ! C'est un vélo de m…. » Et puis ce mot : « collectif », à placer, quelle galère ! Si tu gagnes, tu ne dis plus : « Je me sentais le plus fort, et j'ai gagné », mais : « Mon équipe m'a beaucoup aidé, sans mes partenaires je ne suis rien ». Il faut éviter aussi de remercier les « soigneurs ». Ton discours est lyophilisé. Quand, par malheur, tu veux parler librement, un attaché de presse qui traîne dans le coin et qui écoute coupe l'interview si la question ne lui plaît pas. Sur les gros événements, passer en direct n'est même plus envisageable.

J'ai connu le passage de la ligne d'arrivée entouré de quinze journalistes. Ça pouvait durer trois quarts d'heure, ce qui faisait le charme du vélo. Le coureur accessible, c'est fini. Aujourd'hui, c'est l'attaché de presse qui filtre et fixe les rendez-vous. Même des gamins spontanés et frais comme Barguil, si un journaliste de presse spécialisée en matériel de vélo l'appelle, il te renvoie à « De Geert », l'attaché de presse néerlandais, pour une simple question, à laquelle il aurait pu répondre en toute décontraction. Et il passe le triple du temps à établir les contacts.

ON NE PEUT PLUS JOUER À SE MENTIR

Avec les magazines, tout est formaté. Les questions sont envoyées, triées par le staff, et les textes doivent être rédigés et transmis avant publication pour validation. Il n'existe plus de spontanéité ni de sincérité. Ni de mensonge en face. Parce que c'est génial aussi de mentir à un journaliste qui sait que tu mens. Parler en *off* à un journaliste, ça ne se fait plus. C'étaient pourtant les seuls moments de sincérité, et on savait que ça servirait plus tard. Aujourd'hui, on a peur de parler et on nous empêche de parler. C'est très mal vu d'avoir un pote journaliste. Dommage : le sport, le panache, l'excitation de l'événement, nous les écrivons aussi, à notre manière.

En course, c'est la même logique. Plus d'exploits, mais des exploités castrés. Tout est décortiqué et planifié. Une star, c'est secret. D'ailleurs, il ne faudrait jamais rencontrer ses idoles. Les miennes, je les ai vues. Des hommes ou des femmes avec des défauts, alors qu'ils auraient dû être parfaits. J'ai été déçu. Un coureur devrait être aussi accessible que certains sportifs d'autres disciplines. On nous demande d'être populaires, de passer pour des mecs francs et les plus naturels possible, « proches des gens ». De ne pas avoir de casque sur les oreilles quand on arrive sur les courses. D'aller à l'encontre de ce qui se passe dans le football. De rester simples. De ne jamais parler d'argent. De jouer à fond notre rôle de forçats de la route, à l'ancienne.

Mais on est tellement limités dans ce qu'on peut dire, stéréotypés-lyophilisés-cadrés-formatés, qu'on donne dans l'encéphalogramme plat. On ne peut pas être rock, ou avoir un jean troué, ce n'est pas bien vu. Les mecs qui sortent du rang, ceux qui peuvent se permettre de faire des écarts sur le look et dans leur manière d'être parce qu'ils gagnent des courses, dès qu'ils sont en perte de vitesse, on leur met leur personnalité rebelle sur le dos. Tu parles ! Ce n'est pas parce qu'autour d'eux on n'a pas bien fait le travail, ou parce qu'ils vieillissent. Non ! C'est forcément de leur faute. On leur impose de gommer ce côté « en marge ». Ceux qui ont la réputation de dire ce qu'ils pensent, et qui sont reconnus pour leur singularité, leur différence en dehors du vélo, sans pour autant être nécessairement grandes gueules, sont brimés d'entrée dans leur nouvelle équipe. On leur dit qu'on prend le bon coureur, mais que le reste, on n'en veut pas. Est-ce qu'on me l'a dit ? Je vous laisse deviner.

Histoire de bien montrer qu'on n'a pas de personnalité, pas d'aspérité, on est tous habillés pareil, avec un dress code, le jogging de l'équipe à tel moment, la casquette de la marque qui va bien, la veste pour les grandes occasions, et on répète tous la même chose, comme des robots. C'est très ch…. Le pire, c'est que ça se passe pareil sur le vélo, maintenant. Si on ose laisser parler nos jambes en course, on a droit à l'oreillette. À tel moment, tant de watts, rouler pour Duchmol, s'écarter à tel endroit, mettre les mains en haut du guidon, courir ensemble à droite ou à gauche, penser au « collectif ». Exit le panache. Tu ne peux plus attaquer et parler avec tes cannes à soixante-dix kilomètres de l'arrivée, ni raconter que tu as vu des choses bizarres. Tu n'as pas le droit. Alors tu fais comme les autres. Tu écoutes sagement ce que ton manager te dit : « Je paye un gars deux millions d'euros. Toi, tu es à 100 000. C'est sur lui qu'on fait notre campagne. Tu roules pour lui et tu fais ce qu'on te dit. Point. Tu n'es pas content ? Tu ne cours pas. Tu roules pour ceux qui sont sur le poster. »

TOURNER LES SERVIETTES

On trouve toujours des rigolos pour mettre l'ambiance. Mais aujourd'hui, c'est mal vu. Tout est orienté sur ce qu'on risque de penser de toi. L'image. Un manager ou un directeur sportif n'arrivent pas à s'imaginer qu'un gars drôle puisse devenir sérieux au moment de faire son métier. C'est triste. On dirait qu'ils confondent leur ennui avec le sérieux, et le sérieux avec la gravité. C'est à ce point. Sagan, il fait le show, il est moqueur. Il est charismatique. Frais, mais pas drôle. Je l'aime bien, mais c'est purement marketing, c'est organisé par son équipe. Les posts de ses vidéos sont faits à grand renfort de budget, frôlant souvent la caricature, mais l'objectif est d'impressionner, pas de faire rire. Même son pince-fesses à une miss sur un podium était un show, déplacé celui-là. On l'encourage à aller dans cette direction. Il est champion du monde ! Mais le jour où il ne sera plus performant, on lui dira : « C'est à cause de toutes tes conneries, arrête tes *wheelings* et pédale ! »

Le clown, c'est pareil. Il ne fait pas le métier. Aujourd'hui, il faut rester dans les cases et respecter les codes : sec, maigre, en jogging officiel, pas de signe apparent de différence, pas de tatouage trop visible. Si tu es rasé avec la boucle d'oreille, c'est non. Tu ne passes pas. Tu n'es pas sérieux. Si tu es bien coiffé, la mèche sur le côté, c'est oui. On se fait ch… à table. J'ai connu le temps où c'était celui qui ne déconnait pas qui était bordure. Ça s'est totalement inversé avec la nouvelle génération téléphone portable. Contador, Froome, Armstrong, Pinot, Bardet, Zülle, Jalabert, ce ne sont pas des drôles. Les frères Schleck, comment tu te fais chier avec eux ! Nibali ? Un triste. Les Français qui sont rigolos et qui sourient, comme Warren Barguil, je mets ma main à couper qu'ils auront à en souffrir un jour et ne seront plus crédibles dès qu'ils iront mal.

Interdiction de rire, d'avoir la banane : c'est signe de nonchalance. Si tu as perdu une course et que tu souris le soir, ce n'est pas normal. Ce n'est pas sérieux. Le pire, c'est que dans l'encadrement, c'est pareil. Le mécano, il doit serrer les boulons parfaitement, point. Pas de cambouis sur les mains, habillé propre à table, pas de bruit. On ne boit plus un coup entre équipes avec des éclats de rires pour des conneries de potache. Basta. « Tu l'as vu ? Quoi ? Mon cul ! » Plus jamais ça ! Tu passes pour un guignol. À table, ce sont parfois quatorze personnes qui regardent les écrans de leurs quatorze téléphones, et se lèvent au bout du énième sms. Triste. Après, chacun remonte dans sa chambre, analyse ses données, surfe sur le milieu, sur soi, passe un coup de fil à bobonne, un verre de lait, une claque sur les couilles, lumière éteinte à 23 heures. On ne traîne plus. Il y a une telle tension ! Sinon, c'est concert de ragots ou de médisances. Si on parle aux adversaires, c'est qu'on va trahir ou signer un autre contrat.

Il n'y a plus de chaleur dans le vélo. Plus d'humain. Nous n'avons qu'un seul endroit de (relative) liberté d'expression où nous nous retrouvons tous : le troquet du paquet. Où l'on est parfois deux cents au bar. Venez, c'est moi qui régale.

RADIO PELOTON

Les codes sont variés au sein d'un peloton. Cela parle beaucoup. Souvent, on fait cinq heures, voire plus, en paquet. Le peloton, on appelle cela le paquet. Ce n'est pas forcément entre nationalités différentes qu'on discute. Moi, je suis polyglotte-trotter. J'essaie de parler avec pas mal de collègues. Le propos est souvent banal. C'est l'étape de la veille ou celle du lendemain, les sensations. Parfois, on recroise d'ex-équipiers, on parle de nos vies, de nos enfants, de nos souvenirs, du programme de courses à venir. Ça peut devenir sympathique. Mais dès que ça se crispe, que la course se lance, ou lors des grosses courses, on ne papote plus. L'oreillette nous rappelle à l'ordre, comme si on se faisait tirer l'oreille. Certains directeurs sportifs, s'ils ne parlent pas dedans, ils ont l'impression qu'ils ne servent à rien. On les appelle les chauffeurs.

C'est vraiment un truc pas indispensable, l'oreillette. Si on se parlait le soir à table et que tout le monde ne se barrait pas chacun dans son coin sur son ordinateur, si on avait un vrai leader, un manager qui a de l'esprit, un directeur sportif qui force sur le vin rouge de temps en temps et qui se lâche, si on communiquait, on n'en aurait pas besoin. Dans les équipes à fort effectif, certains coéquipiers, tu ne les croises jamais sur une saison ! Ils font un autre programme de courses que le tien et sont spécialisés. Il existe bien ces nouveaux stages d'intégration à la mode, mais certains alliages ne peuvent se souder si le chalumeau a la flamme d'un briquet.

Le pire, c'est dans les grands Tours. On est neuf, mais parfois certains ne se seront pas parlé plus de dix minutes en trois semaines. Sans atome crochu, on ne fait pas l'effort d'aller vers l'autre et… il y a les oreillettes. Le discours et la tactique passent, plus la peine de parler. De toute façon, on ne peut pas contester un ordre oreillette. Pas de révoltés du Bounty à vélo. Celui qui fait son cake, ou veut s'échapper sans consignes, il est dehors. Le soir, on mange dans son coin. Des amitiés se créent, pourtant. Disons des affinités. Plus ou moins durables et semi-professionnelles. On garde rarement de vrais amis. On croit que les amitiés sont profondes, puisqu'on se voit en-dehors du vélo, pour des fêtes, un barbecue. Nos femmes se rencontrent, certaines se lient et s'entendent bien. Disons qu'après quinze ans de carrière, tu comptes trois potes.

Des inimitiés, en revanche, on en compte davantage. En course, il y a les sanguins primitifs qui se tapent dessus. Mais après, c'est fini. On les connaît tous, les sanguins. Cavendish, Lobato, Rojas, Hunter, Napolitano : des gars un peu furieux, adorables, à la gâchette facile. Souvent, ce sont des sprinteurs, tendus à bloc. Des rivalités entretenues par les médias et exacerbées par les rumeurs. Mais l'inverse est vrai aussi : des mecs qui font les bisounours devant les caméras, mais qui ne peuvent pas se voir en peinture. Valverde et Rodriguez, c'est comique, on le sait tous. Ils se sourient mais, si on décode, c'est : « Pauv'con, je t'emmerde, tu m'as fait perdre des courses ». Ils ne se le diront jamais. Même si des journalistes en parlent, les tensions ne seront pas publiques. Ce sera étouffé. J'ai déjà félicité Lance ou Froome alors que je ne peux pas les encadrer. On est des bons faux-culs, quoi. Bon, être sur la photo du vainqueur du Tour, c'est toujours ça de pris !

Professionnalisme ET communication, implantation PUIS notoriété, ce sont les concepts commerciaux de LA boutique. On est loin des codes de conduite que j'ai connus à mes débuts. Mais on n'a plus de chef, sur le vélo, qui arrête le peloton parce que, quand il a envie de pisser, tout le monde pisse. Les chefs sont dans les voitures. Si tu bouges d'une oreille, tu as droit à ta leçon de morale : « Et l'image de l'équipe, tu y penses ? Tu ne peux pas faire ça, tout le monde te regarde ! »

Prenez les pseudo-grèves, par exemple. Il neige dans la vallée. Dans le peloton, on propose de neutraliser la course en attendant de voir quelle est la situation plus haut dans le col, vers 2000 mètres.

C'est la curée. Tu te fais insulter, quasiment savater, on t'accuse de ne penser qu'à ton intérêt personnel. Les morts de faim attaquent avant le sommet parce que leur directeur sportif leur a dit à l'oreillette que s'ils n'attaquaient pas, ils ne seraient pas payés ! Ce n'est pas le coureur qui décide, c'est le manager, caché derrière son micro. Tout le monde se tire dans les pattes. Si demain une équipe fait grève et ne prend pas le départ pour une excellente raison collective, les autres diront : « Ils ne partent pas, tant pis pour eux, tant mieux pour nous, huit ou neuf de moins ! »

La solidarité ? Aux abonnés absents. Les syndicats de coureurs font ce qu'ils peuvent, mais ils sont là pour aider à gérer l'après-carrière, à faire remonter des infos. Ils sont au courant de beaucoup de choses, mais ils sont impuissants. Ils ne décident pas. Ils redistribuent les infos aux patrons d'équipes, qui en font ce que bon leur semble. Au niveau international, on ne se voit qu'une fois par an. C'est à cette occasion que l'on nomme les représentants des coureurs. Comme par hasard, l'année où le Wallon Philippe Gilbert a tout raflé, on l'a nommé au CPA, l'Association des cyclistes professionnels. Sans élection, coopté par on ne sait qui. Tout ça, c'est du vent. On est dans une situation extrêmement précaire, mais personne ne fait rien pour nous en sortir.

Il faut dire que nous ne montrons pas beaucoup de conviction dans nos engagements, sur quelque sujet que ce soit. Ça n'aide pas. Dans l'action collective, pas de vilain petit canard pour se lever et s'insurger par rapport à telle ou telle prise de position. Rien n'est jamais franc. De même, on ne te dira jamais en face que tu ne gagneras plus une course, mais tu ne gagnes plus. Celui qui a raison, c'est celui qui gagne la course. Point. Et le lendemain, il sait qu'il perdra. Ce sont ceux qui ont la main sur les autres qui gagnent. Et ils se font copier. Regardez Sky : ça gueule à tout va à leur encontre, mais tout le monde les copie. Que Sky en profite tant que ça dure. Quand tu es en haut, tu ne peux faire qu'une chose : redescendre. Parfois, c'est brutal. Ils vont perdre. Il suffit d'ouvrir nos livres d'histoire pour le savoir. Depuis vingt ans, trois grands chocs ont eu lieu. Sismiques et récurrents. Comme les éruptions d'un volcan.

FESTINA 1998 :
ET UN, ET DEUX, ET TROIS ZÉRO

Marie-George Buffet, ministre des Sports du gouvernement français en 1998, le disait : « Ce milieu vit au-dessus des lois. Certains sont arrogants. » En juillet 1998, sur la route censée le mener au départ du Tour en Angleterre, à la frontière belge, Willy Voet se fait arrêter à ce qui aurait dû être un banal contrôle routier. Il est le soigneur associé au coureur chouchou du public, Richard Virenque, le leader, et surtout le chef de la « bande des barons », comme le peloton appelait l'équipe Festina. Le vélo est à son apogée. La barre des 100 000 licenciés a été dépassée à la Fédération française de cyclisme. Et un : « Ouvrez votre coffre ». Et deux : « Ils sont pour qui, ces produits ? » Et trois : le manager est menotté et embarqué par la police quelques jours plus tard au départ de l'étape de Cholet. Zéro : Festina est exclue du Tour en Corrèze, en Chiraquie, où le contre-la-montre qui devait asseoir la suprématie de l'équipe a quand même lieu. Le Tour – erreur – repart et finit en eau de boudin. Jalabert fuit en Suisse. Aucun coureur n'a le courage de dire que 100 % du peloton tourne à l'EPO, même pas Virenque qui restera dans le déni jusqu'au procès, en 2000, où, comme un petit enfant, il répondra au juge Delegove : « Vi, je m'a dopé avec de l'EPO ».

Le procès a été pédagogique et a montré l'étendue du dopage, devenu systématique au sein du peloton de haut niveau. Les médias ne retiennent que le « Vi » de Virenque et le « à l'insu de mon plein gré ». C'est pourtant une phrase qu'il n'a jamais prononcée ! Elle est sortie dans un sketch des Guignols de Canal+. Elle est plus vraie que nature, mais c'est une phrase fake.

Tout repart donc comme en 14. L'UCI, avant le Giro, avait pourtant mis en garde toutes les équipes lors d'une réunion officielle « conviviale » sur la dangerosité de la course à l'armement en disant : « Attention, les gars, Mauro Gianetti, avec un produit nouveau, il a failli mourir à l'hôpital ! »

De 1996 à 1998, Festina fut la plus belle équipe du peloton dans les courses à étapes, avec plusieurs coureurs taillés pour l'exercice. Dans le registre des classiques, l'équipe phare, c'était Mapei. Très spécialisée, mais avec peu de leaders. Chez Festina, le Suisse Zülle est embauché début 1998 pour gagner le Giro et le Tour parce que Virenque, aussi sympa soit-il, apparaît trop limité dans plusieurs domaines. Bruno Roussel, Breton intelligent, manager humain, qui est à la base un éducateur, est dépassé par le groupe des « barons » sur le Tour 1997. Cette même année, le Français Laurent Brochard est champion du monde. Festina prendra même la tête du classement mondial UCI en avril 1998. L'équipe possède une véritable aura, et certains spectateurs, de tout âge et toute nationalité, lui vouent même un culte. J'en faisais partie. Tout le monde voulait que Virenque, attachant, simple, le vrai coureur à l'ancienne, accessible, bien monté en sauce, gagne ce Tour. Une équipe qui bossait plus que les autres, et qui avait eu l'intelligence de recruter le premier diététicien et le premier entraîneur embauchés en tant que tels dans le milieu qui ne soient ni docteurs, ni anciens pros. Des stages de travail ou de reconnaissance des Tours où les femmes étaient invitées avec les enfants, des échauffements, une planification, de la science, des cardiofréquencemètres, des SRM, des mecs différents qui ne roulaient pas des heures et des heures comme les autres et qui avaient tous, même les équipiers, des objectifs planifiés un an à l'avance. Cette équipe était un mythe. Et l'ambiance qui transparaissait était celle de copains qui réussissaient ensemble en se marrant. Un collectif avec de la joie de vivre. Une équipe puissante, novatrice, mais en même temps, dès 1997, au-dessus des codes !

Sur le Tour, on savait que Festina allait illuminer la course, même avec les Telekom en face. Il leur arrivait de faire sauter les verrous dès le départ. Ils attaquaient sans relâche, pour essayer de renverser l'establishment. Ils ont dézingué Indurain en premier. Puis bousculé les codes des cyclistes, comme ceux d'Ullrich, déjà aseptisé. On savait que quelque chose se tramait. La meilleure équipe du monde était au-dessus de la mêlée, mais elle devint arrogante, puis trop dominatrice, puis la goule en avant. On se dit tous que c'est pour ça qu'ils sont tombés. À cause de leur arrogance. Comme Lance, en fait. Richard Virenque, Pascal Hervé, ils parlaient avec leur franchise. On était admiratifs. Qui n'a pas acheté le cuissard et le maillot Festina ? Ce sont les premiers à avoir gagné de l'argent grâce au merchandising. Il faut dire qu'ils innovaient. Ce sont aussi les premiers à avoir floqué les dossards sur les poches, au départ du Tour. Bien sûr, cela a été refusé, sous prétexte qu'en cas d'abandon il faut pouvoir arracher le dossard et qu'un commissaire le ramasse ! En 2016, il faut toujours épingler les dossards avec des épingles à nourrice ou les scotcher, comme en 1940. De même que quand on fait un cyclo-cross qui dure une heure à fond de cale dans la boue, on n'a pas le droit de boire. Par contre, on peut avoir un vélo à moteur et être champion du monde. Le règlement, c'est le règlement !

DOPÉ !

12 juillet 1998. La France remporte la Coupe du monde de football. C'est le délire ! Le coq gaulois est droit sur ses ergots… et les pieds dans la merde : quelques jours plus tard, l'équipe Festina tombe pour tricherie. Lamentablement. C'est Virenque, autant dire la France, qu'on assassine. Les jeunes

Français se disent, et c'est vraiment terrible : « En fait, quand on gagne, nous, c'est qu'on a triché ! »

L'épisode a marqué les esprits de ceux qui faisaient du vélo en France, et je crois que le complexe d'infériorité est encore présent. Il a même sans doute été accentué depuis. Ce fut un cataclysme destructeur. Beaucoup de Français en ont pris conscience et, de peur, ont arrêté la grosse artillerie. Pas Virenque, ni Hervé, ni Moreau, qui ont rebondi. Ni tous ceux qui ne se sont pas sentis concernés. Les Français n'ont plus touché une bille par la suite. Ils ont reculé. C'est là qu'est née l'expression « cyclisme à deux vitesses ». À ceux qui l'utilisaient, les « GG », on rétorquait : « Tais-toi, t'as fait comme les autres ! »

« Dooopééé ! » : ce cri, quand tu t'entraînais en France, c'était au moins deux fois par sortie, même au fin fond de la campagne. Du harcèlement moral. On baissait la tête encore plus. On est devenus aérodynamiques grâce aux insultes. L'autre insulte, c'était : « Virenque ! » Idole cassée, rêves brisés, des ados ont pleuré de honte et de rage après avoir pleuré d'émotion. La fin de saison est si triste. 98 : le Tour de la honte, Jalabert qui fuit en Suisse sans assumer son maillot de champion de France, Riis qui fait le patron, Rineiro qui devient meilleur grimpeur, Pantani qui prend le Tour et on s'aperçoit que c'est bidon ! Jalabert, il a perdu gros, là. Sa gueule, point. Aucune solidarité, hypocrisie à fond, égoïsme, le feu, je me tire. Il aurait dit : « On a fait comme les copains », c'était bon ! Ils ont fait des sittings, pas pour lutter contre la triche, mais contre les contrôles et les flics ! Et ils ont fui le Tour, qui est pourtant la pierre angulaire de notre métier. Après l'audition de Jalabert à la récente commission sénatoriale sur le dopage, Lance Armstrong a demandé si en France, mentir dans un témoignage sous serment c'était grave ? Il a bien vu que non. Jaja en est toujours au même point de déni, fidèle au poste de télévision en tant que commentateur pour le service public.

Armstrong, le boss, est arrivé après 98.

LANCE

Le sauveur a surgi. Hors de la nuit, comme Zorro. Son nom, il l'a signé à la pointe de son épée, d'un L qui voulait dire Lance. On y a (presque) tous cru. Voilà le mec qui a vaincu le cancer, qui a perdu un testicule dans la bataille, qui donne tant d'espoirs à ceux atteints de cette maladie ! Pendant dix ans, il a fait rêver. Il a amené des spectateurs et des journalistes, on ne peut pas lui enlever cela. Jeune, il a gagné des courses d'un jour, dont le championnat du monde. Il bosse, avec vidéos à l'appui, avec un slogan, *Just do it !* Il est Nike. Il ouvre les barrières des cols, et les codes fermés du peloton, pour continuer dans la neige, son vélo sur l'épaule. Balèze ! Ben voilà, lui, au moins, il bosse ! Il ne se contente pas de quatre heures avant d'attendre dans son canapé que les produits agissent. Il a un côté « *redneck* », nom donné aux agriculteurs texans qui ont en permanence un coup de soleil dans le cou, à force de se baisser à quatre pattes pour cultiver la terre. Et ça marche ! La presse et les organisateurs foncent dans la porte ouverte plutôt qu'organiser une année probatoire sans vélo et de résoudre le problème du dopage. En 1999, on se remet à y croire, simplement parce qu'on n'avait pas le choix. Ceux qui contestaient l'Américain ont été mis au ban du plan de sauvetage d'urgence, voués aux gémonies. Jean-Marie Leblanc, le saint patron du Tour, était coulant d'hypocrisie : « Le jour où j'apprendrai que Lance triche, je me retirerai du cyclisme ».

Il est resté. D'autant plus facilement que l'Américain a apporté du nouveau continent, via des sponsors, un argent énorme, en redorant le blason du Tour. Tout le monde était sur le même bateau. On n'allait pas tirer dessus avec le Capitaine Crochet à bord ! On mangeait, et on mange encore, dans la même gamelle. Elle nourrit coureurs, encadrement, fédérations, organisateurs, médias. Personne ne peut dire que la soupe est mauvaise. C'est la seule qu'on ait. Tu peux attaquer la coque du bateau à l'arme blanche et effiler les bords, mais tu ne peux pas tirer de boulet de canon dans la coque. Tout le monde va couler. Pas de mea culpa, pas de remise à zéro des compteurs. On fait quoi ? On critique Lance qui amène ses dollars dont tout le monde profite ?

RESTAURER LE PATRIMOINE

Non. On ne va pas arrêter le Tour ! Le manque à gagner serait énorme. Le Tour, ce n'est pas une course de vélo. Ce n'est pas du sport. C'est du business. Faut se rentrer ça dans la tête, gamin ! Les dirigeants ont compris qu'un vainqueur propre, de toute façon, ce n'est pas possible. Le président de la fédération dit que le public s'en fout, donc faute de sport, on trouve un plan B : le côté « patrimonial et médiatique ». Et puis, « même dopé, le vélo c'est beau ! »

Las ! C'est du business. Le messie propre et bosseur, ça ne tient que l'espace du Tour 99 pour les experts, nous, les coureurs. Le public regarde les affaires tomber, une par une, année après année. Lance, lui, tient bon. Il ne tombe pas parce qu'il fait tomber tous ceux qui lui résistent. Tous ses ex-équipiers susceptibles de le contrarier en courant contre lui tombent. Pas lui. Il règne. La presse est son vassal. Sur certains de « ses » Tours, les cinq mecs derrière lui au général sont toujours à l'EPO, aux hormones de croissance et à la testo, comme avant. Mais il gagne avec plusieurs minutes d'avance. On comprend très vite, nous. On le vit. Au début de ce nouveau business, L.A. prend plein de pognon, mais il ne garde pas encore tout. Il distribue, même. On fait partie de la mise en scène, comme pour les critériums, et on a un cachet. Et puis, il dérive. Comme les Festina, mais plus fort.

J'ai affaire à lui directement. On est sur une course préparatoire au Tour. Il donne l'impression de se relever un peu dans certains efforts. C'est médical. Si les produits que tu essaies ne sont pas encore dans l'estomac ou dans le sang, leur efficacité diffère. Sa manière de faire épate quand même. Il devient hautain, arrogant. Il paiera. Il est arrivé, c'était Verdun. Il veut tout contrôler. Sur le vélo, on en chie. Quand il le décide, le rythme imprimé par ses sbires, le train US Postal, du nom de son sponsor, est infernal. Il écrase les jeunes, n'est jamais sympa, et te dit d'aller derrière en te traitant de merde.

Bref, je suis bien placé au général de cette course et je veux faire les bonifications. Normal, quoi. Son équipe avait décidé de prendre la course en main, pour lui. Ils n'avaient plus de codes, eux. Moi, petite souris, Armstrong, le boss, il s'en foutait. Il décide quand même de contrôler. Les mecs sont en ligne. La fusée US décolle. Je fais une bonification, je passe à gauche du boss, dans un petit trou, et je le frôle, sans le déstabiliser. Je me relève après la bonif. Il me rattrape et me dit :

– Oh ! Tu sais qui je suis ? T'es qui, toi ? Tu refais jamais ça ! Tu restes derrière, tu resteras derrière ou tu gagneras plus jamais une course. All right ?

C'était ça, Lance. J'ai gardé ça dans ma tête et je le lui ai fait payer, beaucoup plus tard. Froid, glacé, c'est bien aussi.

Pour comprendre sa mainmise individuelle et la surpuissance collective de son équipe, on peut prendre pour exemple le col du plateau de Beille pendant le Tour. On n'était plus que trente, dont les neuf de l'US Postal. Même le Tchèque Pavel Padrnos montait les cols. C'était de la folie. Tout se faisait au sprint. On se disait : « Quelle dream team ! » Il avait acheté Roberto Heras, qui lui faisait peur et qui est bien sûr tombé une fois qu'il est parti de l'US Postal. Kevin Livingston, Jonathan Vaughters, il les a pris aussi. Heras le chatouillait avant de le rejoindre. C'était le dernier étage de la fusée, il respirait bouche fermée, par les oreilles peut-être ? Cette façon de te faire sentir que tu es une *shit*, sans dire bonjour à personne, c'est ce qui a tué Lance. Sinon, il dirigerait l'UCI ! On savait qu'il était intouchable. Qu'il gagnerait tout. Sur l'étape de Luz Ardiden, dans les Pyrénées, quand il tombe, tout le monde l'attend ! Lui, il n'aurait jamais fait ça. Il ne laissait même pas gagner d'étape à ses coéquipiers. Sa chute nous a, disons, un peu soulagés. Si peu. Son come-back à presque quarante piges en Australie, c'était quand même le symbole de l'arrogance. Sur le Tour à la fin de son règne, il s'est employé à déstabiliser Contador, qui était dans la même équipe, mais…

UNE LOPETTE, UN *PUSSY*

… Contador fait premier, et Lance troisième. Après, nous, on trouve que c'est une lopette de tout balancer chez Oprah Winfrey dans un show qu'il organise. Et cette mise en scène, avec ses maillots… Si tu es un grand, tu fermes ta gueule. Tu dis ce que tu as à dire, et puis tu t'en vas. Lui pas. Il pleure parce qu'on lui réclame 100 millions de dollars et qu'il s'ennuie. On l'empêche de faire du sport avec ses copains. C'est un *pussy*. Lors d'une de ses sept arrivées victorieuses, juste avant Paris, on pédalait le long de la file de voitures emmenée par Johan Bruyneel, son manager, arriviste et hautain, empreint de la science du vélo – mais qui a eu l'intelligence de partir sans faire le fanfaron, c'est déjà ça. Un coureur français, Stéphane Goubert, prenait sa retraite après le Tour et voulait prendre cent mètres d'avance, juste deux minutes, histoire de passer une dernière fois en tête sur les Champs, devant toute sa famille. Une sorte d'hommage, pour l'ensemble de son œuvre en quelque sorte. Sauf qu'il en était physiquement incapable. Il fallait passer par Bruyneel. Le Belge a dit : « Ouais, pourquoi pas ? Faut demander à Lance. » Un autre Français est allé lui poser la question. Droit dans les yeux, il lui a répondu :

– *No. Yellow jersey is first on finish line in Champs-Elysées at first lap*[2].

Point. Traditionnellement, l'équipe du leader arrive en tête sur le critérium des Champs, d'accord. Pour que Mangeas, le speaker officiel, puisse annoncer, comme il le fait depuis trente ans : « Les rescapés du Tour, avec en tête le maillot jaune ! » Mais là, on aurait pu faire une exception, qui aurait confirmé la règle, le code !

On ne va pas digérer Lance. Tout le monde se rend compte qu'il nous a fait perdre des années.

2 Non. Le maillot jaune passe en tête sur la ligne d'arrivée des Champs au premier tour.

Dire ça, ce n'est pas cracher dans la soupe. Lui, en revanche, il nous a craché dessus, et il a craché sur le vélo. Son problème, ce n'était pas de se doper, c'était d'acheter une machine pour contrôler le sang à l'UCI, par exemple. Et cette façon de s'afficher en permanence auprès de tout le monde, comme Sarkozy qui était fan, et de jouer au porte-parole du vélo… Quand tu trompes ta femme, tu ne vas pas faire des conventions sur la fidélité dans le couple ! Lui, si. En étant payé des millions de dollars. C'est un pauvre type. Le pire, c'est que certains l'admirent encore. Il y a toujours une sorte de respect de la triche, dans le milieu. Une considération. Quand le boss serrait la main à certains, à l'époque, ils se pissaient dessus ! S'il revient, je suis sûr que les mêmes vont dire : « Wahou Lance, ça fait plaisir de te voir revenir ! »

L'impact psychologique négatif a été énorme pour beaucoup de coureurs. Certes, il a amené des gros sponsors. Il a aussi fait grandir des jeunes pousses. Tejay van Garderen, qui est un anti-Lance, ne serait pas là s'il n'avait pas vu le Tour à la télévision américaine. Nike n'aurait jamais été là. Oakley et Trek non plus. Il a amené l'oseille. Mais il en a pris énormément – et il pleure quand même. Il se moque du monde. Là, il gère son pécule, mais il a les boules de s'emmerder. Nous, les coureurs, on n'a jamais rien dit. Et on ne dit toujours rien. Pas un coureur n'a attaqué Lance pour obtenir des dommages et intérêts, même pas Bassons.

On est des lopettes aussi, des *pussys*. Mais à qui faudrait-il demander ? À l'UCI ? On sait que c'est la même magouille. Tout le monde se tient un peu par le testicule, chez les puissants, non ? Sinon, ils ne seraient pas puissants. On a de moins en moins confiance en l'UCI, c'est clair. Même avec le nouveau président, qui passe pour un charlot après deux ans d'exercice. À l'UCI, il y a eu des réunions. J'ai bien senti le truc. On était là pour faire un bilan. On nous a dit il y a deux ans que, pour la première fois, on allait nous écouter ! Ça a coûté une fortune en cabinet d'audit. Je laisse deviner qui y travaille. C'était un tour de table.

– Qui êtes-vous, depuis combien de temps êtes-vous pro ?

Certains ont répondu que ça faisait plus de dix ans qu'ils étaient pros, qu'on n'avait jamais rien demandé aux instances censées nous diriger et qu'en plus, les coureurs qui avaient dit des choses n'avaient jamais été défendus par l'UCI. Et qu'on ne voyait donc pas pourquoi on nous avait fait venir. D'autres ont demandé à ce que les hommes de l'Ancien Régime encore en place, comme le docteur Zorzoli, soient virés. Ce qui semblait logique, non ? Au moins ceux qui avaient validé le passé ! Là, on pourrait commencer à parler, plutôt que prétendre faire un « audit » qui n'allait rien donner, on le savait, puisque tous étaient pieds et poings liés. C'était une perte de temps, et bien sûr ça n'a rien donné. C'était purement politique. Comme les réformes pour les collèges, en France, et la consultation des profs. Un leurre. L'UCI et ASO n'ont pas l'intention de bouger quoi que ce soit. Le pognon rentre trop bien avec les *pussys* qui pédalent. Le refrain culte, dans les instances, c'est : *Lucy in the Sky, with diamonds*. Sky : les nouveaux Beatles.

LA VÉLORUTION SKY

Troisième choc du vélo moderne : Sky. Avec sir Bradley Wiggins, anobli par la reine, dans le rôle de Paul McCartney, Richie Porte dans celui de Ringo Starr, Geraint Thomas en George Harrison, et enfin Froome, la victime qui se prend pour John Lennon. Il ne représentera jamais le cyclisme mondial comme Lance a pu le faire, même s'il y pense devant sa glace. Sky, le sponsor de l'équipe, appartient au magnat de la presse Rupert Murdoch, actionnaire australo-américain majoritaire de News Corporation, trente-deuxième personnalité la plus puissante au monde et soixante-quinzième fortune mondiale. Un eurosceptique qui possède au moins cent soixante-quinze journaux et qui, à 68 ans, a épousé une volleyeuse de 30 ans. Un sponsor génial pour le vélo ! Là aussi, les chiens ne font pas des chats. James Murdoch, l'un des fils de Rupert, vient de prendre la présidence de Sky quatre ans après avoir été forcé de démissionner du même poste à la suite du scandale des écoutes téléphoniques de *News of the World*, l'un des tabloïds du groupe.

Coïncidence ? Le fils de Brian Cookson, le nouveau président anglais de l'UCI, a travaillé pour Sky, la nouvelle place forte du vélo mondial. Un signe de plus qui montre que le vélo est devenu un sport anglo-saxon qui se pratique entre amis et a pris la place du golf. Mais pas de la pétanque, n'en déplaise à Madiot. Sky, équipe cycliste, a fait son apparition sur le circuit à la fin des années 2000. Son coup de génie a été de nommer à sa tête un vrai manager, Dave Brailsford. Leur Brian Epstein à eux n'était pas un ex-pro et n'était pas là en 1998 : ça se présentait plutôt bien. En revanche, quand il a annoncé qu'ils allaient « révolutionner le vélo » et, sûr de son fait, qu'ils allaient faire gagner le Tour à un Anglais, là, on a toussé. On est comme saint Thomas, on ne croit que ce qu'on voit. À l'époque, il n'y avait que très peu de coureurs anglais de haut niveau, à part le petit dandy David Millar, qui craquera pendant l'affaire Cofidis. EPO, Stilnox-alcool, la totale.

Ils sont arrivés avec leurs énormes moyens, de l'argent, des méthodes prétendument révolutionnaires, et des scientifiques issus de la piste où les Anglais avaient tout gagné aux Jeux de Londres, chez eux. Ça s'appelle du transfert de compétences. Sur la piste, comme en athlétisme, tout peut être minuté, contrôlé, contrôlable. Ils ont appliqué ça à la route ! Mais on avait des doutes sur leur manière de révolutionner le milieu. Comment s'y prendraient-ils ? Et puis révolutionner, ça voulait dire quoi ? Faire un tour sur soi-même ?

Ils ont construit une équipe en choisissant des Jaguar comme voitures suiveuses plutôt que des Skoda. La première année, ça a été un flop. Un soigneur est mort sur la Vuelta, on ne sait toujours pas pourquoi. Au niveau de la logistique, ils sont arrivés aussi avec des moyens bien supérieurs à tous les autres. Ils ont embauché l'ancien docteur de la sulfureuse équipe Rabobank, qui a explosé avec un énième scandale, après une vingtaine d'années de bons et loyaux services rendus au vélo. Mais on ne voyait pas comment, avec leurs coureurs, même bons, ils pouvaient gagner le Tour.

« FAIRE LA RÉVOLUTION À MOITIÉ, C'EST COUPER SA TÊTE » (SAINT-JUST)

On était loin de s'imaginer qu'après trois ans, ils allaient hisser un Bradley Wiggins sur la plus haute marche du podium. Excellent pistard, il avait couru pour la Française des Jeux de Madiot sans faire de grosses étincelles sur route. Malgré cela, ils ont fait leur trou et, petit à petit, sont devenus la référence en matière d'entraînement, de préparation, avec des stages permanents à Tenerife, à 2000 mètres d'altitude, et d'utilisation effective du matériel embarqué SRM. On sentait le calcul, la minutie, l'extrême rigueur. Les coureurs ne paraissaient pas épanouis, mais formatés. D'ailleurs, ils ont eu pas mal de bons coureurs qui n'ont pas percé parce que c'était trop carré pour eux. Aucune place n'était laissée à l'expression individuelle.

Tout paraissait lisse, avec des groupes constitués autour d'un leader et des objectifs très élevés. S'effacer au service du collectif, pour certains, s'est avéré rédhibitoire. L'idée était que les équipiers fassent des « trains », les plus puissants possibles, tout au long d'un grand Tour, au point de réprimer toute velléité d'échappée, tellement ça va vite, pour ne libérer leurs leaders que dans les derniers kilomètres. Ils atomisent le peu de rescapés qui ont déjà réussi à suivre. L'aboutissement de cette méthode, ce sont les deux étapes majeures des Tours 2013 et 2015, avec Froome et Porte qui font premier et deuxième de l'étape et tuent le Tour.

On entendait dire qu'ils s'entraînaient pendant deux ou trois heures à 350/400 watts à pousser, pousser, comme en cinquième pour une voiture, jusqu'à la difficulté finale où le ou les leaders rétrogradaient en troisième à fond, en surrégime. Ils ont créé des stéréotypes. Ils ont été les premiers à s'installer un camp de base, sur Majorque, où certains passaient toute l'année quand ils ne couraient pas. On a appelé ça le « presse-agrumes » Sky. Tu as signé ? Ta famille, tu la verras quand tu auras fini ta carrière ! On va sur les courses, on performe, on fait un saut à la maison deux jours histoire de changer la valise et on repart en camp, où l'on passe des heures et des heures à faire des répétitions dans les cols, sur les parcours des chronos, et des batteries d'exercices en groupe où tout est calibré au watt près.

Malgré cette débauche de moyens et d'énergie, on a mis du temps à voir émerger un leader. Ils se cherchaient. Juan Antonio Flecha marchait sur les classiques ; mais un vainqueur du Tour, on ne voyait pas. Alors Wiggins a muté. En poussant dans les cols sur des heures la puissance qu'il développait en poursuite sur quatre kilomètres. Wiggins s'est mis à grimper comme, avant lui, Jalabert s'y était mis, ou comme Virenque s'était mis à rouler. Ce qui nous a le plus frappés, la marque de fabrique des Sky, presque leur philosophie, c'est la maigreur Buchenwald des coureurs, une maigreur d'autant plus spectaculaire qu'ils ne perdaient pas de force. Avec des rapports poids/puissance au-delà de 6 watts par kilo pour tout le monde.

I COMME AICAR

Sur un plan physique, Wiggins avant et après Sky, c'est hallucinant. Ça fait peur à tout le monde. Tu ne le reconnais pas. En 2011, un an avant son premier Tour victorieux, il est tombé sur l'étape de Châteauroux. Mais sans cette chute, on pense qu'il aurait déjà gagné. Quand on le regardait de profil, on ne le voyait plus, il était tellement plat qu'on aurait pu le faxer. C'est à partir de là qu'ont couru les bruits quant à l'utilisation de l'AICAR.

Je n'ai jamais été confronté, ni directement ni indirectement, à cette molécule ou à un de ses utilisateurs, autrement que par Radio Peloton, qui a émis sur les ondes qu'une championne de France s'en était servi. C'est tout. Des ragots, rien de concret, sauf à regarder les effets : s'affûter comme une bête. Mais on n'a toujours pas compris comment ils pouvaient être aussi maigres sans perdre de puissance. Marcher à 430 watts tant en contre-la-montre qu'en montagne, c'est le nec plus ultra. Froome est le meilleur en montagne, mais aussi en contre-la-montre, devant tous les spécialistes. Dans le peloton, on en parle tous, on a plus que des doutes, même si on évite le sujet devant les micros. D'ailleurs, les médias de Murdoch ne nous demandent pas notre avis. On sait tous ce que c'est, la révolution du vélo. Il n'y en a jamais eu.

S'entraîner mieux et gagner 5, voire 7 %, oui, on savait faire. Mais gagner 15 %, même en trichant, alors là… On se dit qu'on ne change personne, mais que seul le dopage peut transformer des ânes en chevaux de course. Des coureurs qui avaient maigri et qui s'étaient mis à grimper, on en a vu quelques-uns. Armstrong a utilisé cet argument pour se défendre. C'est aussi le cas de Froome, de Bjarne Riis avant eux. La maigreur, notre corps, ma boutique. Ça m'est arrivé à moi aussi. Je me suis fait peur. Ma femme, qui remet les pendules à l'heure régulièrement (quel caractère !), m'a fait une scène. Après s'être moquée ouvertement de moi alors que je regardais mes jambes taillées à coups de serpes, et que je contractais leurs muscles pour faire apparaître un spectaculaire réseau de veines, elle m'a comparé aux mannequins anorexiques. Elle n'a pas tort. Combien de fois, culpabilisé à l'idée de manger et presque subjugué de n'avoir plus que la peau sur les os, me suis-je contenté, au retour de l'entraînement, de me gaver d'eau gazeuse pour remplir mon estomac afin de tenir jusqu'au soir et d'aller me coucher en crevant de faim ? Avec un cachet pour dormir, évidemment. Ma femme avait raison, évidemment. J'ai eu honte de moi. Aujourd'hui, je mange plus et je me sens mieux.

Après Wiggins, le « made in Sky » nous a donné Froome. Sans la magie Sky, il serait resté Froome. Un type inconnu au bataillon. Ça aussi, ça fait bizarre. Ce qui nous a tous choqués, c'est qu'il était plus fort que Wiggins en 2012 et que, de manière décomplexée, Sky a décidé : « Ok, Froome, tu gagneras l'an prochain. »

Comment, dans un sport qu'on pensait quand même un peu aléatoire, peut-on établir des plans pareils avec une telle morgue ? Cette assurance de robot n'est pas seulement suspecte, elle fait froid dans le dos. Ils sont perçus comme une équipe à part. Ceux qui sont un peu en-dehors du *move*, comme Dario Cataldo ou Mark Cavendish, n'ont pas pu s'adapter à leur philosophie, malgré leurs succès.

Quand on parle de Sky entre nous, dans le peloton, et qu'on essaye d'analyser ce qui se passe, on se dit que finalement, le plus rationnel, ce serait qu'on découvre qu'ils ont recours au dopage mécanique. Ça aurait un côté rassurant. Ça nous aiderait à comprendre.

Que l'apport externe existe, beaucoup en sont convaincus, surtout depuis cette grosse rumeur née aux Jeux de Londres, où les Anglais ont tout défoncé sur piste. Cela expliquerait beaucoup de choses. La Sky est en avance sur son temps, grâce à des méthodes novatrices. Mais jusqu'à quel point ? Un jour, on saura. Dans vingt ans, peut-être moins. On n'a jamais pincé Lance alors qu'on savait. Les instances et les organisateurs ont clairement fait le choix de la temporisation, pour ne pas casser le jouet, ni la tirelire. C'est comme pour le dopage : on en parle l'hiver et au printemps avant le Tour. Jamais l'été, et surtout pas en juillet.

Nous, en tout cas, on préfèrerait une rénovation plutôt qu'une vélorution Sky.

LA RÉNOVATION ?

Un bon putsch, voilà ce qu'il nous faut. J'espère que mon livre pourra allumer une mèche et actionner certaines guillotines. C'est au sens figuré, bien entendu. On est en France, sous gouvernement socialiste, et plus en 1789. J'aime trop ce sport pour accepter de ne rien faire. Essayons de mettre le coureur au centre des priorités, l'homme, l'athlète, et rénovons le cyclisme en profondeur. Les instances internationales et les fédérations brassent du vent. La mondialisation est une chance, en tout cas dans notre sport, alors profitons-en. Dans le peloton, on est nombreux à penser qu'on devrait suivre l'évolution de beaucoup d'autres sports – et de la société en général –, plutôt que de s'arc-bouter sur la nostalgie d'un patrimoine géré par des dirigeants usés.

Certains cyclistes, jaloux, dénigrent les autres sports, et surtout le football, qui est lui aussi une activité populaire se pratiquant du nord au sud et d'est en ouest. Certes, il y a un scandale ou une affaire par semaine. Mais au moins, les droits télévisuels bénéficient à la fois aux organisateurs et aux clubs, et par ricochet aux joueurs. C'est le nœud gordien du cyclisme. Quand je pense qu'ASO, en plus d'imposer aux chaînes, dans son pack Tour, ses courses satellites (Paris-Nice, Paris-Roubaix, Liège-Bastogne-Liège, le Dauphiné Libéré), accapare tous les droits sans rien nous redistribuer à nous, principaux acteurs et premiers concernés, alors que les plus modestes organisateurs de course paient pour que la télévision soit là ! C'est incroyable. La rénovation pourrait commencer par là : une réunion entre diffuseurs, dirigeants, représentants des coureurs et organisateurs, à l'issue de laquelle tout ce petit monde se mettrait d'accord pour que la télé paye tout le monde, et pas simplement ASO. Aujourd'hui, chacun tire dans son camp et personne, à part ASO, ne profite du vélo. Au rugby ou au football, tout le monde a sa part du gâteau. Dans le cyclisme, certains ont essayé de choper une part, mais ils se sont cassé les dents.

Le problème de la grande famille du vélo, c'est qu'elle ne se concerte pas, qu'elle n'est pas solidaire. Elle n'a donc aucune chance, dans ces conditions, de s'entendre un jour sur les grandes orientations à prendre dans l'intérêt de tous. Par exemple, le Tour d'Italie, qui n'appartient pas à ASO, n'est pas obligé de rester figé au mois de mai dans le calendrier. Si les organisateurs du Giro reversaient ne serait-ce qu'une petite partie de leurs droits télé aux équipes de la péninsule, si une course rapportait de l'argent plutôt que d'en coûter, où croyez-vous qu'on irait ? Le Tour pourrait se voir déserté de ses stars. Cette dynamique a déjà été enclenchée sur la finale du circuit mondial, disputée à Abu Dhabi, sur le circuit de Formule 1, en octobre 2015. C'était le rendez-vous de toutes les étoiles, mais organisé à la même date que Paris-Tours, la fameuse « classique des feuilles mortes », une épreuve de Coupe du monde chargée d'histoire (première édition en 1896 !). Paris-Tours, bien que télévisée un dimanche après-midi, a dû se contenter d'un plateau light avec des coureurs de second plan. Pourtant, ceux-ci ont battu le record de la classique la plus rapide de toute l'histoire du vélo ! Pensez donc : 231 kilomètres en 4 h 39 mn, soit à 49,64 km/h de moyenne. Mais personne ne se souvient des noms du trio arrivé en tête. En plus, le sprint final à trois a ressemblé à une caricature de petits arrangements entre amis. La F1 au pays de l'or noir nous rapporte plus qu'une course de mobylettes en Indre-et-Loire.

Pour le vélo, c'est soit un réel danger, soit une opportunité en or, si tout le monde comprend enfin que rémunérer les coureurs, les équipes et les petits organisateurs boostera notre sport. Si celui qui organise amène la télé, se fait payer, et redistribue une partie de son bénéfice aux acteurs, il devient le roi. Inversement, quand Eurosport achète des résumés d'épreuve à vil prix, ce n'est pas normal. C'est du low cost, sans appel d'offres, glissé dans le pack qui leur est vendu pour les grosses épreuves. Ce devrait au moins être du direct. BeIN

Sports commence à arriver, mais ne paie pas non plus les coureurs. Si le marché s'ouvre, ils vont mettre le pactole sur le Tour. Le racheter, peut-être, s'il est à vendre. Tout s'achète, tout se vend dans le vélo. Les Chinois sont en lice. À moins que Rupert Murdoch ne fasse une offre publique d'achat avant. S'ils font ça, je sais qu'ils vont rémunérer ceux qui font le spectacle : nous ! Ça, ce serait une révolution !

Mais il ne faut pas rêver. Entre le service public qui est un peu dans la misère et les petits arrangements entre amis, le marché n'est pas encore ouvert. Ça marche comme ça depuis quarante ans et ce n'est pas prêt de bouger, se disent-ils. Entre coureurs, entre managers, entre organisateurs, entre instances, tout le monde se tire dans les pattes. L'UCI devrait fédérer, trouver un sponsor international qui soit présent sur toutes ses épreuves, et nous reverser des droits. Résultat, elle a fait ses remises officielles des trophées de l'année à Abu Dhabi… Choisis ton camp, camarade ! L'UCI a créé sa chaîne YouTube gratuite pour les événements cyclistes non retransmis à la télé. Quand leur nouveau président a parlé de refonte et de restauration de la crédibilité, c'est pourtant sur ce sujet-là qu'on l'attendait.

Au lieu de cela, on nous dit qu'on va, suite à nos pseudo-débats, nous faire encadrer par plus de médecins, de multiples entraîneurs, et des psychologues pour faire bonne mesure ! Velon, l'organisation parallèle à laquelle on doit Abu Dhabi, veut aussi faire une O.P.A. sur le vélo, en le réorganisant non plus au niveau européen, mais au niveau mondial. Là, elle a raison. Mais avec un cercle fermé d'équipes. Dans le projet Velon, le coureur donnerait à son équipe le droit d'exploitation de son image au sens le plus large possible. Le coureur devrait communiquer à son équipe un certain nombre de données personnelles, même sensibles, au sujet de sa santé physique et mentale, au sujet de ses croyances religieuses, de son appartenance ethnique, de toute action en justice dans laquelle il serait impliqué. Bien entendu, le coureur consentirait à l'exploitation commerciale de ses données personnelles.

Le plan de l'UCI, ce sont dix-huit équipes World Tour et des équipes réserves, des psychologues et experts partout, un Tour de France sur trois semaines, les autres Tours sur quinze jours, Paris-Nice sur cinq jours, etc. Personne n'organise le dialogue. Résultat, personne ne s'écoute, ni ne s'entend. Nous, on ne cause pas. On pédale.

Rien de tout cela ne résoudra le problème, qui est avant tout économique, avec un vélo sans autres ressources que celles émanant des sponsors privés. Mais pour beaucoup d'entre eux, nous ne sommes que des danseuses. Et les danseuses, on le sait, ça ne dure qu'un temps. Même si Lotto et FDJ sont des sponsors d'État, nous restons dépendants de sponsors qui fluctuent, alors que nous permettons à d'autres de profiter de la tambouille et de gagner de l'argent sur notre dos.

LE PANIER PERCÉ

Le vélo ne tourne pas rond. C'est un panier percé. On s'y sert à volonté et, quand il est vide, on en redemande. Une équipe sans gros sponsor devra boucler sa saison avec un budget de cinq millions d'euros, sans autre ressource que le mécénat. Ce n'est pas un système économique viable. AG2R, une équipe française qui réussit plutôt bien sur le Tour, a réalisé d'excellents retours sur investissement, mais ce n'est pas le cas de tout le monde. On pourrait aussi instaurer des transferts comme dans certains sports collectifs de haut niveau. Cela vaudrait toujours mieux que de laisser les bons coureurs se flétrir ou d'empêcher leur éclosion en les bridant.

Certaines équipes investissent dans la formation. Pourquoi ne pas imaginer que des équipes dont le budget est trop restreint pour rémunérer plusieurs leaders puissent prêter des coureurs à une autre équipe, à condition que cette dernière s'engage à les rémunérer à leur juste valeur ? Ils pourraient ensuite revenir au bercail lorsque le budget le permet. Le jeune Pierre Latour, qui marche chez AG2R, que va-t-il devenir ? On va le faire rouler pour Bardet parce que c'est comme ça ? Il se destine pourtant à être leader sur un grand Tour. Il pourrait être prêté ou vendu.

Aujourd'hui, les équipes amateurs ne sont pas récompensées pour leur travail de formation. Alors elles agonisent doucement, sous nos yeux. Et le dopage achève de les faire crever. Certains coureurs sont prêts à tout pour s'en sortir. On en est là, et c'est triste.

Les meilleurs footballeurs s'exilent en Angleterre parce que les droits télé leur permettent de toucher le pactole, non ? Et leurs clubs formateurs touchent des indemnités de formation, non ? Le vélo fait tout à l'envers. Les équipes attendent que leur leader soit en fin de contrat. Pendant ce temps, elles briment, par tous les moyens, leurs meilleurs jeunes, de peur que leur potentiel devienne trop évident. Jusqu'à ce qu'un autre leader s'impose, trop souvent après avoir pris des risques et s'être allumé en marge de l'équipe, en payant un docteur ou en se débrouillant tout seul. C'est rare qu'il soit formé grâce à sa structure et son encadrement. Tout ça ne peut pas marcher. C'est une machine à gâcher les talents. Des mecs sont brisés faute d'une réflexion à long terme sur l'économie générale du vélo qui prenne en compte les hommes et leur épanouissement. On ne pourra pas les payer, donc on les freine. Et en les freinant, on les sacrifie.

Ces idées ne sont pas nouvelles, mais elles recommencent à circuler. Ma femme me dit qu'on se prend pour des champions dans tout ce que l'on fait. On fait du kart, on est les meilleurs. On joue aux fléchettes, on est les meilleurs. On baise, on est les meilleurs. Mais elle ajoute qu'on est des gros nazes de ne pas nous être investis dans notre sport, et qu'aucun d'entre nous ne rend au vélo ce qu'il nous a donné à haut niveau, en contribuant à ce que les règles changent.

La vraie révolution, c'est de mettre dehors certains incompétents cacochymes et la cohorte des docteurs pourris, de redistribuer les droits télévisuels, et de mettre en place un système de transferts, avec prêts et rachats de contrats. On pourrait ainsi offrir des contrats de cinq ou six ans aux bons coureurs, contre un ou deux ans pour la majorité d'entre nous aujourd'hui. Nous mettrions un terme à la précarité du métier, qui engendre toutes les tentations et tricheries imaginables. Et les revenus des transferts pourraient être réinvestis dans la formation.

Certaines écuries belges ou hollandaises, qui comptent dans leurs rangs jusqu'à quinze coureurs de classiques, pourraient vendre, ou prêter, quelques gars qui ne sont pas payés à leur juste valeur et disputent peu d'épreuves. Leur douzième homme pourrait sans doute être leader dans les équipes espagnoles ou françaises sur le Tour des Flandres ou sur Paris-Roubaix. Nous, les coureurs, on demande juste à être payés selon notre valeur… et on préfère courir plutôt que rester à la maison. On a tous un profil atypique, et on sait faire autre chose que domestique pour un leader. On a nos petites spécialités, il suffit de demander.

GRIMPEUR, ROULEUR, SPRINTEUR ?

C'est quoi, un coureur ? Le vélo de haut niveau est beaucoup plus complexe que le grand public ne l'imagine, et les coureurs ont des qualités physiques, psychologiques, techniques et culturelles différentes, qui les rendent plus ou moins performants. Il existe presque une table des éléments qui composent le peloton. On a notre tableau de Mendeleïev avec des coureurs chimiques, voire atomiques.

Tu arrives des rangs amateurs chez les pros. On connaît tes capacités, on les a identifiées quand on t'a détecté. En général, tu es un coureur complet, car tu gagnes presque facilement des courses de type varié : en montagne, sur le plat, en contre-la-montre, au sprint. Tu es bon partout. Chez les pros, on te met vite dans une case, on te spécialise dans un domaine. Tu as un rôle de leader, d'équipier, de sprinteur, de baroudeur, de puncheur, de rouleur taillé pour les courses d'un jour ou à étapes. C'est lié aussi à ton mental. Des gars n'ont pas l'âme d'un leader de grand Tour, qui doit être capable de s'isoler et de se mettre dans sa bulle, concentré pendant trois semaines, sans faire d'excès ni de vague. Il a deux traits de caractère marqués : l'individualisme et l'égocentrisme. L'Irlandais Dan Martin n'y arrive pas. Il s'est donc spécialisé « puncheur », et fait même de la musculation spécifique pour gagner dans des bosses comme le mur de Huy. Les leaders de grands Tours sont censément les plus doués, complets, endurants, capables de rouler aussi assez vite contre la montre, et dotés de capacités de récupération hors du commun. Ce sont surtout des grimpeurs légers, car c'est en montagne que se joue le général. Bon. Indurain pesait 80 kilos à l'époque EPO, à la louche. Et le doc Padilla a gagné cinq Tours. C'était son médecin. Padilla a jeté l'éponge, Indurain a pris sa retraite. Les coureurs ont souvent un binôme médical. On dit : « Lui, il travaille avec tel docteur ».

Les sprinteurs, c'est une autre caste. Ils doivent être capables de gagner sur San Remo ou Wevelgem, mais aussi des étapes plates sur les trois grands Tours, et des courses annexes, voire un général de courses à étapes pas trop dures qui se jouent aux bonifications. Un bon gagne cinq courses dans l'année, sinon son rendement est insuffisant. Ce sont les grosses cuisses, plutôt trapus ou lourds, capables de développer plus de 1500 watts sur quinze secondes, mais qui font une allergie au relief trop prononcé. Ce sont des vernis. Comme ils ont de bonnes chances de gagner, ils bénéficient de l'accompagnement d'équipiers qui font un train, comme on dit dans le cyclisme moderne. Certains équipiers, anonymes, font partie toute leur vie de ce train. Ils protègent toute la course.

D'autres sont des lanceurs, et pourraient être des leaders du sprint. Il vaut mieux être sprinteur dans le cyclisme moderne, avec une bonne gâchette à six coups l'année, que toute autre chose. C'est la garantie de bien gagner sa vie.

DES ANNÉES DE FRUSTRATION DANS L'ESPOIR DE GAGNER UN JOUR

Le tableau de Mendeleïev l'a démontré : 80 % des courses se terminent au sprint, pour 80 % de coureurs qui font une carrière sans lever les bras une seule fois. De plus en plus de sprinteurs de haut niveau et d'équipes organisées autour d'eux cadenassent les courses et les gèrent. C'est presque fini, les baroudeurs qui attaquaient de loin. Les sprinteurs sont des casse-cous. Ils sont habiles, explosifs, se transcendent, sont batailleurs et s'accrochent durant l'étape car ils savent qu'au bout, ils feront forcément une belle place, un accessit. C'est un monde à part, de fortes têtes.

Après, dans la classification, on a les équipiers, dont font partie les rouleurs. Des Tony Martin, ou des Français comme Alexis Gougeard, deviennent des leaders de classiques, ou gagnent des courses à étapes d'une petite semaine avec un beau contre-la-montre. Ce sont des hommes à tout faire, capables de rouler pendant des kilomètres, et qui protègent leur leader. Ils font partie d'un étage de la fusée du train du sprinteur. Ils préparent l'approche d'un col pour le leader grimpeur, ils servent d'étalon pour les contre-la-montre.

J'ai changé de voiture cet hiver. Je me suis aperçu qu'il existe une corrélation incroyable entre notre rôle au sein de l'équipe et notre bagnole, c'est ma femme qui m'a dit ça. C'est comme pour le chien qui ressemble à son maître. Un équipier, il a une familiale, un sprinteur, il achète une sportive, un rouleur, il investit dans un 4x4, et le leader il a un truc genre RS5 qui est puissant partout. Du coup, je n'ai pas flambé. Je me suis déjà trop fait remarquer avec mes accoutrements. J'ai passé l'âge.

Sinon, si tu es simple équipier avec une petite berline comme voiture, c'est que tu n'arrives pas à assumer psychologiquement ni physiquement un autre rôle. Tu n'es mauvais nulle part, mais tu n'es bon nulle part non plus. Tu es corvéable. Ou alors, tu n'as pas d'ambition. Tu es aussi le premier à être contrôlé positif. Certains, effacés, contents d'être là, n'ont jamais leur chance et n'ont pas le caractère ou l'égo suffisant pour s'affirmer. Si tu veux réussir, tu penses d'abord à toi. Wiggins, Armstrong, Ullrich, Virenque ont des égos surdimensionnés. Il arrive aussi que certains équipiers soient valorisés. En France, c'est leader ou sprinteur ou équipier. Si tu ne gagnes pas au bout de deux ans, tu restes équipier toute ta vie. En Belgique, comme dans d'autres pays, équipier, c'est un vrai rôle, pas de leader manqué. On choisit les équipiers en fonction des stratégies ou du charisme des leaders. Le grand leader a ses « *boys* » qui lui sont fidèles toute une carrière. Tu es choisi si tu roules vite et fort ou longtemps et fort. L'absence totale d'égo est un vrai plus si tu es équipier.

Un équipier ne gagne pas. « Un bon équipier est un équipier mort », au sens figuré bien sûr. Il doit finir cramé après avoir rempli son rôle, à vingt, dix ou cinq bornes de l'arrivée. J'ai parfois mal assumé ce rôle. Les premières années, il m'est arrivé de me faire remonter les bretelles du cuissard. J'avais fini dans le peloton et ce n'était pas normal. C'est que je n'avais pas tout donné. En montagne, l'équipier qui roule ne doit pas arriver dans les vingt premiers. Il n'y a que chez Sky ou Astana qu'on voit ça, c'est illogique, même s'il existe une autre caste : les lieutenants. Ces derniers doivent être capables de suppléer leur leader en cas de défaillance. Mais un gars qui a roulé dans la plaine et fait les deux premiers cols en bossant, il n'y a pas de logique sportive dans le fait qu'il soit là à l'arrivée. Les mecs qui ont fait des raids comme Rasmussen, Virenque, Landis, Voeckler, Hamilton, Chiappucci, on sait pourquoi et comment. Certains équipiers seraient parfois leaders dans d'autres équipes. Le public ne voit pas tout ça, ne le comprend pas. Il ne voit que le Tour. Pourtant, le calendrier est fantastique, toute l'année, et concerne de plus en plus de pays autour du monde.

Prenons les courses à étapes, par exemple. Elles se déroulent en Australie, dans les pays arabes, en Asie, aux États-Unis, en Amérique du Sud, en Afrique, même si c'est encore folklorique. Car de plus en plus de courses de la vieille Europe disparaissent ou sont mal en point. Pour les « petits coureurs » ou les petites équipes, la Coupe de France est un fil rouge ; le niveau y est moindre. Les épreuves d'un jour ou à étapes sont classifiées et rythment la saison. À haut niveau, le premier gros bloc, ce sont les premières Coupes du monde, les classiques, les courses flandriennes, les classiques avec pavés – Roubaix, Flandres, Wevelgem –, le Grand Prix E3 et les courses préparatoires qui sont des semi-classiques, mais aussi dures et dans la même région du nord de l'Europe. Avec la mondialisation, ce ne sont plus tout à fait des courses belgo-hollandaises. Juste après, il y a les « ardennaises », où s'affrontent grimpeurs et puncheurs. On voit arriver les leaders de grands Tours sur Liège-Bastogne-Liège, l'Amstel Gold Race et la Flèche wallonne. Ils se sont préparés lors de courses à étapes d'une semaine comme Tirreno-Adriatico ou Paris-Nice qui sont pour eux des semi-objectifs. Milan-San Remo est la première Coupe du monde de la saison qui mélange les spécialistes de classiques d'un jour et les leaders de grands Tours. Mais un gars qui finit dans les dix à Liège peut être dans les dix des Tours de France ou d'Italie. Ceci dit, on s'oriente vers une hyper-spécialisation des coureurs pour certaines courses depuis cinq ans.

Les Flandriens, pas idiots, sont payés autant que certains leaders et stars de grands Tours. Pour trois courses sur une semaine. Après Roubaix, on ne les voit plus, sauf en fin de saison où ils bouchent les trous. Pareil pour les ardennaises. Ensuite, les cols sont ouverts et déneigés et on passe à des courses à étapes d'une semaine : le Tour de Romandie en Suisse, le Dauphiné Libéré, le Tour de Suisse. Avec toujours des courses satellites de niveau moindre. On finit fin juin, une semaine avant le Tour, par le championnat national. Et puis c'est le Tour. Si ton équipe a gagné sur tous les fronts, dans les Flandres, les Ardennes, les courses à étapes, mais qu'elle passe à côté du Tour de France, elle aura raté sa saison. C'est une réalité. La résonance est telle qu'à l'inverse, si tu gagnes une étape, tu as fait une grande saison. On oublie tout, même si tu as fait une saison de m…. pendant 344 jours. Une victoire en juillet : bingo ! Tu t'assures a minima trois ans de contrat. Voire toute ta fin de carrière.

DES CLASSIQUES PAS ASSEZ DURES ?

Le Tour des Flandres, c'est une course spéciale. Pour moi, c'est la plus belle course au monde. J'ai fait partie de ceux qui auraient préféré remporter le Tour des Flandres plutôt que de gagner des étapes au Tour, au Giro ou à la Vuelta. C'est un monument qui fait rêver. Extrêmement difficile, sans véritable équivalent. J'ai mis des années avant de la finir devant. Jusqu'au jour où j'ai compris. Avant cette course, on fait une reconnaissance du final et de certains secteurs. En course, je faisais les deux cents premiers kilomètres et j'abandonnais, comme les deux tiers du peloton. À la reconnaissance, je faisais la fin. On tourne en rond en permanence. J'avais espoir de bien faire, d'être un grand coureur qui la finirait dans les dix premiers. Les anciens me disaient : « Si tu finis devant aux Flandres, tu seras un bon coureur, et la Belgique t'adoptera. » Ça m'avait marqué. Au soir de la course, en rentrant, j'avais abandonné. Meurtri par sa rudesse. Je commençais à me dire que j'étais presque mauvais. J'ai été recueilli par un presque ancien qui fut un roi des Flandres à sa manière. Devant quelques bières, il a souri, s'est marré et a balayé mes doutes. Il m'a dit que pour bien passer les monts pavés, fallait ne pas sentir ses jambes. Il est entré dans le détail. Il m'a fait comprendre qu'on ne faisait pas le même vélo et que, sans grosse artillerie, je n'y arriverais jamais ! On ne jouait pas dans la même cour. Ce jour-là, j'ai aussi compris que si je voulais réaliser mon rêve de podium, il me faudrait être un peu moins clean. De fait, je suis devenu un bon coureur, comme me l'avaient prédit les anciens, mais je n'ai pas réalisé mon rêve. J'étais tout près, pourtant, et pour moi c'était déjà un exploit. D'autant plus près que cinq ou six coureurs qui avaient terminé devant moi ont été pris dans des affaires de dopage. Je n'ai pas été reclassé. Personne n'est reclassé. Les organisateurs et les instances dirigeantes préfèrent ne pas mettre de lignes aux palmarès en collant des blancs, plutôt que de reclasser les coureurs suivants comme au Tour de France. C'est risqué, remarquez ! C'est aussi la preuve qu'ils savent bien comment ça marche. Beaucoup de coureurs vivent avec la frustration et le ressentiment d'avoir été privés de palmarès parce qu'ils n'ont pas voulu tricher. Ou parce qu'ils ne sont pas allés assez loin dans la course aux armements.

Mon histoire aux Flandres, c'est aussi celle de coureurs français qui ont rêvé de Liège-Bastogne-Liège, un autre monument, plutôt destiné aux grimpeurs. J'en ai parlé avec Jörg Jaksche ; et d'autres sont venus me raconter leur rencontre sur une aire d'autoroute avec Alain Gallopin, le directeur sportif de la sulfureuse équipe CSC, alors qu'ils avaient abandonné l'épreuve, rincés par le rythme et la dureté incroyable du parcours. Son neveu, Tony, est devenu un bon coureur. Les chiens ne font pas des chats. « Gallo », disert, commentait leur course :

– Putain, on vous prend dans le pare-brise au bout de 200 bornes, comme une mouche qui a la tête dans l'cul, alors qu'on croit en vous, qu'est-ce que vous foutez ? On aurait dû gagner chez CSC, mais cette course n'est pas assez dure !

Tu ne triches pas, mais tu es quand même perçu comme un tricheur par le public. Tu te fais voler par ceux qui trichent, et tu subis la course. C'est la double peine appliquée au vélo. Le soir, quand je mets mes jambes en l'air pour récupérer, j'ai de quoi cogiter.

Certains ont été moins étincelants qu'ils auraient dû être, au point de paraître « trop payés » aux yeux d'autres. Croyez-moi, on n'a pas été trop payés. Nos dirigeants et leurs actionnaires connaissaient le contexte, et payaient une place de dix-douzième à une certaine époque comme une place de troisième ou de quatrième aujourd'hui. Cela permettait de remettre (un peu) les choses à leur place, mais ça n'efface pas la frustration. Certains se sont plaints de cette injustice. Très peu, et à voix basse. Mais de toute façon, quelles oreilles voulaient les entendre ? D'autres se sont dit : « Bon, je fais le max et je me fais avoir, alors je vais faire un peu moins, quitte à être moins bon. » Ils se sont fonctionnarisés. Ils régressaient. Mais faire douzième ou dix-septième, de toute façon, dans tous les pays, ça faisait de toi un pas bon.

En terminant « presque » devant, même aux jeux Olympiques, on était fracassés par la presse. Un coureur comme Benoît Vaugrenard, régulièrement classé aux alentours de la dixième place à Liège en axant sa saison sur ces classiques, est certainement un très grand coureur. Personne ne le connaît. Par contre, il est reconnu en interne et a encore prolongé son contrat en 2016. Il fait une des rares longues carrières que je connaisse. Comme si ses employeurs savaient, et que c'était un moyen pour eux de s'excuser. C'est l'exemple du mec de grand talent, sans égo démesuré, auquel on n'a jamais vraiment donné sa chance. Et dans la même équipe, on fait d'Arthur Vichot un coureur de classiques en lui donnant des moyens, alors qu'il n'a pas son talent. Vaugrenard est devenu équipier. Un coureur exploité au talent inexploité, comme tant d'autres. Le talent et l'évolution du coureur sont limités par l'ignorance et l'incompétence de son encadrement. Surtout en France. Quand on est à la flotte, sans méthode d'entraînement spécifique et dans les dix de Liège-Bastogne-Liège à 24 ans, on doit grimper quelques marches. Pas lui. Pas en France. Dans une grande équipe, il n'en serait pas là. Sky a recruté Christian Knees quand il a fait dans les dix premiers à Liège et qu'il était chez Milram. Dans les dix de Liège-Bastogne-Liège quand, pour monter sur le podium, c'était EPO minimum, c'est une référence ! Pour trouver les vrais champions, c'est là qu'il faut chercher. Faut regarder derrière les podiums. Dans les dix des Flandres sans bière, je crois que c'est encore plus fort.

La vraie performance sportive, c'est souvent de finir à la flotte derrière ceux qui jouent. Mais ça, le public ne le voit pas. Il regarde devant, comme la presse. Là, elle ne fait pas son travail. C'est dommage. Cela permettrait peut-être de mieux valoriser certains coureurs. Parce que quand tu termines premier des « autres », premier de ceux qui ne sont pas chargés, ta performance a beau être reconnue en interne, elle ne sera pas valorisée au niveau du public. Et puis, on peut trouver un bon contrat, si on a confiance en toi, si on pense de toi : « Il va peut-être mettre en route en se débrouillant de son côté ». Ce qu'on attend de toi est sous-jacent. Là, il faut tenir bon si tu ne veux pas franchir la ligne blanche et rester, disons, intègre. Les managers sont les rois du non-dit. Sur eux aussi, il y a beaucoup à raconter. Au procès Festina en 2000, Bruno Roussel avait dit : « Plus rien ne sera comme avant ». Tu parles !

LES VIEUX TIENNENT LES RÊNES

Quand je pense aux managers, je pense d'abord aux bannis. Bruno Roussel pour Festina, Manolo Saiz pour ONCE, avec leurs fils spirituels Virenque et Jalabert, Johan Bruyneel avec Armstrong, ont été mis hors-jeu. Bjarne Riis a feint de se mettre hors-jeu l'an passé. Il revient, il me l'a dit le mois dernier. En force. On fait comme dans la société. S'il y a un attentat avec des intégristes, on va s'occuper du problème après. En réaction plus qu'en action. Roussel dehors à cause de l'affaire Festina, Manolo à cause de l'affaire Puerto, Bruyneel à cause de Lance, ont été évincés parce qu'ils symbolisaient les tremblements de terre du vélo. Mais on n'a pas cherché plus loin. On a viré ce qui gênait aux entournures, pas au cœur du problème. On a fait semblant. Regardez bien. Ceux qui étaient là en 1998 sont toujours là. Certains font de la m…. depuis des années, et si l'on creuse un tout petit peu, on comprend vite qu'ils n'avaient rien à envier aux autres – et pourtant ils sont toujours en place ! Comme ils ne se sont pas retrouvés au centre d'un cataclysme, ils sont encore là. En Italie, on fait toujours la courbette à Gianni Savio, le directeur sportif d'Androni, ancien boss de la Colombia ! Avec ses équipes de repentis sans budget, ses coureurs qui ramènent leur propre sponsor, ses positifs qui se font choper tous les ans, il arrive à faire le Giro chaque année et est invité partout. Il a beau ne pas être très clean, il vire ses positifs un à un et n'hésite pas à s'insurger. Il n'est pas le seul dans son genre. Martinelli, ex-manager de Pantani, vainqueur du Tour de France en 1998 et qui s'est suicidé en 2004, dont il a couvé toute la carrière, s'est fait logiquement embaucher comme directeur sportif chez Astana par Vinokourov, assez pousse-au-crime sur ce coup-là. On le pousse péniblement vers la sortie.

SE RÉSIGNER

Vinokourov a triché. Il a été pris, il a été suspendu, il a acheté des courses. Les coureurs de son équipe du World Tour et de son équipe réserve sont contrôlés positifs. Et il est encore là avec cette équipe Astana. Elle n'a pas été exclue du circuit par la pseudo-commission d'éthique, début 2015, comme elle aurait du l'être. Beaucoup de coureurs et d'acteurs de ce sport, je ne parle même pas des spectateurs, se sont une nouvelle fois résignés. C'est comme ça. Non seulement ils sont là, mais ils dominent le peloton international. Ça veut dire qu'on s'en fout. On continue avec Nibali, Aru, et en avant Guingamp !

Astana, c'est Vinokourov. C'est le Kazakhstan, et un sponsor comme on ne peut pas en trouver. C'est un robinet du vélo, au même titre que Katusha pour les Russes. S'en séparer, c'est fermer une manne financière de haut débit. Ces deux-là financent indirectement l'UCI. On n'est pas dupes, juste abattus. On ne nous dit pas tout. On s'est séparés de certains, mais le ménage n'est pas fait.

Manolo Saiz va revenir. Il veut refaire une équipe : « Tu nous as manqué, il était temps que tu reviennes, avec tes méthodes, pour nous aider à remettre tout ça en place ! » Ses méthodes ? Aller voir les meilleurs médecins et… en avant la musique ! Eusebio Unzué, le manager de l'équipe espagnole Movistar, est là depuis l'éternité. C'est lui qui a fait rouler le grand Indurain de 80 kilos à 450 watts. Il a cautionné ses performances monstrueuses. Movistar est depuis quelques années en tête du classement UCI. Valverde qui revient au bout de deux ans de suspension, toujours aussi fort, comme le fit en son temps Contador, c'est un Movistar. Tout le monde applaudit ce mec qui est là depuis 2002 avec un palmarès incroyable. « Quel champion ! » Les managers, eux, ne sont pas suspendus. Deux ans dehors pour un contrôle, dans une carrière, c'est presque un diplôme de Polytechnique ! Les Polytechniciens, c'est les meilleurs. On sait qu'ils savent faire. Revenir plus fort ou aussi fort, c'est de l'hypocrisie. Virenque, au moins, il ne se cache pas, et ne se démonte pas non plus. En 2002, il a titré son livre : *Plus fort qu'avant*. Revenir après une suspension, et être plus fort qu'à l'époque où on a été dopé, c'est vraiment prendre tout le monde pour des c... Moi comme d'autres, on voit ça, on comprend. C'est un de nos curseurs. « Plus fort qu'avant », c'est une sinistre farce. Même Ivan Basso est revenu chez Liquigas en gagnant « un Giro à l'eau claire ». Bon. Il a un cancer des testicules déclaré sur le Tour 2015... Lui aussi va finir dans l'encadrement.

En Belgique, Patrick Lefevere, 61 ans, dirige la plus grande équipe du pays. Il fait ce métier depuis 1979, après avoir traversé sans encombre les années Mapei, où personne sauf lui n'avait les clés de son coffre de voiture. Il a changé de sponsor. Le nouveau, c'est Quickstep. Le roi des Belges, finalement, ce n'est pas Merckx, ce n'est pas Philippe, c'est lui. Il fait partie du paysage, immuable, et essaie juste de faire du neuf avec de l'ancien – les mêmes méthodes, les mêmes personnes. Ils se sont adaptés aux nouvelles règles, c'est tout. Le distributeur a changé, mais ce sont les mêmes acteurs. Idem pour Marc Sergeant, directeur sportif chez Mapei, passé chez Lotto-Soudal, la deuxième équipe belge.

Les mêmes depuis trente ans ! Ils étaient déjà là dans les voitures ou les barnums, en 1998 ! En France, ça fonctionne pareil. Bernaudeau ne s'est converti au management qu'en 2000. Il a essayé de monter une équipe propre en le clamant haut et fort. Seul bémol, il n'a pas dit ce qu'il avait fait en tant que coureur. C'est dommage. Ça aurait aidé. Mais on peut comprendre. Un autre ancien coureur, Jonathan Vaughters, devenu manager de l'équipe américaine Garmin, a été obligé de dire ce qu'il avait fait, lui, lors des interrogatoires de l'affaire Armstrong. Ça aide à donner une cohérence au discours : « On est repentis, les gars, on fait gaffe ! »

On ne peut pas faire l'amalgame entre un manager qui a été coureur et qui s'est dopé, et un manager qui a été coureur, s'est dopé, ET a triché en tant que manager, ET sait que son coureur va chez un médecin ET qu'il se dope ET qu'il gagne des courses grâce au dopage, en laissant faire. Normalement, on ne la lui fait pas à l'envers, comme on dit !

Marc Madiot, le « miraculé de la procédure du procès Festina », et Vincent Lavenu, qui était en 1998 à la tête de Casino, rivale de Festina, aux côtés du médecin italien Daniele Tarsi, ont sans doute compris qu'il fallait faire beaucoup plus attention. Mais ils sont là eux aussi, sans avoir rendu de comptes ni s'être expliqués. Bjarne Riis, caricature de l'ancien coureur tricheur reconverti manager chez CSC, a dominé pendant des années le cyclisme avec cette équipe. Il a feint de partir en 2015. Ce sont eux, avec leurs casseroles insonorisées, qui font en grande partie le paysage et qui se tiennent par la barbichette. Dans le personnel encadrant, certains sont impossibles à virer parce qu'ils en savent trop. Ou bien ils en profitent. Jef D'hont, ex-soigneur d'Ullrich, par exemple, a travaillé à la FDJ. Il a fait un livre sur le vélo où il parle de l'Allemand, star déchue, mais a « oublié » de décrire ses années dans l'équipe française. C'est bizarre. Tous les ans, il passe du bon temps de retraité honoraire en Belgique sur certaines courses. Hôtels, vélos, matériel. Il est équipé comme un pro, à l'œil. À la FDJ, le docteur Gérard Guillaume, arrivé en 1999, qui a lutté frontalement et humainement contre le dopage quinze ans durant en interne, a été prié de faire ses valises de manière brutale cet hiver. Il a été remplacé. Il l'a mal pris, mais il ne va pas parler. Suivez mon regard. Il a juste vidé son sac au dernier stage de l'hiver devant l'encadrement qui regardait ses chaussures et devant les coureurs qui regardaient ailleurs. L'audit réalisé auprès de cette équipe il y a trois ans en faisait une structure exemplaire. Celui qui a été refait cet hiver la classait comme équipe à risque. Je croise les doigts pour Thibaut Pinot qui veut gagner le Tour et que j'ai toujours trouvé sympa.

Jim Ochowicz, le manager de l'équipe BMC, appartient à la catégorie de ceux qui traînent un lourd passif, lui aussi. Il est discret, c'est plus un super directeur sportif, avec des prérogatives élargies, qu'un véritable manager. Il n'a pas vraiment les rênes, c'est un peu la marionnette de ses financiers. Ledanois, lui, est directeur sportif. Son fils, qu'il entraîne, est champion du monde espoirs avec un taux anormal remonté depuis son championnat de France. C'est du sang neuf, Ledanois ?

Et puis, il y a les nouveaux managers. Ce sont des gens bien, sans doute.

Dave Brailsford, chez Sky, a dû virer ses directeurs sportifs un à un à cause de leur passé. Luca Guercilena, qui aime le vélo, a des diplômes de manager, et a restructuré Trek en faisant confiance à des jeunes. Il n'a plus les moyens de l'US Postal, mais il a quelques idées. On le dit grand médiateur. MTN devenue Dimension Data, c'est intéressant. C'est une équipe toute neuve, africaine, avec un siège impressionnant en Toscane. Elle détonne dans le paysage. Il faut juste que ses coureurs n'aillent pas trop boire de coups chez Cipollini, leur voisin.

En Hollande, chez Giant, l'encadrement et l'état d'esprit sont un peu nouveaux aussi. Par contre, Lotto Jumbo, créée sur les cendres de la folle équipe Rabobank, et qui conserve son encadrement après plusieurs scandales, on a toujours du mal. Katusha et ses Russes qui ne font pas que boire, dirigés par Ekimov, qui a rappelé l'ancien manager de Gerolsteiner, équipe disparue de parangons de vertu, on a aussi du mal. Quand Vinokourov et Kashechkin ont été serrés par la patrouille, Astana, pour redorer son blason, a désigné comme nouveau manager Yvon Sanquer, ce gentil Français qui ne dirigeait rien. Il est aujourd'hui recyclé chez Cofidis, équipe de seconde division, française bien sûr, puisqu'il doit sa nouvelle place à Madiot. Et quand c'est Neil Stephens, transfuge de ONCE chez Festina, qui est directeur sportif chez Orica, ça ne donne pas confiance.

Globalement, ce sont les mêmes, ou leurs pions, qui dirigent depuis trente ans. Et ils auraient de sacrées histoires de Père Consanguinité à raconter ! On cultive l'entre-soi. L'encadrement des équipes de World Tour n'est pas très international. Très européen, oui. Quelques équipes de niveau deux, « Continental Pro », se créent avec des nouvelles têtes. Une lueur d'espoir ?

On remarque quand même des améliorations notables : méthodes d'entraînement, équipes relativement structurées, cautions bancaires obligatoires pour garantir les salaires. Marc Madiot, qui ne voulait pas entendre parler des « mouchards », les cardiofréquencemètres, s'est ouvert aux nouvelles technologies – mais toujours pas à l'anglais –, contraint et forcé, soit, mais c'est déjà ça. Mais le progrès le plus remarquable, c'est que le dopage n'est plus obligatoire ! Tu peux t'en sortir correctement sans avoir la selle dans le trou du cul ni subir de dopage passif. Tu peux finir tes quatre-vingts jours de courses de la saison sans problème. Les managers ont consenti à moins monter dans les voitures pour « manager ». C'est vrai qu'ils ont vieilli.

Et puis, on trouve moins de méthodes à papa. On le sent. Les nouveaux coureurs, sans a priori, apportent des innovations dans l'approche, la diététique, l'informatique, le style de vie aussi. Le gros changement dans tout ça, c'est l'entraînement. C'est ce qui fait que ça reste dur de gagner, même si le dopage a nettement reculé. Les moyens sont meilleurs. Ça se resserre. Il n'y a plus vraiment de mauvais coureurs en World Tour. Beaucoup plus de gars pointus, en revanche. C'est nivelé par le haut, qui va toujours aussi vite à certains moments, peut-être même plus vite. Mais ce n'est pas forcément à cause du dopage. Les méthodes d'entraînement, auparavant réservées aux leaders qui bénéficiaient de médecins payés très cher, ont profité aux coureurs qui, avant, n'étaient pas encadrés.

Maintenant, un équipier qui veut apprendre et bosser dur, il peut. Même si on en est aux débuts, et qu'on trouve de tout parmi les entraîneurs, certains font rouler plus vite les coureurs moyens, c'est sûr. Et c'est bien. Les coureurs qui donnent le rythme des courses avant la difficulté sont forts. Les vitesses moyennes globales s'en ressentent. Pour s'échapper, il faut être plus fort. La vitesse pure n'est pas un étalonnage fiable pour dire que ça va mieux. Sans te doper, tu as plus de place qu'avant pour t'exprimer, c'est certain. Tu peux avoir des satisfactions, de bons résultats, pas gagner de très grosses courses, mais avoir un salaire correct en faisant bien ton métier, oui. Il y a dix ans, c'était encore impossible. En accédant à des méthodes entraînement-diététique-suivi-moyens de récupération qui ne t'étaient pas accessibles il y a dix ans, tu peux t'en sortir beaucoup mieux, si tu es bon, et t'acheter une plus belle maison. Le SRM n'est plus un instrument abscons. Aujourd'hui, des gens savent lire et interpréter les données, surtout dans le cadre d'une programmation à peu près réfléchie. On est passés du minitel à la tablette wifi. Quand, dans une équipe, il y a des mauvais, les résultats sont mauvais. Le dopage n'est pas responsable de tout. Les derniers au classement du World Tour ne sont pas bons, ni en matière d'encadrement, ni en matière d'entraînement, et basta.

C'est comme sur les grosses courses. La base, c'est le travail que tu mets en place et la structuration de l'équipe. En tête, tu trouveras ceux qui travaillent le mieux. Et probablement ceux qui disposent du plus gros budget, aussi. Parce que les compétences se payent : le diététicien, le tacticien, l'entraîneur, etc. Plus tu t'entoures de mecs compétents, plus ça marche. Il y a aussi des équipes où presque tous les coureurs gagnent au moins une course… C'est un signe, ça. Omega, Movistar, Sky…

À tous ceux qui ne connaissent le vélo qu'en juillet à travers les médias, et qui ne croient pas au vélo parce qu'à ce moment-là personne ne peut l'aimer, je réponds qu'il n'y a pas que le Tour de France. Même si la plupart d'entre nous, on ne pense qu'à ça.

« THE » TOUR DE FRANCE

L'aura du Tour est telle qu'on a l'impression que sa vérité recouvre tout. C'est un rouleau compresseur, diffusé en France pendant vingt et un jours quasiment en intégralité, et dans près de deux cents pays par une centaine de chaînes – à des années-lumière des centaines de courses inconnues du grand public qui sont pourtant notre quotidien. La contrepartie ? Relater la course ne suffit plus. Les médias fouillent dans tous les coins. Il leur faut du sensationnel. Ça tombe bien : le Tour est une machine à fabriquer des sensations.

TOUS DOPÉS ?

D'un côté, on a des performances sportives, humaines, des athlètes. De l'autre, on a deux mille cinq cents personnes qui se baladent chaque jour dans une sorte de cirque ambulant. Beaucoup de gens de la caravane ne voient jamais un coureur. Nous sommes à peine deux cents. Les estivants qui font dix bornes à vélo et qui ont mal aux fesses se disent forcément que ce qu'on fait, ce n'est pas possible. Les gens se comparent toujours à nous. Ils gobent tout ce qu'on leur dit par effet Golem. Bref, on est tous dopés.

Quand je sors avec mon gouvernement (ma femme), ou bien quand je fais des courses et que je parle avec des gens qui ne me connaissent pas, on me pose souvent la même question :

– Et vous faites quoi dans la vie ?

La plupart du temps, je mens, ou je louvoie. Je ne sais pas trop pourquoi. Une forme de gêne, d'embarras, ou de lassitude. La flemme d'avoir à leur expliquer que cycliste, c'est « professionnel », et que c'est un métier. Mais les gens, qu'est-ce que vous ne comprenez pas, dans « professionnel » ? Parce que systématiquement, la question suivante, c'est :

– Mais comment vous gagnez votre vie ?

Ben je fais boulanger avant d'aller courir, tiens… Ça me gave. Juste après vient le : « Ah oui ! Le Tour de France ! » Là, je commence à souffler fort. Et quand au bout de trente secondes, le mot « dopage » arrive dans la conversation, je suis à l'agonie, j'ai envie de prendre mon caddie et de foncer dans le tas. Alors maintenant je réponds « je suis dans le beurre ». Je lis un grand point d'interrogation sur les visages et j'enchaîne en expliquant que je fabrique du beurre avec du lait bio de manière industrielle, que je suis le boss, et que cela rapporte un max de pognon. Tout le monde comprend. Je suis tranquille, personne ne va plus loin. Le beurre, ce n'est pas un sujet de conversation. Le Tour et le dopage, si.

Les médias, qui ne s'intéressent au vélo que pendant le Tour de France, appuient là où ça fait mal, parce que le reste ne les intéresse pas. Et le public suit. Il faut dire que depuis des années, ce qui se passe à l'avant du peloton n'est plus vraiment passionnant, du strict point de vue sportif. Je comprends qu'on remette en question certaines performances ; l'histoire récente ne plaide pas exactement en notre faveur. Mais c'est une chose d'être lucide et d'aider à une prise de conscience, c'en est une autre d'être obsessionnel et jusqu'au-boutiste. Certains enragés font feu de tout bois. Et nous, on se sent forcément un peu humiliés. Dans le fond, il y a eu tellement de scandales et de vainqueurs déclassés que les gens n'ont plus envie d'y croire. On ne peut pas les blâmer. Mes managers ont tous dit : « Le dopage sur le Tour, le mieux, c'est de pas en parler ». Ils ont raison. Ce devrait être la fête.

Paradoxalement, c'est quand on n'en parlait pas et que c'était généralisé que le Tour était au paroxysme de sa popularité. On ne peut pas être crédibles aujourd'hui, on le sait, alors on baisse la tête pour avoir l'air d'un coureur. Les performances des vainqueurs de ces dernières années gâchent le peu de crédit qu'on pouvait accorder au suspense du Tour depuis cinq ans. Les caméras sont hélas braquées sur eux. Les gens regardent ces mecs, voient les managers qui les dirigent, écoutent les interviews d'ex-coureurs… Comment voulez-vous qu'ils croient au changement ? Où est le renouveau ? Et plus les gens sont informés, moins ils sont naïfs. Pour ne plus y croire, ils ont eu besoin de preuves. Pour croire en l'innocence retrouvée, ils ont aussi besoin de preuves. Logique. Et Dieu sait si le cyclisme a été assez stupide pour en donner. Il faudrait le double ou le triple de sincérité et d'honnêteté pour que les gens recommencent à croire aux résultats. On n'en est pas là.

Aucun coureur n'est vraiment connu du grand public. Il faudrait une transparence totale, démontrer qu'on est sains, prouver notre innocence et mettre en place des réformes. Les outils sont simples. Des images télévisuelles avec, incrustées, les données sur les puissances développées, et des gens compétents et intègres, qui pourraient expliquer si c'est possible ou pas, parce que les données des tests à l'entraînement ou en laboratoire valident les performances. On est en 2016 ! On sait tout décortiquer. Ma vingtaine de prises de sang annuelle, je veux bien la mettre en ligne.

Beaucoup de journalistes font du sensationnel et ne veulent pas comprendre ce qu'est un watt par exemple. Remarque, il y a des managers qui ne savent pas non plus. En trois semaines au Tour de France, on essaie de t'expliquer ce qui se passe sur un an pour les premiers comme pour ceux du ventre mou du peloton. Ce n'est pas la vérité. Seulement neuf coureurs d'une équipe participent au Tour. Soit un tiers des coureurs qui composent l'équipe. Le Tour, caisse de résonance, démultiplie et déforme tout. C'est l'écho de tout ce qui nous menace. Le reste de l'année, on n'a pas ces médias, on n'a pas ces sponsors, on n'a pas cette promotion. Sur certaines courses pros, on compte à peine cent spectateurs, départ et arrivée inclus. On n'a pas vraiment l'occasion de monter des cols avec deux ou trois rangées de spectateurs de chaque côté.

DES VACHES ET DES QUATRE VOIES

Au Tour d'Espagne, sur des centaines de kilomètres, les vaches sont bien souvent nos seules spectatrices. Remarque, là-bas, on roule souvent sur des quatre voies. Une famille ne va pas s'y installer pour voir passer le peloton à 50 km/h. Heureusement que c'est télévisé. La seule cohorte qui se déplace, ce sont quelques journalistes. Au Tour de Chine, pour l'étape-reine de montagne, on avait zéro spectateur. Le monde, la foule comme au Tour, c'est seulement sur les classiques ardennaises ou flandriennes, en Belgique, sur Paris-Roubaix et ses secteurs pavés, sur certaines courses dans des terres de vélo comme en Bretagne ou au Tour du Pays Basque, en Australie en début d'année. En Italie, ce ne sont pas des masses de spectateurs non plus. Le Tour, c'est pendant les vacances d'été. Ça aide à sa renommée. C'est plus facile. On fait du vélo sur des routes magnifiques et magnifiées, des paysages de cartes postales. Il fait beau. C'est ce fameux « patrimoine ». Le Tour cristallise le cyclisme, comme Lance a cristallisé le problème du dopage. À tort.

Ce qui me fait le plus mal, ce sont les gens qui n'y croient plus. Même au Grand Prix de Plouay qui était pourtant, m'a-t-on dit, une Mecque du cyclisme. J'ai même appris des insultes en breton ! Un jour, sur le Tour de France, je me suis arrêté dans un col, près d'un camping-car dont les occupants venaient de me traiter de « mal dopé » parce que j'étais lâché. Je leur ai demandé en gueulant, avec mon accent, pourquoi ils étaient là. Réponse : « C'est le Tour de France ! On vient voir la caravane, pour le bob qu'on nous jette et le saucisson Cochonou, pas pour les bons à rien ! » J'avais ruminé ça en profitant de l'aspiration derrière voiture dans la descente du col. J'ai failli ne pas repartir. J'ai fini l'étape loin, dans un gruppetto.

Les spectateurs ne sont pas sur le Tour pour nous, les cent quatre-vingt-dix-huit coureurs. J'avais compris cela à une exposition du musée d'Art contemporain, à Paris. Un artiste avait compilé un film d'une heure trente d'images magnifiques de paysages vus d'hélicoptère prises lors d'étapes du Tour. Les coureurs apparaissaient de manière furtive, loin dans le paysage, par moments, en file indienne. C'est ça, le Tour.

Les gens regardent les premiers, pas les gruppettos qui, pour rentrer dans les délais, tirent la langue et ne peuvent parfois pas rouler beaucoup plus vite que des amateurs. Dans les gruppettos, pour une fois, on est un peu solidaires. On se donne à boire entre nous, on se retrouve, souvent les mêmes, on crée des amitiés et on se dit : « À demain, dans le gruppetto ». C'est presque le lieu le plus sympa du vélo, où tout le monde est uni dans la difficulté.

On l'a dit, les autres courses ne déplacent pas les foules. On peut presque se demander pourquoi elles existent, d'ailleurs. Et pourtant, à l'échelle de notre sport, ce sont aussi de grands événements. Un vainqueur du Tro-Bro-Léon peut être aussi fier, sinon plus, que celui qui a gagné Paris-Roubaix ou une étape du Tour. Certains partenaires trouvent leur compte dans ces courses annexes, aux côtés des passionnés et des connaisseurs.

Même pour ces courses qualifiées de mineures, la communication et l'aspect économique sont des éléments devenus vitaux dans le cyclisme moderne. Pour les top events, trois grosses sociétés se partagent l'organisation de 80 % des courses du calendrier et ont racheté toutes les belles courses en Europe. Elles créent aussi des événements dans des pays émergents qui ont de l'argent. Ce sont ASO, RCS et Flanders Classics. RCS n'est pas en bonne santé. ASO est l'ogre radieux. À côté de ces monstres, les bénévoles dont les courses n'ont pas encore été achetées, quel que soit le pays, commencent à vieillir. Quelques organisateurs indépendants résistent, comme au Tour de Suisse, mais en Espagne et en France, des courses disparaissent chaque année. Ça devient de plus en plus dur pour eux. Il faut appliquer les lois, les règlements de circulation, faire face à la logistique… et rémunérer les équipes pour qu'elles se déplacent ! Ça coûte de plus en plus cher.

Sur le World Tour, on reçoit des cachets financiers (pas des pilules !), qui s'ajoutent parfois au fait qu'on soit logés, nourris et que nos frais de déplacement soient remboursés, pour des montants conséquents. Fini le temps où le podium du Tour était en bois, transporté par une camionnette diesel. Aujourd'hui, on nous emmène à Pékin et en Australie, au Tour Down Under, depuis que Cadel Evans a gagné le Tour en 2011. Là-bas, c'est un grand événement populaire, le deuxième après le Tour de France au niveau de la densité des spectateurs. C'est un phénomène nouveau au pays des kangourous, faire venir des stars d'un sport qui brille ailleurs et qu'ils ne connaissent pas. La bière coule à flots. Les Australiens savent faire, et ils sont en vacances en janvier. Preuve en est que le vélo, ça peut marcher. Beaucoup de gens aisés le pratiquent dans les pays anglo-saxons, en Asie aussi. Des cohortes de tour-operators, maintenant coordonnés par ASO, organisent des séjours sur certaines étapes du Tour de France avec des packs chers, mais rentables. Le but, c'est quand même d'associer le côté populaire et la télévision à la caravane. Il existe aussi des courses incontournables, qui jouent sur leur position dans le calendrier. Le Dauphiné Libéré ne se justifie pas par les cinquante gugusses qui viennent voir les coureurs, ni par la télévision, quasi absente, mais parce qu'il est placé quinze jours avant le Tour avec des étapes parfois identiques à celles de la Grande boucle. Elles servent de reconnaissance in vivo. Il n'y a pas d'intérêt économique ou stratégique à développer sa marque au Dauphiné, dans le trou du cul des Alpes, mais c'est un passage quasi obligé pour bien anticiper le Tour au niveau sportif. C'est pour ça qu'ils ont quelques stars. Un sponsor est d'abord implanté dans certains secteurs géographiques ou stratégiques. Après, il peut décider de s'impliquer sur un événement pour augmenter son taux de notoriété. Mais sur le Dauphiné, il n'y a pas grand-chose, et l'exposition de la marque est vraiment minimale.

LE TOUR ÉCRASE TOUT

Pour un coureur, une saison sans Tour, c'est comme un steak sans moutarde, comme un baiser sans moustache. C'est triste, fade. Pour un Français sur deux de plus de 50 ans, un juillet sans Tour serait presque un drame. Les drapeaux seraient en berne. Quand on est gamin, qu'on veut être coureur cycliste, c'est lui le moteur. Certains Américains ont fait du vélo à cause des images de Paris-Roubaix à la télé, mais c'est à la marge. Pourtant, bien filmée et correctement commentée, n'importe quelle course de vélo pourrait charmer. Mais seul le Tour fascine. J'ai rêvé de devenir pro car j'ai rêvé de faire, un jour, le Tour. C'est l'événement, la référence. On le vit bien ou pas, ça dépend des années. Tu es content d'être là, de toute façon. Mais j'ai toujours eu du mal à prendre du recul. C'est dur ! Tu es tout le temps fatigué, nerveusement, physiquement, tu ne fais pas tout ce que tu as imaginé faire. À part les Australiens, tu ne te projettes pas sur le Tour Down Under. Pour tous, l'objectif, c'est forcément le Tour de France.

Cependant, même en étant en pleine forme, c'est difficile de bien figurer. Tu es grisé parce qu'il y a du monde partout, mais frustré parce que tu n'as le temps de voir personne, et encore moins de discuter avec quiconque. Pour toi, coureur qui pédale à 40 km/h en moyenne lors des étapes, ça va à 100 km/h. Tu ne vis pas forcément bien le succès des copains qui réussissent sur le Tour mieux que toi, qui bouffent la gloire à côté de toi. Tu trouves ça injuste. Tu te dis : « Pourquoi pas moi ? » Quand ça se termine, tu finis harassé. Tu vois les mauvais côtés, car tu rentres sans maillot jaune, mais tu n'as qu'une envie quand tu n'as plus le Tour : revenir. Tu voudrais que ça ne s'arrête pas, en fait. C'est l'amour de ta vie. Quand tu es avec elle depuis dix ans, tu te dis que tu veux voir ailleurs, mais une fois que tu l'as quittée, tu te dis merde ! C'est une drogue ! Cela crée un manque. On devrait dire LA Tour de France tellement la marche est haute pour réussir dans cette course et parce que tu es le petit amant parmi 198 autres d'une maîtresse qui te domine. Tu dois parvenir à oublier que tu ne seras jamais son époux.

Certains coureurs sont moins amoureux, et même pas fans du tout du Tour. Les Flahutes, belges et hollandais, ce sont les courses flamandes qui les font triper. Pour certains Italiens, c'est leur tour national, le Giro. Mais celui qui veut exister vraiment dans le gotha mondial du vélo, laisser une empreinte, c'est sur le Tour de France qu'il doit se montrer et performer. Cancellara, qui a gagné beaucoup d'épreuves, doit sa notoriété avant tout au fait qu'il ait porté le maillot jaune sur le Tour de France. Il a électrisé sa notoriété au Tour, pas son vélo ; à moins que ce ne soit les deux ? Cancellara, c'est l'homme qui a lancé la polémique sur les moteurs électriques lors de ses stupéfiantes victoires à une semaine d'intervalle au Tour des Flandres et à Paris-Roubaix, en 2010. Il a refait ce doublé en 2013. Il dit : « Mon moteur, c'est mon cœur ». Ce doit être un cœur bionique, alors. Gagner une étape te garantit une célébrité à vie. Cela marque ton discours, ta famille. Cela a fait bondir mon salaire. Ton rôle change aussi dans l'équipe. Tu trouves des sponsors individuels, tu es reçu partout chez toi et aux alentours. C'est un ascenseur social. Gagner une course pro de bas étage, c'est compliqué. Alors une étape du Tour… Certains ont fait toute leur carrière là-dessus. Tu deviens une vraie vedette, avec le label « vu à la télé ». Et ça dure. Gagner une étape, ailleurs que sur la Grande boucle, même si c'est son exacte jumelle quinze jours avant au Dauphiné Libéré, contre les mêmes adversaires, cela ne rapporte rien en comparaison ! Peter Sagan porte le maillot de champion du monde qu'il a conquis aux États-Unis en fin d'année dernière. Cela signifie promotion, contrats, gros sous. Mais s'il n'avait pas marché au Tour avant cela, il aurait pu rester presque confidentiel ! Sagan, on le reconnaît parce qu'il a brillé sur le Tour et a ramené le maillot vert, et qu'un maillot vert aura toujours plus de valeur qu'un maillot de champion du monde.

LE TOUR N'A PAS BESOIN DES COUREURS. CE SONT LES COUREURS QUI ONT BESOIN DU TOUR

Le Tour, c'est presque *fashion*. On fait partie « de la haute », quand on est sur le Tour. Des stars du showbiz, des politiques et des chefs d'entreprise sont contents de nous claquer la bise, avec dans leurs yeux des regards d'enfant. Ils y croient. Comme à Roland-Garros, cela fait bien d'être vu sur le Tour, le plus près possible des athlètes. Certains d'entre eux t'accompagneraient sur la table de massage ou sous les douches si tu les laissais faire. Et pourtant, en même temps, on est interchangeables. C'est à se demander parfois si on est là, nous coureurs, avec nos casseroles. Le patron actuel du Tour, un ancien journaliste, qui criait « RUM-SAS, RUM-SAS » à la télé quand ce coureur comète de l'Est taquinait en 2002 Armstrong avant que sa femme ne se fasse prendre avec une voiture bourrée de produits, a dit que le Tour n'avait pas besoin des coureurs mais que c'étaient les coureurs qui avaient besoin du Tour. Ça veut tout dire.

La course et le sportif ne passent pas en premier. Il faut le vivre pour le comprendre. On arrive sur les Champs, on est grandioses. Un chauffeur de taxi a demandé à Lance, qu'il n'avait pas reconnu, s'il connaissait l'avenue, tout en la remontant vers le restaurant le Sormani, en 2013. L'Américain a souri. Les plus hauts dignitaires de nos pays respectifs nous recevront si nous brillons, alors que nous sommes de simples coureurs. On se sent stars, et même le mécanicien biche. Dans des hôtels où tu as dormi incognito un mois plus tôt, si tu es coureur du Tour et que tu as envie d'une marque de bière introuvable, on te la rapporte. Tu peux demander quasiment n'importe quoi. Tapis rouge. Tu es valorisé, voire adulé ! Le soir de la dernière étape, tu vas en boîte, tu rentres à 5 heures du matin, tu as encore des gens au Concorde Lafayette où on est logés qui t'attendent pour des autographes ou un selfie. Deux jours après, par contre, si tu passes devant eux à la caisse du supermarché, ils ne te reconnaissent plus et ils te pourrissent, alors que la veille ils t'auraient payé ton caddie. Tu retombes vite. Star d'un Tour : trois semaines. L'objectif premier d'un coureur, dans sa mentalité, ce n'est pas de choper la notoriété, ni des gonzesses. Il préfère être tranquille. Ceux qui visent le contraire, en général, n'y accèdent pas et finissent mal. Tu es en pleine lumière trois semaines dans l'année, point. Je me suis retrouvé dans un grand aéroport avec Jean-Christophe Péraud, peu de temps après que le Français a terminé 2ᵉ du Tour en 2014, un exploit fabuleux. Il passait totalement inaperçu. D'accord, c'est l'exemple-même de l'anti-héros, Jean-Christophe. Mais quand même, le soufflé retombe vite.

AVOIR UN CÔTÉ PREMIUM

J'ai couru des Tours exotiques semi-professionnels plus fous que le Tour de France. En Guadeloupe ou au Gabon, c'est blindé de monde ! C'est la fête ! Tous les journalistes locaux sont mobilisés. Dans certains pays, ça donne lieu à un dopage excessif pour les autochtones. En Afrique, ils ont leurs stars, d'anciens porteurs de lait à vélo ! Les têtes d'affiche vont là-bas parce qu'on les paie et que leurs vacances en famille sont assurées pour quelques années. La défiscalisation de leurs investissements aussi, d'ailleurs. Dommage qu'il n'y ait pas de Tour de Monaco. Pourtant, beaucoup de coureurs habitent le Rocher et bénéficient d'accords pour ne pas payer d'impôts chez eux. On pourrait faire une sacrée course là-bas, sur le circuit de Formule 1 ! Dommage aussi que Londres ait refusé un autre Grand départ du Tour parce que c'était trop cher… malgré un succès populaire délirant assuré. Le vélo est un vieux sport mais qui se modernise et conquiert des parts de marché auprès d'un public nouveau et non averti. En France, il est quand même suivi principalement par les anciens, maintenant. Les retraités nous kiffent. Sur les courses autres que le Tour, c'est flagrant. Quand on regarde par la fenêtre du bus en arrivant, on ne voit pas de jeunes. C'est un problème. Sauf dans les pays émergents, car l'œil est nouveau. En Australie, un concert de rock, le jour de la présentation, est mis en scène à l'américaine. C'est moderne, il n'y a pas de galettes-saucisses ni de Michel Drucker, le speaker n'est pas sur la voie descendante. Mais le Tour et ASO, on peut leur tirer le chapeau côté organisation. On est traités comme des VIP, on se sent reconnus et soignés. Cet esprit « bichonnage du coureur », c'est la marque de fabrique du Tour : un peu inaccessible, avec des badges d'accès pour certains endroits. Notre festival de Cannes à nous. Qu'un départ se fasse au milieu d'un parking de supermarché, avec un podium de présentation sur un plateau de remorque de 35 tonnes aux roues apparentes, et qu'une pompe puisse taper dans le dos du vainqueur en lui disant « Tapamaloku ? », ça n'aide pas le vélo ! Son charme venait de là, certes, mais avant. En 2016, le « populo » qui peut te dire n'importe quoi toute l'année et taper la discute n'importe où, il se peut qu'il n'ait pas envie de venir sur le Tour.

L'idéal, c'est de créer un espace avec un peu de distance. Le bus nous sert de sas et c'est important. Sinon, on fait comment, on se change à l'ancienne en se mettant à poil sur le trottoir ou dans le café d'à côté ? Le tenancier nous remplit le bidon de bière, on mange un bout de merguez et des chips ensemble ? C'est quand même du sport de haut niveau avec des athlètes de haut niveau. La proximité du public, c'est bien, mais le respect aussi. On n'est pas des stars, mais quand même, on n'est pas que des rigole-Marcel. On a besoin d'un intervalle entre spectateurs et acteurs. Le rugby c'est populaire aussi, mais tu ne rentres pas comme ça dans les vestiaires pour reprocher à un mec à poil d'avoir manqué une passe facile. Tu payes ta place et tu ne t'assois pas sur le bord du terrain ! En vélo, c'est souvent ça toute la saison et on t'insulte si tu ne donnes pas ton bidon, au départ comme à l'arrivée.

Il faudrait trouver le côté premium que beaucoup d'autres sports ont, mais pas le vélo. Le cyclisme n'est pas premium, sauf au Tour, où il est ultra premium. Il faudrait un compromis. On tape parfois sur ASO et le Tour, mais c'est un modèle de ce que le cyclisme devrait être. C'est la grandeur du vélo qui nous met en valeur, avec les images, l'organisation, le spectacle qui se rapproche des grands sports comme le football. C'est une récompense, ce Tour. C'est vrai que les coureurs et leur encadrement ne sont sans doute pas à la hauteur et ne le méritent pas tous. On devrait pourtant s'en inspirer dans les autres organisations. Certaines le font avec des accueils VIP, des espaces délimités sectorisés, des podiums à la hauteur, des navettes pour voir les coureurs passer comme dans les courses flandriennes. Ils y parviennent et cela leur rapporte de l'argent. Sur une course en ligne de deux cents kilomètres, cela donne l'impression qu'il y a du monde.

Et puis, c'est attrayant, la musique, avec un speaker qui a la pêche, mais s'il vous plaît, please, , per favore, por favor, bonvolu, пожалуйста, alsjeblieft, quaeso, bite ou bitte : plus d'accordéon ! Plus de Radio Nostalgie ! Plus d'Yvette Horner, plus de Forbans ! C'est bon, quoi… Les radios, les télévisions, jouez le jeu du premium !

LE PREMIER POUVOIR, PAS LE QUATRIÈME

Ah, les médias… Si l'on veut que notre sport devienne ce qu'il devrait être, qu'il soit mis en lumière, que notre parole soit diffusée, ils ont un rôle-clé. Malgré les affaires, malgré les scandales, ils sont encore là. La chaîne ARD revient après s'être désengagée : est-ce la preuve que le vélo est rentable, ou que cela intéresse à nouveau les Allemands ? Certains journalistes nous suivent toute l'année. Ce sont les connaisseurs, qui se télescopent sur le Tour de France avec une autre catégorie : les renifleurs. Les premiers relatent les faits et nous accordent de la place dans leurs pages, même si dans certains journaux le cyclisme a rétrogradé de la deuxième place à la quatrième, derrière le football, le rugby, le tennis. Leurs papiers nous permettent d'apprendre sur nous-mêmes, leurs critiques nous aident à nous remettre en question. Leur influence est réelle. Les journalistes vélo, ceux qui nous suivent régulièrement, sont des passionnés, du moins ils aiment le vélo. On sent que c'est leur truc, qu'ils écrivent avec un rayon de bicyclette en guise de crayon.

J'ai pris des notes depuis des années pour écrire ce livre. Je sais que d'autres coureurs le font aussi. On a le temps d'écrire et de lire dans notre carrière.

Au même titre que dans l'encadrement, certains journalistes traînent leurs godasses depuis trente ans et même plus dans le vélo. Je les ai toujours connus, comme s'ils couvraient ce sport depuis la nuit des temps. Normalement, ils devraient faire des papiers sur d'autres sujets, mais ils sont toujours là, avec leurs cheveux blancs ou leur calvitie. Beaucoup regrettent l'avant et sont parfois aigris, frustrés. Ils ne veulent plus y croire. Des bons, de belles plumes, des mecs humains, sont partis aussi, dégoûtés. Le style des articles ou des reportages est devenu souvent négatif et fait des allusions au passé-présent, un nouveau mode de conjugaison. Leurs sarcasmes rendent nos exploits dérisoires. Certains le sont. Ceux qui ont avalé un nombre incalculable de couleuvres sont devenus experts en matière de performance hold-up. Restent ceux qui arrivent et qui écrivent ce qu'on leur demande d'écrire en n'oubliant pas de nous demander un bidon pour leurs gosses.

Les journalistes ont « croqué » aussi, comme nous. Autrement dit, ils savaient que les coureurs avaient triché et ne disaient rien. Cela ne nous a pas rendu service. Ils manquaient sans doute de courage. Les journalistes ont relaté mais pas souvent dénoncé, alors que c'était plus facile pour eux que pour nous. Aujourd'hui, ce sont les mêmes qui se plaignent que les coureurs ne soient plus accessibles. On ne veut plus parler à la sauvette derrière un bus, alors qu'on est cramés physiquement, ou simplement énervés. Nous aussi, on veut pouvoir gérer notre communication. Au risque de se faire fracasser, comme c'est parfois le cas, parce qu'on en a marre de répondre à l'arrache, sitôt la ligne franchie. Ce n'est plus comme avant, certains arrivent défoncés et ont besoin de récupérer. Ne nous demandez pas de faire du Ronsard en sirotant un Perrier, trente secondes après avoir sprinté à 1300 watts au bout de cinq heures d'efforts.

Si on veut redorer le blason, on ne peut pas non plus être copain-copain avec un journaliste et discuter à la buvette après la course. Ce n'est pas pour cacher quelque chose, mais ça semble logique. Dans les autres sports, c'est comme ça, non ? Il y a eu trop d'abus. Certains ont craché sur le vélo, sans discernement, et les cyclistes ne sont plus en confiance. C'est un jeu. On n'est pas cons, on repère rapidement ceux qui sont là pour faire du buzz et ceux qui sont rigoureux. Des jeunes journalistes spécialisés aux dents longues, qui débutent, qui traitent de rats certains coureurs, sans avoir pédalé eux-mêmes, on en connaît tous.

Beaucoup sont là pour faire de l'audience. Et pour l'audimat, il n'y a rien de mieux que la polémique et le sensationnel – du moins c'est ce qu'ils croient.

Ceux-là ont parfois un égo plus gros que le nôtre. En fait, on croise de moins en moins de journalistes d'expérience, connaisseurs, talentueux. Certains jeunes journalistes écrivent pour eux, pas pour nous, pas pour le vélo. On en côtoie beaucoup au Tour de France. Les cyclistes sont des proies faciles, certes, mais il existe peut-être d'autres méthodes que de nous taper systématiquement dessus en ne parlant que du verre à moitié plein. On peut parler aussi de ce qui a été vidé et aider certains à nettoyer leur sac, de manière intelligente, sans hypocrisie ni angélisme, ni en ne demandant leurs avis qu'à nos managers ou bien à Hinault, Merckx et consorts.

Des Godart ou des Holtz en France, obséquieux et imbus d'eux-mêmes, on n'en veut plus. Pour certains journalistes, le vélo est un conte. Ceux qui aiment le vélo trouvent du bonheur à écrire, même sur les zones d'ombre. Écrire, c'est comme pédaler, tu le fais bien si tu as du plaisir. Parfois, ils ne doutent pas assez, c'est presque un défaut. Nos contradictions, nos doutes, nos errements, notre déprime sont rarement racontés de manière belle et poétique dans les articles. On pourrait écrire sur les dérives sans être négatif, et mieux les expliquer afin de les prévenir.

LES SOCIOS

Le pire, ce sont les nouveaux médias, la toile internet avec des sites faits de bric et de broc, où rôdent les pires espèces de « journalistes » et d'informations, et où des forums honteux relaient les pires inepties. À quelques exceptions près, les sites de fans n'arrangent rien. On peut difficilement s'en détacher : c'est un milieu de rumeurs, et Radio Peloton se nourrit de la rumeur. Certaines groupies, comme dans le rock, dépensent tout leur salaire à suivre le vélo aux quatre coins du monde. Et nous, on a besoin d'amour. On est comme tout le monde. Quoi qu'il arrive, des fans sont là. Le camping-car est l'outil idéal pour suivre le vélo, le plus pratique pour aller de course en course et bien se placer. C'est impressionnant de voir des champs entiers remplis de ces véhicules, venus parfois de loin. Une marque spécialisée devrait sponsoriser une équipe, elle ferait fortune ! Le coureur vit à l'hôtel, le fan en camping-car. Le stade est gratuit, le spectacle aussi, certains font une photo, posent une question et alimentent des sites où il n'y a pas de recul, pas de vérifications.

Journaliste de sport, et pas sportif, c'est un métier, non ? Coureur cycliste professionnel aussi, non ? Et plus le journaliste est proche de nous, plus ce qu'il écrit nous touche. Le cycliste sera plus facilement déstabilisé par un article de sa presse régionale que par un papier dans *Le Monde* ou le *New York Times*. Parce qu'il reste un « local » qui vit dans sa bourgade, où il a des attaches. Nous ne sommes des petites vedettes que dans notre ville ou notre département. On sait qu'un mauvais papier va faire de la peine à notre entourage, et leur rendra les choses plus compliquées quand ils iront faire les courses et que chaque regard, chaque conversation, chaque silence même leur sembleront suspects. Si la critique est vraiment féroce, peut-être même fragilisera-t-elle notre reconversion, la gestion de notre après-carrière, quand nous nous réinstallerons pour de bon là où nous avons grandi. La presse nationale, les gens la lisent moins. En local, un article sur tes performances, c'est tout de suite lu et interprété partout. Quand on change d'équipe, qu'on gagne une course, cela fait deux lignes dans le journal national, mais une page en local.

Nos parents découpent et tiennent des revues de presse soignées, depuis nos débuts. Le moindre article est classé, collé sur des cahiers, année après année. Tata me chine des maillots exposés dans son salon. On rend fière la famille, davantage encore que si on était ingénieur ou chercheur. Dans les régions, les villes ou les pays sans grande équipe de sport collectif, on est une valeur sûre « vue à la télé », qui cause dans le poste. C'est dans tous les pays pareil. Le coureur habite autour de sa famille, ne se déracine pas et vit en nomade, prend des avions et des trains qu'il n'a même pas besoin de réserver lui-même, mais rentre au bercail dès qu'il peut. On est pris en main depuis chez nous avec taxi-train-avion, mais le départ et l'arrivée, cela reste 17, rue des oiseaux, chez toi. Ce n'est pas comme en football où la famille déménage de club en club. Dès la fin de nos courses, on en commence une autre : ne pas rater son moyen de déplacement pour être chez soi le plus tôt possible.

Les cyclistes n'ont pas de club-house, ni de lieu fixe d'entraînement. Il existe des « services courses » administratifs et logistiques en Belgique, en Espagne, en Italie, mais ce ne sont pas des lieux de vie ni des centres d'entraînement collectif. Nous sommes des gens du voyage qui vivons dans des hôtels avec un camp de base, chez nous. C'est pourquoi les coureurs sont ultra motivés au moment de courir près de l'endroit où ils vivent. L'expression « régional de l'étape » a du sens. S'ils ne gagnent pas, ils sont au moins échappés pendant l'épreuve, forcément. On répète aux jeunes qu'ils doivent d'abord gagner dans leur village, avant de chercher un podium dans leur région, puis dans leur pays, puis dans d'autres. Cela vaut pour tous les sports. 70 % de ton temps de travail, d'entraînement, c'est chez toi. L'entraîneur ne se déplace pas. C'est un copain ou quelqu'un de ta famille qui t'emmène « derrière scooter », dans son aspiration, pour faire du rythme et simuler les allures de courses. C'est un kinésithérapeute proche qui te masse, si besoin. C'est ta femme qui est à la fois ta diététicienne, ta secrétaire et ta gestionnaire. Tu as intérêt à te créer ton propre pool local si tu veux réussir.

On se prépare la plupart du temps seul pour être performant, on voyage seul, sauf dans les courses à étapes où on est dans notre bus pour rallier départs et arrivées. C'est l'annexe de notre hôtel, le bus. Sky a aménagé le sien avec neuf sièges individuels en cuir, au lieu des rangées. Ils appellent cela les « gains marginaux ». C'est une évolution de leur vélo à l'anglaise, ils passent plus de temps ensemble que les autres. Déracinés, mais ensemble. L'idéal, ce serait de se trouver un endroit à nous, un camp de base pour l'équipe avec des bosses et un terrain d'entraînement suffisamment varié pour bien travailler toute l'année en fonction des courses, avec du soleil, un vélodrome pas loin, les familles de différentes nationalités qui habitent toutes autour, des rendez-vous quotidiens pour des entraînements collectifs où tu te rends en moins de trente minutes après avoir déposé tes enfants à l'école, avec un staff à disposition… On n'en est pas encore là. On a un statut de sport individuel, adossé à la reconnaissance régionale et locale. Les socios[3], ce n'est pas pour demain. Certaines équipes pros ont essayé de faire des équipes de « régionaux ». Cela ne fonctionne pas. L'Argentin embauché dans l'équipe bretonne de deuxième division, je le vois mal habiter à Pouldreuzic !

Avoir des socios, et pouvoir compter sur des journalistes locaux bien disposés à ton égard, cela te faciliterait pourtant la vie au moment de te reconvertir. La reconversion, on y pense tous, très vite dans la carrière. Et beaucoup en ont peur.

---

3 Le club appartient à ses membres et aux supporters engagés. Être *socio*, c'est être propriétaire d'un petit bout du club, avoir un siège, participer à l'élection du président et à tous les scrutins de la vie du club. Le prix varie en fonction de l'âge. Le modèle est très répandu dans le football latino-américain, espagnol et portugais. Le Benfica Lisbonne compte 237 000 socios, par exemple.

RECONVERSION

Tout a une fin. Il faut s'avoir s'arrêter. Nous vivons assistés à 100 %, habillés, nourris, blanchis, transportés, valises portées. Si ta femme est ta complice, tu n'as qu'à pédaler. Et ça dure pendant des années. Puis, tout d'un coup, tu n'accroches plus de dossards à ton maillot, tu dois te prendre en main, savoir ce que tu veux faire, ce qui implique de savoir ce que tu sais faire, à part pédaler. Même les rares qui ont un diplôme d'ingénieur dans le peloton, ils sont complètement dépassés dix ans après. On a gagné entre 100 000 euros et un million par an. Alors travailler quarante heures pour en gagner 2 000 par mois parce qu'on n'a pas vraiment de compétences ni de métier en main, ce n'est pas évident. C'est pourquoi bon nombre de coureurs veulent se recycler, le mot est juste, dans le milieu du vélo, même en traînant une forme de misère basée sur la nostalgie. Ils prennent dix kilos en six mois, tous, deviennent normaux au niveau physique, puis continuent de grossir s'ils ne font pas attention à leur hygiène de vie.

En France, ils bricolent souvent en gagnant par exemple 100 euros à la journée, nourris logés par ASO pour certaines courses, comme chauffeurs. À côté, ils sont représentants pour une marque de sport spécialisée. Il n'y a pas de place pour tout le monde dans le recyclage en interne. Beaucoup rêvent de devenir directeur sportif, de garder le rythme, de ressentir la même adrénaline. Si tu es populaire au niveau local, que ton image est bonne, tu peux t'intégrer plus facilement où tu vis, dans un club, dans une collectivité. Mais c'est un flip, parce qu'on ne sait pas si on sait faire autre chose que pédaler. Pendant ta carrière, on ne te laisse pas t'exprimer autrement qu'assis sur la selle. On ne fait parler que tes jambes. On n'ose pas faire des petits trucs à côté qui pourraient être un tremplin pour la reconversion, et de toute façon ce n'est pas permis. On t'ordonne d'attendre de ne plus faire partie de l'équipe.

Rien n'est organisé pour notre reconversion, alors que si on réfléchit bien, ce ne serait pas difficile à organiser. Les équipes où tu es intérimaire, vacataire, mercenaire, en tout cas précaire, elles s'en tapent le coquillard. Tu es payé pour faire du vélo, point. Ce n'est pas une entreprise où il y a des fonds de reconversion, ni des stages de formation. Ceci dit, on a une grosse énergie, on est habitués à voyager et à se dépenser. Si on relève la tête, on peut la mettre au service d'un boulot et rebondir. On a été à l'école de la vie, on peut transférer des compétences réelles, supérieures à bien des actifs d'autres professions.

Longtemps avant l'échéance, tu en parles avec ta femme. Les moitiés de coureurs connaissent parfaitement leur homme. Au point de les voir se transformer radicalement au niveau psychologique quand ils sont sous « traitement ». C'est pire que de vivre avec un alcoolique. Ta femme, c'est ta complice. Je me suis fourni des produits de récupération sur les conseils d'un ancien coureur. Il m'a mis en relation avec une filière au Portugal, via Twitter, qui pouvait me vendre vitamines, sels minéraux et les « nettoyants », c'est le mot. Ça fonctionne parfaitement. Mes parents recevaient les colis. Ma mère est allée à l'hôpital pour se faire poser une prothèse de hanche. Je n'arrivais jamais à avoir suffisamment de papillons pour me faire ces récupérations injectables. Parfois je m'en fournissais avec l'équipe, mais c'était dur à trouver. J'avais fouillé dans sa chambre d'hôpital et j'avais trouvé diverses fioles. J'en prends deux, et les glisse dans ma poche. C'est presque une déformation professionnelle. Je les range avec les autres produits et flacons dans mon Tupperware à compartiments dédié à mes soins chez moi. Parfois je gratte ou j'enlève les étiquettes. Plus tard, pensant faire du magnésium, je m'injecte les produits qui étaient destinés à maman. Bouffées de chaleur, palpitations, contractions musculaires, échauffement de la tête. C'est violent. J'avais du mal à parler. Je me décide, paniqué, à appeler ma femme :

– Ça ne va pas, appelle les urgences ! Mais ne dis pas que je fais des récups ! Dis que j'ai fait un malaise !

Elle appelle, décrit les symptômes. Entretemps, les effets sont passés. Je me suis senti bien. J'ai accouché d'une grande peur. Les femmes te connaissent avec tes compétences et tes limites. On cocufie facilement les entourages, les journalistes, pas sa femme.

JE SUIS DEVENU UN HOMME

Un cycliste et sa femme ont pour eux de savoir d'où ils viennent. Ils n'ont rien oublié, connaissent la difficulté de la vie, n'ont pas dépensé – sauf exception – leur argent, du moins l'ont investi dans leur maison, dans quelques biens, peut-être dans un projet entrepreneurial fiable et solide. Tu peux rebondir vite, si tu te prends en main rapidement. En tout cas, tu as pas mal d'atouts en main. Tu deviens vite indépendant, autonome, débrouillard, réactif. Tu sais aussi ce qu'est l'échec, tu connais le prix de la souffrance, tu as l'expérience de la difficulté, tant physique que morale. Tu sais tricher et reconnaître les menteurs. Être cycliste, c'est gérer 99 % d'échecs et 1 % de réussite, c'est le prorata. Cela forge un caractère. Je suis fier d'avoir tenu longtemps et de tenir encore, plus pour longtemps, à haut niveau. J'ai fait le vélo que j'ai aimé faire, sans vraies contraintes, sans avoir été forcé, le plus proprement possible, en vivant des expériences, mais sans pédaler idiot, pas à l'insu de mon plein gré. Je sais lire, écrire et parler. Je m'en suis rendu compte par moi-même. J'ai donc été en phase avec la plupart de mes idées et j'ai appris plein de choses. Je suis devenu un homme, je crois. Passé de gamin à homme en travaillant, en bâtissant une maison, en faisant des enfants, en plantant un arbre, en gérant un budget, en gardant mon équilibre familial sans divorcer. J'ai appris plein de choses sur moi-même. J'ai mûri en prenant vraiment deux ans par an.

Un coureur qui ne réussit pas, c'est, de plus en plus, un gars qui végète dans une équipe inférieure en grattant ce qu'il peut, parce qu'il n'a pas su exploiter ses capacités à 100 %. L'échec le plus total, ce sont des collègues dont on a l'impression qu'ils ont réussi mais qui ont passé les bornes et les limites en trichant sans retenue. Ils ont fait de la mythomanie un art de vivre. Ceux-là, selon les cas, finissent mal, divorcent, n'ont plus d'argent et pourront en tout cas difficilement retourner dans les hôtels trois ou quatre étoiles où ils ont été logés toute leur carrière. Ils retombent bas. Des stars, j'en connais, sont reparties le slip aux chevilles, à cause de leur contrôle positif ou bien de leur réputation. Le plus difficile, il paraît, c'est de durer après une carrière, quand la vie commence. Beaucoup de coureurs se cassent la gueule très vite en pensant toucher la gloire de façon éphémère. On ramasse à la pelle les jeunes vedettes qui déchantent et ne peuvent plus payer leurs impôts de l'année faste qui précède leur disgrâce. Je connais aussi des cyclistes qui sont passés pros mais qui sont limités, et qui n'ont pas leur place ni physiquement, ni psychologiquement, dans le vélo. Ceux-là font un aller et retour. Le côté positif du métier, c'est le fait d'avoir beaucoup appris et de s'être remis en question sans arrêt, avec des contrats de courte durée, sans pouvoir se laisser aller, sans s'emballer dans les moments d'euphorie, grâce à ta famille. Tu apprends le rapport à l'autre, aux médias, à la hiérarchie, en faisant tourner ta propre boutique. Tu parles plusieurs langues dont le français – sauf si tu t'appelles Marc Madiot.

Abnégation, volontarisme, *fighting spirit*, précarité, relationnel, humilité, prise en main en travaillant tous les jours avec son commerce, soi-même, sans syndicat, avec des collègues jaloux, en étant payé par une entreprise à laquelle tu t'es vendu… C'est le must du néo-libéralisme ! Le vélo serait-il un sport de droite ? Ce qui est sûr, c'est que ce n'est pas du sport en chambre, en tout cas.

SEXE

Je confirme que le massage permanent du scrotum n'apporte pas grand-chose. Je ne pense pas que nous soyons, nous les cyclistes, plus excités que les autres. À quelques exceptions près, dont Mario Cipollini fait partie. En plus, un coureur « nonoxé » en permanence, ce n'est vraiment pas un bon coup. Il n'a pas envie. Le cycliste a besoin de dormir, c'est le roi du canapé. À poil et en rouge et blanc avec nos marques de bronzage d'agriculteurs, épilés, avec toutes nos veines apparentes et pas un bourrelet puisqu'on a un indice de masse corporelle de malnutri avec entre 5 et 10 % de taux de graisse, on n'est pas vraiment bandants. Seule notre notoriété peut donner envie de coucher avec nous. Pour avoir une belle gonzesse de passage, il vaut mieux être un nageur parfaitement bronzé et baraqué, avec des pectoraux et des épaules qu'on n'a pas. Coucher avec un fil de fer bicolore, c'est pas fun. En plus, si tu passes une nuit à faire l'amour au lieu de récupérer, tu nuis à tes performances. On n'a pas, on ne se donne pas le droit de faire l'amour les veilles de course. Très peu de femmes sont avec leur mari à ce moment-là. De toute façon on est deux mecs par chambre, et très peu ont fait leur coming out. Et un seul, à ma connaissance, a changé de sexe : respect à Robert Millar, l'ancien grimpeur écossais, qui s'appelle désormais Philippa York.

Le credo ancestral qui revient inlassablement dans les caravanes du Tour, pour les coureurs, reste la privation. Les esprits de générations de sportifs et d'éducateurs de clubs sont culturellement et profondément marqués négativement depuis toujours concernant le plaisir amoureux, incompatible selon eux avec un pédalage efficace. Je me suis documenté. Cela ne concerne pas que les cyclistes, mais ces derniers ont fait de la pub pour le *no sex* autant que pour le dopage. Dès la Grèce antique, on interdisait strictement les relations sexuelles aux champions, car on pensait qu'elles détérioraient leur force. Ça part de là, d'une croyance. On a accordé à la semence des vertus de puissance et de virilité qu'il fallait préserver pour accomplir les exploits sportifs. Dans une partie du peloton actuel, ces idées fausses circulent toujours. On va jusqu'à affirmer de manière fantasmatique que « c'est prouvé, l'éjaculation puise dans les stocks de glycogène utile le jour des épreuves ». Mais celui qui m'a le plus estomaqué, c'est un collègue qui faisait du cyclo-cross, avec pas mal de réussite d'ailleurs. Comme le départ compte énormément et que les courses se font à haut régime au niveau cardiaque en ahanant au niveau respiratoire, il lui arrivait souvent de commencer à se masturber « à la limite de l'éjaculation » juste avant le départ parce que cela faisait monter le taux de testostérone…

Alfredo Binda, l'un des plus grands *campionissimi* de tous les temps, a fait des émules en expliquant que la clé de ses succès résidait dans le fait qu'il ne se dispersait pas et ne s'accordait qu'un seul rapport sexuel par an. Émile Masson, vainqueur de Paris-Roubaix, est allé encore plus loin. Il a décrit des méthodes pour entraver carrément l'érection en évitant que le sang n'afflue, à l'aide de pyjamas et de cordes, afin d'empêcher les rêves érotiques qui, selon lui, diminuent les forces vives… Ajoutez à cela quelques excuses célèbres de grands champions comme Anquetil, qui justifiaient à demi-mot leurs contre-performances par leurs pratiques intimes coupables, et vous comprendrez que l'opinion scientifique, qui a démontré qu'avoir une activité sexuelle n'altérait aucunement les performances sportives, ait eu du mal à être admise.

Pourtant, il est désormais prouvé que peu d'heures après une relation sexuelle ou après une pratique solitaire, l'organisme a complètement récupéré et a retrouvé toute son énergie. Certes, le sexe augmente la fréquence cardiaque et respiratoire et la tension. Mais ses effets sont très limités dans le temps, comparé à la plupart des sorties d'entraînement, et n'atteignent pas les intensités de ces dernières. Les coûts énergétiques sont loin d'être comparables. Certains se sont livrés à des essais édifiants grâce à des cardiofréquencemètres, en enregistrant les fréquences cardiaques de leurs ébats. Récupérer physiquement d'une épreuve demande beaucoup plus d'heures que le temps négligeable passé à retrouver ses équilibres, même hormonaux, à l'issue d'une éjaculation. Les coutumes qui interdisent aux guerriers les relations sexuelles trois semaines avant une bataille datent des Zoulous. On les a rétablies au Tour de France. C'est un tort. La sollicitation du système sexuel améliore le comportement agressif. Les cyclistes qui se rêvent en guerriers devraient prendre note. L'explication, c'est aussi une histoire d'éducation. Le sport et le vélo ont servi à lutter contre les pratiques sensuelles associées au délit et au péché. Freud lui-même affirmait que l'éducation moderne faisait un grand usage du sport pour détourner la jeunesse de l'activité sexuelle. La bourgeoisie considérait par exemple la masturbation comme une pratique sordide, et les médecins du siècle dernier lui imputaient moult maladies ou soucis de santé : jaunisse, diabète, dents cariées… L'onanisme était considéré comme une menace pour la société. Le sport est alors devenu une réponse à ce fléau.

Ce sont des femmes sportives qui, les premières, se sont levées contre l'hérésie et ont revendiqué les bienfaits de l'auto-érotisme avant une épreuve. Des tenniswomen ont même regretté l'arrêt de carrière de certaines de leurs adversaires avec qui elles partageaient ce type de relaxation anti-stress. Pas Jeannie

Longo. Ainsi, l'un des premiers signes fiables et sérieux de l'état de surentraînement, c'est la perte de libido. Pour ceux qui jouent avec le Lévotirox et les produits hormonaux, c'est compliqué à définir. Le test d'une nuit d'amour réussie ou non avant une classique est peut-être tout aussi révélateur que celui d'une V02 max en laboratoire de médecine du sport, qui sait ? Je n'ai pas essayé.

On a aussi, malgré certaines croyances persistantes, mis à mal l'idée selon laquelle les heures de selle et la pression sur le nerf parasympathique du périnée troublaient l'érection. J'ai longtemps partagé ma chambre avec un coéquipier dont les réveils glorieux prouvaient allègrement le contraire. On s'est également aperçus assez vite que les frottements de cette même selle ne faisaient pas des femmes qui pratiquent le vélo des nymphomanes.

Dans le même ordre d'idées préconçues maintenant révolues, le règlement qui excluait les femmes de la caravane du Tour de France a été abrogé. Rien ne vaut le bien-être qui suit l'acte d'amour s'il est déculpabilisé et assumé. Sur le terrain donc, il est presque unanimement considéré qu'à moins de marathons nocturnes sans phase de sommeil réparateur, l'activité sexuelle est excellente pour la santé et pour l'exploit qui suivra. Les meilleurs plans et conseils d'entraînement sont ceux qui ne mentionnent pas l'interdiction de la sexualité. Hélas, je n'ai croisé aucun entraîneur qui intègre explicitement l'activité sexuelle à ma préparation et à mes entraînements.

NO WOMAN, CRY

À la grande époque du dopage, des surexcités ont organisé des gang-bangs dans leur chambre, porte ouverte, avec des groupies. D'autres ont fait des tests une heure avant une épreuve avec leurs femmes. Cela reste à la marge. Les femmes de coureurs viennent exceptionnellement sur certains stages, et lors de la journée de repos des grands Tours. De toute façon, tu n'as pas le temps. Certaines suivent leur mari en camping-car, mais ils ne couchent pas dans le même lit. C'était plutôt pratique pour transporter les produits, aussi. On ne passe pas pour des « queutards ». On s'est mariés jeunes, et c'est une part de notre réussite. On est donc globalement fidèles, même si on a des occasions. Des nénettes sont là, qui traînent près des podiums et des hôtels. On les appelle les « lèche-cuissards ». Mais elles sont de moins en moins nombreuses à venir pour se faire un palmarès et soulager notre testostérone. Sauf exception, le cycliste ne va pas trop en boîte. Mais comme on reste des gars super accessibles, c'est facile d'organiser une photo et de se frotter à un mec célèbre. Certaines filles le savent et en parlent entre elles :

– Hier, je me suis fait un mec, un sportif, ça n'a pas été trop difficile de le lever, c'était un cycliste !

– Un rasé ?

– Oui. Il est venu chez moi, s'est installé sur le canapé avant de passer au lit.

– Vous avez bu un coup avant ?

– Presque ! Je lui ai demandé s'il voulait boire quelque chose tout en le prévenant que je n'avais pas de clitoris.

– Et alors ?

– Il m'a dit que ce n'était pas grave, que de toute façon il n'aimait pas la bière !

Nous n'avons pas trop la cote auprès des filles les plus canons et les mieux apprêtées. Sauf en Belgique, où les cyclistes sont des stars. En général, le cycliste chien fou, il ne réussit pas. Certains ont voulu s'installer dans le sud avec des miss sac Vuitton, talons hauts Louboutin, minijupe Prada ras le bonbon. Ils ont vécu la belle vie, mais ça ne dure jamais. Lors de l'audition d'un collègue pour un cas de dopage, un flic m'avait confié que 75 % des SMS et conversations téléphoniques décortiqués concernaient des histoires de fesses, et 25 % le dopage. J'ai demandé les noms pour Radio Peloton. Tu ne peux pas t'éparpiller. Il y aurait eu des contre-exemples, comme Armstrong, mais lui, il est à part. Il avait des plans cul, cela faisait aussi partie du personnage et de son charisme. Certains font un bout de chemin avec une hôtesse de podium. Ça peut faire de beaux couples. On rencontre aussi des Miss Vélo et leurs dauphines, mais ce sont généralement des étudiantes qui viennent prendre leur cachet auprès des organisateurs.

La vraie vie de la plupart d'entre nous, ce n'est pas ça. Un champion est associé à sa femme pendant toute sa carrière. Elle le remet à sa place quand il perd les pédales, et les pieds sur terre quand il rentre à la maison. C'est ça, une femme de coureur. Après la carrière, parfois, cela se gâte. Comme pour la reconversion, il y a une phase à renégocier, qui n'est souvent pas simple. Vivre trois cent soixante-cinq jours en couple quand tu n'as pas dépassé les cent cinquante les dix années précédentes, ça ne s'improvise pas.

L'un de mes ex-coéquipiers n'a pas su faire. Il a un peu pété les boulons après sa carrière, s'est laissé aller et a multiplié les conneries. Sa femme en a eu marre. Marre de l'avoir sur le dos la journée, marre de ne pas l'avoir sur le dos le soir. Ils ont divorcé. Et là, elle a eu une idée de génie, que je conseille. Elle avait gardé le double des clés de la Porsche Cayenne de son ex-coureur de mari. Elle est allée dans leur ancienne maison, qu'il avait gardée parce que tout était à son nom, a pris la voiture, et a fait le tour du périphérique le pied au plancher en faisant crépiter les flashes de tous les radars. Puis, délicatement, elle a remis la voiture à sa place. Il aurait mieux fait de ne garder que ses vélos.

Le cycliste pense plus à se raser les jambes qu'au sexe. C'est obligatoire si tu chutes, pour les plaies, les embrocations de massage, et l'esthétique. Le quotidien du cyclard, c'est de demander conseil à sa femme sur une éventuelle crème dépilatoire, même si le rasoir sous la douche reste ce qui se fait de mieux, plutôt que de chercher des *wags* ou des actrices avec qui s'envoyer en l'air. Reste qu'au moins un coureur célèbre a eu un « no show » dans le sud parce qu'il était avec une maîtresse et qu'il n'a pas pu l'avouer. J'ai le nom !

ADAMS SANS ÈVE

Nous sommes géolocalisés par un logiciel qui porte le nom d'ADAMS. Il existe une traçabilité de la viande qui pédale. Nous figurons sur des listes d'athlètes de haut niveau et nous devons, comme dans d'autres sports, nous enregistrer sur un logiciel de l'Agence mondiale antidopage (AMA). Elle doit savoir 24h/24, 7j/7, 365j/365, où elle peut nous trouver pour nous prélever sang et urine, même, et surtout, hors compétition. Cela coûte aux équipes, qui sont partie prenante au financement, des dizaines de milliers d'euros. Il y a eu beaucoup de bugs. Certains ont essuyé les plâtres. Maintenant c'est plus pratique, on peut s'acquitter du formulaire de localisation à partir de son téléphone, sur une application dédiée. Une chose est sûre : l'argent investi dans cette usine à gaz n'est pas rentable, c'est le moins que l'on puisse dire. La lutte antidopage coûte très cher pour des résultats infimes, quand on regarde de près.

Le 15 du mois précédant chaque trimestre, on doit indiquer tout son programme sur la plateforme, préciser là où on va vivre, s'entraîner, courir, se promener. On doit aussi fixer une heure de temps, entre 7 heures et 22 heures, au cours de laquelle on peut être contrôlé, ce qui implique d'être impérativement présent. On peut choisir le créneau 8 h-9 h par exemple, ou 21 h-22 h. Ils parlent aussi de pouvoir nous contrôler la nuit. Si tu ne remplis pas par avance ta fiche de géolocalisation, tu prends un défaut de localisation. Si tu n'es pas là à l'heure que tu as précisée quand les contrôleurs se pointent, envoyés par l'AMA ou l'UCI ou ta fédération, c'est un « no show », un manquement à la règle. En théorie, c'est dix fois dans l'année, ces contrôles. C'est plus pour ceux qui marchent. On te prend ton sang et ton urine pour établir ton profil sanguin, dit biologique. Au bout de trois « no show », tu es suspendu, parfois deux ans. Cela te brise. Si on était fonctionnaires, ce serait parfait, la géolocalisation. Il est bien sûr impossible de préremplir en anticipant sur trois mois. Souvent, deux jours avant, tu ne sais pas si tu es envoyé en Italie ou en Belgique, mais tu dois y penser, modifier les informations sur la plateforme. Lorsque c'est ton équipe qui te convoque, elle remplit un principe de déplacement sur ADAMS. Le coureur doit valider. Certains se sont fait pincer parce que l'équipe n'avait pas fait son travail. Leur bonne foi ne leur a servi à rien : c'était « no show », un point c'est tout. On peut modifier au jour le jour, mais il ne faut pas oublier, et avoir du réseau, ce qui ne va pas de soi quand tu es en montagne, par exemple. C'est un stress permanent.

S'ils te contrôlent à 8 heures, parce que tu as dit que tu serais là, et que tu as dû partir de manière précipitée, même si ta femme accouche, c'est « no show ». Ils n'appellent pas si tu n'es pas là. T'es pas là, t'es pas là. Tu peux garder tes explications pour toi. Tu deviens déserteur. Mais attention, ils peuvent aussi venir en dehors des créneaux fixés. Si tu n'es pas chez toi, qu'ils te téléphonent et que tu réponds, tu as deux heures maximum pour venir. Sinon : « no show ». Même si tu es à l'enterrement d'un de tes proches, ce qui est arrivé pour Kevin Van Impe, qui a perdu son enfant de deux ans.

BIG BROTHER

Ça m'est arrivé. Je suis parti m'entraîner après mon créneau ADAMS. Mon téléphone a sonné et j'ai décroché par automatisme, parce qu'à l'entraînement, on a notre portable. Ils m'ont demandé où j'étais : à soixante kilomètres de mon domicile. Ils m'ont dit :

– Vous vous arrêtez au premier café ou hôtel ou MacDo avec des toilettes accessibles, vous ne bougez pas, et on vous rejoint.

Tu peux aussi faire le choix de ne plus décrocher au téléphone. Mais à ce jeu-là, tu perds, car les contrôleurs se disent « OK, il ne décroche pas, on y retourne demain ». Ça marche à tous les coups.

Mais nous aussi, on peut faire les malins. Des coureurs censés être contrôlés entre 7 et 8 peuvent changer dès 8 h 05 leur heure de géolocalisation du lendemain pour le créneau 21 h-22 h, ce qui leur laisse trente-sept heures de fenêtre possible de non-détection pour des micro-doses qui ne laisseront plus de trace si elles ont été prises à 8 h 10 la veille. C'est un peu comme l'alcool dans le sang, tout est question de dosage. Ceux qui se font prendre, et je connais peu de cas, ils dosent mal. Mais le Big Brother ADAMS a au moins le mérite d'être dissuasif. En instillant la peur, il a fait diminuer le dopage, et dans des proportions importantes, à mon avis. Parce que le dopage, contrairement à ce que pense encore une bonne partie du public, c'est en dehors des périodes de compétition que c'est efficace, au moment où tu te fabriques un moteur plus puissant. Maintenant, si tu pars en stage en Colombie, en Afrique du Sud ou au Mexique, tu es beaucoup plus peinard. Là-bas, à 2000 mètres d'altitude ou au cœur de la jungle, on rencontre beaucoup moins de contrôleurs qu'en ville, et peu de 4G. Après, si ton suivi longitudinal montre des variations des paramètres sanguins trop irrégulières pour être honnêtes, tu peux aussi te faire choper et suspendre. Mais ils ne sont pas nombreux à s'être fait prendre par la patrouille.

J'ai eu des « no show », mais espacés. Comme pour le permis, ils se comptent sur une année, maintenant. Au bout de trois, tu es puni, et ta carrière est fortement entachée. La première fois, alors que j'étais en stage en altitude, au lieu de cliquer sur la touche « adresse permanente à la semaine », j'avais mis « sur tout le trimestre ». Le jour d'une grande course, une épreuve UCI avec des contrôleurs UCI, où j'étais tout ce qu'il y a de plus officiellement inscrit, j'ai été appelé de l'hôtel où je logeais pendant mon stage. Je n'y étais plus, bien évidemment. J'ai reconnu mon erreur par téléphone, j'avais oublié de valider la course où j'étais inscrit par mon équipe. Je leur ai dit où j'étais, de manière transparente, sous l'égide de l'UCI. Ils le savaient ! Mais comme il y avait d'un côté le stage en altitude et de l'autre la course UCI où ils savaient que j'étais, ils n'ont pas téléphoné pour comprendre, mais me sanctionner… C'était évident que leur objectif, c'était de me b….. La deuxième fois, ils sont venus à 8 heures. Je ne dors pas avec le téléphone. De toute façon, ils n'étaient pas supposés appeler. Mon portail était cassé, je l'avais donc laissé ouvert, au cas où, pour qu'on vienne frapper à la porte. J'avais un petit chien. Gentil comme tout, mais ils ont eu peur, ils ne sont pas entrés. Ils ont sonné, la sonnette ne fonctionnait pas. Ils ont attendu une heure. Ils sont partis : « no show » ! En gros, il faudrait regarder à la fenêtre pendant une heure. Il m'est aussi arrivé de me faire contrôler dans les toilettes d'un restaurant alors que j'étais parti à l'entraînement : classe ! Une autre fois, ils sont venus à 22 heures et j'ai eu du mal à uriner. Cela s'est fini bien après minuit, alors que j'avais une course le matin. C'est cela aussi, ADAMS. Déshumanisé, comme tant d'autres choses dans le vélo.

Qui s'est fait prendre ? Des gars distraits qui ont fait en toute bonne foi des erreurs humaines, mais qui n'ont pas été traitées humainement. Ceux ou celles qui s'attardent avec leur amant(e) et se font contrôler. Ça leur fait cher le plan, du coup. Et dans les médias c'est : « no show ». Comme une marque au fer rouge sur ton front. Aucun des grands bandits du vélo ne s'est fait prendre ni ne se fera prendre. Ceux-là savent comment contourner, ont un profil rectiligne et utilisent des moyens ou des produits indétectables. C'est même une donnée intégrée dans leur protocole, qu'ils utilisent dans leur communication pour dire : « Vous voyez, je suis clean ».

Les coureurs pris pour usage d'EPO ne l'ont jamais été grâce à ADAMS, ce qui montre les limites du système. Avec ADAMS, tu as seulement l'impression d'être fliqué. La justice devrait s'en inspirer pour les terroristes en puissance, et les ficher sur les listes d'athlètes de haut niveau, non ? Nous vivons avec un vrai sentiment d'injustice. Surtout quand on ne triche pas. Big Brother, là-haut, sait qui joue ou pas. Le chat et la souris, ce n'est pas notre truc. En fait, ceux qui s'en sortent le mieux sont ceux qui prennent des cachets de vitamines, ou autres, tous les jours. Ils associent pilule-triche-ADAMS. Oups ! Il ne faut pas que j'oublie ! Ça devient un réflexe de Pavlov.

Si c'est pour punir des gens qui ne manipulent pas bien internet, des distraits et ceux qui aiment trop les calins, mais ne coincer aucun gros poisson, à quoi ça sert ?

BIG DATA

Il faut cibler les évidences et les évidents. Je n'ai pas souvenir d'avoir été contrôlé le lendemain matin d'une épreuve, ni immédiatement après un précédent contrôle. Aucun de mes collègues, à ma connaissance, ne l'a été non plus. C'est pourtant là, sitôt la course et le contrôle terminés, qu'on peut avaler des boulettes illicites qui nous font récupérer artificiellement en vue d'une autre grosse épreuve, trois jours plus tard. Avec toutes leurs bases de données, un bon Centralien qui s'y connaît en statistiques devrait pouvoir toucher le jackpot. On préfère jouer au Big Brother et serrer des naïfs sans importance que d'embaucher des mecs compétents qui sauraient utiliser les Big Data. Mes grandes années, quand je performais, j'ai été contrôlé une quinzaine, voire une vingtaine de fois. Mais je n'ai pas eu de résultats louches. Jamais. Au bout d'un certain nombre d'années, ils auraient pu réserver certains de mes contrôles à d'autres, non ?

Il y a aussi des vicieux. Un coureur français a protesté à son troisième « no show ». Il était parti pour son premier tour de déménagement chez un copain, cinq minutes avant 9 heures. Ils sont arrivés à 8 h 58. Ils ont téléphoné, il était à cinq kilomètres de son domicile. Ils l'ont contrôlé, mais pas à l'adresse indiquée sur sa fiche. « No show ». Il a eu gain de cause, quand même. Par contre, ils lui ont fait payer ! Quinze jours plus tard, il a été contrôlé quatre jours de suite à 8 heures. Ils associent « no show » à triche. Ce n'est plus du zèle, c'est de la bêtise. Certains contrôleurs sont comme des petits flics qui se cachent derrière un pot de fleurs à l'entrée d'un village et vous flashent à 58 km/h au lieu de 50 en ayant l'impression d'avoir pêché un gros poisson. C'est leur petite gloire. Sans parler des gamins qui sont heureux de voir une star chez elle, qui te parlent de ton aménagement intérieur ou des seins de ta femme en louchant sur ton pénis, et qui crèvent d'envie de te demander un autographe.

CONTRÔLER LES MÉDECINS

ADAMS, sur le principe, pourquoi pas. Mais dans la forme, nous, coureurs, on maintient que c'est de l'argent jeté par les fenêtres. Pourquoi n'utiliserait-on pas cet argent en imposant que deux, trois ou quatre commissaires-chaperons, les mêmes que ceux qui nous regardent pisser aux contrôles après les arrivées, surveillent 24h/24 les médecins et leur matériel sur les grands Tours, où seul le médecin peut avoir des seringues et des produits ? Ce sont les médecins qui font le boulot de seringuer et qui donnent les cachets, non ?

Il faut suivre les porteurs de seringues à insuline, plutôt que de nous mettre des contrôleurs ADAMS sur le dos ! Des observateurs libres, qui pourraient aussi regarder le matériel et débusquer la triche technologique, qui vivraient au sein des équipes, observeraient en permanence les allées et venues, ici d'une voiture qui vient à l'hôtel en faisant très périodiquement un détour chez le médecin, là d'une femme de coureur très présente avec son camping-car. Cela coûterait moins cher d'embaucher soixante personnes sur trois semaines. Là, croyez-moi, certains auraient beaucoup moins de watts sur la troisième semaine. Même si le bon dopage se fait en dehors des compétitions, sur trois semaines, à un moment donné, il y a recharge obligée, sinon tu coinces. Aucun produit ne tient trois semaines. On verrait des défaillances devant, et pas seulement derrière. C'est dans la troisième semaine qu'un grand Tour ne se perd pas. Même pour les produits ou méthodes complètement indétectables, il faut bien les prendre, ou les pratiquer.

Quitte à être fliqué, autant faire ça bien. Recrutons des vicelards de la surveillance, si on doit en passer par là. Il faut que les coureurs n'aient plus la possibilité de se doper, ni pratiquement, ni techniquement. En surveillant a minima le complice, voire l'acteur principal du dopage : le médecin. Je crois que les coureurs intègres sont pour une surveillance renforcée. Ils sont d'accord aussi pour ce contrôle des médecins et pour qu'il y ait moins de largesses dans les contrôles. En finir avec le copinage et les couvertures. Ce sont des solutions. Mais pour cela, il faudrait commencer par nous écouter.

RESTER DANS L'ÉTAU DES TAUX

J'ai eu une vraie discussion avec un jeune collègue qui me disait :

– Si tu joues, mais si tu restes dans les taux, ce n'est pas du dopage ? Si tu vas au contrôle et que tu n'es pas positif ? Si tu suis les règles, comme Froome, et que ça passe ? Donc tu n'es pas dopé, et ce n'est pas du dopage ?

Je me suis dopé, mais je suis dans les taux, je ne suis pas dopé, je ne me dope pas. Ce n'est pas de la triche. C'est une démarche, le dopage. Celle d'avoir la volonté de tricher. Quand tu es junior et que ton père te vide un tube de caféine effervescente dans ton bidon, tu ne t'arrêtes pas après la ligne d'arrivée. Tu sais. Si tu écoutes l'ancien Premier ministre français Jean-Pierre Raffarin qui excuse Pascal Hervé parce que « c'était un petit imprimeur, on peut le comprendre », tu as la larme à l'œil et tu plains les imprimeurs. Sarkozy soutenait Armstrong qui lui a offert un de ses vélos quand il a été reçu à l'Élysée. La photo est drôle. Armstrong soutenait Bush. Je crois avoir vu que le Premier ministre français actuel soutient Froome. La tricherie, c'est un état d'esprit.

J'ai vu qu'un jeune comme l'Australien Campbell Flakemore, 23 ans, champion du monde de contre-la-montre espoirs en 2014 alors qu'il était dans une grande équipe, la BMC, avait décidé de prendre une année sabbatique fin 2015 et devrait quitter le milieu. Dans sa réflexion, a-t-il pris en compte le fait que les codes n'étaient pas… comment dit-on ? Éthiques ? Ou peut-être existe-t-il une autre raison à cette décision si surprenante ? Si jeune. Le champion du monde espoirs sur route français 2015, on a de sérieux doute sur son éthique. Il faudrait que le vélo retienne les mecs bien et ne les fasse pas fuir en ne gardant que ceux qui dérivent.

NO FUTURE ?

Il existe des solutions. Déjà, supprimer les no man's lands où on ne peut être contrôlés : en altitude, dans des pays plus reculés, plus exotiques, ou des contrées où un contrôleur hésite à aventurer sa fiole. Bien sûr, il faut changer les vieilles têtes. Ne pas hésiter à en couper certaines, non plus. Des contrôles non négatifs qui deviennent négatifs, ce n'est pas possible. Si tu regardes bien les affaires qui sortent, c'est que derrière il existe un compte à régler, entre managers, entre fédérations, entre coureurs. Finalement, peu se font avoir. Le grand coureur contrôlé positif, c'est un règlement de comptes. Si Froome avait gagné le Tour en 2012 devant Wiggins sans freiner pour l'attendre, et ne s'était pas contenté de sa place de deuxième, il ne serait peut-être plus là. Deux gars de la même équipe sur les plus hautes marches du podium du Tour ! Après 2010 et Lance/Contador, quand on y pense…

De même, plus aucun coureur ne peut dire : « On m'a donné ça, je l'ai pris, je ne savais pas ce que c'était. » À l'insu de mon plein gré, c'est du grand-guignol. Entre les corticos, la testo, l'hormone de croissance, l'EPO, les recharges de sang frais, pas grand-chose ne se prend en cachets. Les effets, tu les sens quand tu conduis le vélo, ta femme aussi, hors vélo. Si tu marches quinze jours avant le Tour et si tu montes les cols dans les mêmes temps et puissances qu'au Tour un mois après, là c'est OK. Si tu es transformé, ça cloche. Ça se voit sur les visages de mes pairs, dans leur force musculaire, dans leur façon de respirer et de sprinter trente secondes dans les cols. Deux fois, d'accord, mais tu dois te rasseoir sur ta selle ensuite. Ça ne peut pas être six ou sept fois. Avec la *no needle attitude*, on ne doit pas pouvoir le faire. Il existe une grosse prise de conscience de tout cela chez nous, coureurs. Le goût du risque est toujours présent, on aime. Ceux qui trichent savent ce qu'ils font, pourquoi et pour quels effets sensationnels. La prévention, les affaires, la nouvelle génération qui a été élevée en étant (relativement) préservée et informée, cela joue. Les performances générales s'en ressentent, on le voit bien. Arrivent en World Tour des gars qui n'ont pas de culture vélo, ni une histoire familiale centrée sur le cyclisme. Ceux-là sont une relative garantie contre les vieilles et mauvaises habitudes. Ils n'ont pas les codes du respect, de la tenue, de la patte en l'air, mais pas non plus celui de la pastoche qui permet de mieux faire caca. Ça va mieux, c'est sûr, il existe une prise de conscience générale. Le vélo est moins malade et moins fou. Même dans la temporisation de Milan-San Remo, les gars qui ne mettent pas la main à la poche, ils vont pouvoir attaquer, là ! Il existe des coureurs qui n'utilisent pas d'artifice et ne font pas la course à l'armement. Ils s'alimentent au mieux et prennent un shaker de protéines avec des acides aminés naturels pour récupérer. Point. Il existe des médecins, pas les grands, d'accord, qui ne transportent pas de produits, même d'urgence. Je ne dis pas que ça va bien, mais mieux. Nous avons peut-être une chance de renverser la tendance et de restaurer notre image.

À QUI PROFITE LE CRIME ?

Certains cherchent toujours d'autres moyens pour tricher que les traditionnels microdosages de produits ou le sang réinjecté, les deux méthodes étant quasiment indétectables. Ce sont des produits nouveaux, cinquième génération, qui ont des noms de codes rigolos. Mon collègue Davide Appollonio, ancien coureur de chez Sky et AG2R qui a intégré l'équipe Androni, est contrôlé positif à l'EPO ordinaire le 14 juin dernier. Suspendu provisoirement, avant d'être retiré de l'effectif. Fabio Taborre, de la même équipe, n'a pas eu de chance. Il a lui aussi été rattrapé par la patrouille deux jours après pour usage de FG-4592, un produit favorisant la production d'EPO par le corps, quinze jours après que ce produit est entré sur la liste des substances interdites ! Son manager de l'équipe Androni, Savio, roi de la *commedia dell'arte,* a crié à l'acte criminel et lui réclame de l'argent – plus de trois fois son salaire annuel. Fabio a évoqué un sabotage et un bidon piégé.

La partie réjouissante de la question qu'on peut maintenant poser à certains coureurs, mais pas à Davide ni à Fabio, c'est la réponse :

– Prends ça, c'est nouveau, tu vas voler et t'auras la patte sèche !

– Non merci. C'est quoi ton truc ?

Le vrai truc, dans le vélo, c'est qu'il n'existe pas quinze mille médecins dopeurs ou complices. Ceux qui travaillent en marge des équipes, ce sont eux, les cibles à atteindre. Les coureurs qui les voient et qui les paient aussi. On sait, on a des preuves pour certains d'entre eux. J'en ai. Comme pour les terroristes, si on veut, on peut les choper.

Mais on n'a pas envie d'un nouveau scandale. Comme pour les vélos électriques, le laxisme profite à certains. La vraie question est : à qui profite le crime ? Et la réponse est : aux instances.

Si tu ne coinces pas les médecins qui soignent les Colombiens, les Italiens, les Espagnols et les Français, à qui profite le crime ?

Alors qu'est-ce qu'on fait, on casse tout ? Mais faire peur à ceux qui font tourner les produits, c'est aussi faire peur aux sponsors, et tuer la poule aux œufs d'or.

Si on démasque les coupables, on rase le podium du Tour.

Si on casse le jouet, on fait quoi après ? C'est pourtant ce qu'il faut faire.

Nous devons faire ce que notre conscience nous dicte de faire.

Nous sommes des athlètes de haut niveau, cyclistes professionnels. La plupart d'entre nous sommes des excessifs. Quand nous faisons la fête, ce n'est pas à moitié, même si c'est rare. Aux jeux Olympiques et lors de mes tribulations, j'ai rencontré pas mal d'autres sportifs. En soirée, nous faisons partie des meilleurs. Tout ce qui est excessif n'est pas insignifiant, contrairement à ce que disait Talleyrand. Le vélo anagramme de « love » et de « volé » est un cercle vicieux, mais il peut devenir plus vertueux. Il n'a pas vraiment d'autre choix.

Cela passe par le bannissement de ses fossoyeurs.

Tous autant que nous sommes, dans le « milieu », nous ne pouvons être des militants à visage découvert. Nous sommes tenus par le « Da Bici[4] code ». Tout au plus sommes-nous des résistants. C'est la raison pour laquelle je préfère rester masqué. Nous avons vécu trop de traumatismes de groupe. Nous sommes en résilience. Tant que la perception de notre sport et de ses acteurs par le grand public sera culpabilisante ou moqueuse, que nous serons les vilains petits canards du sport, nous ne pourrons nous en sortir et cela nous écorchera. C'est pourquoi j'espère que ce livre aidera à mieux nous comprendre et que certains pourront, sans se sentir

---

4 Vélo, en italien.

agressés ou dénigrés, parler de ces codes et les changer. Je l'ai dit à ma femme et elle a lu.

Elle m'a regardé, et m'a répondu avec un sourire large et franc :

– Résilience ? Vous êtes traumatisés comme des enfants qui ont eu une maladie grave, qui ont connu des grands chocs ? Vous devez renaître. Toi, tu vas garder tes trois priorités. Dans l'ordre : les enfants, le vélo, puis moi. C'est d'accord.

Je ne sais pas si c'est pour ceux qui vont lire ce livre ou pour moi qu'elle a ajouté :

– La peur va changer de camp.

Ma femme a de l'esprit.

Composition et mise en pages
Nord Compo à Villeneuve-d'Ascq